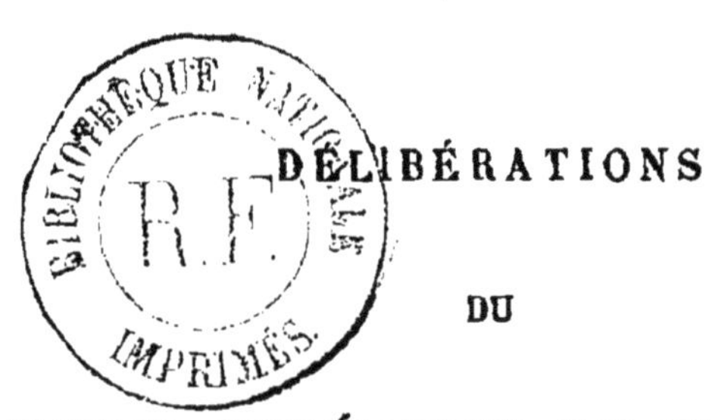

DÉLIBÉRATIONS

DU

CONSEIL SUPÉRIEUR DE PONDICHÉRY

ARCHIVES DE L'INDE FRANÇAISE

PROCÈS-VERBAUX DES DÉLIBÉRATIONS DU CONSEIL SUPÉRIEUR DE PONDICHÉRY

Tome III

LE GOUVERNEMENT DE DUMAS

1735-1741

PONDICHÉRY
SOCIÉTÉ DE L'HISTOIRE DE L'INDE FRANÇAISE
1914

PROCÈS-VERBAUX

DES

DÉLIBÉRATIONS

DU CONSEIL SUPÉRIEUR DE PONDICHÉRY

LE GOUVERNEMENT DE DUMAS

Du dix-neuf septembre 1735.

Monsieur Dumas ayant présenté au Conseil ses commissions du Roy, sur la nomination de la Compagnie, de Gouverneur et président du Conseil supérieur de cette ville et commandant de tous les Etablissements de la Compagnie aux Indes Orientalles, après que lecture a été faite des dites commissions, mondit sieur Dumas a été reconnu en ces qualités et recu à la teste des trouppes, en la forme et manière accoutumée, et à l'instant Monsieur Lenoir luy a remis les sceaux du Conseil et ceux de Suratte, mentionnés en la délibération du vingt may 1734.

Fait au Fort Louis, à Pondichéry, les jour et an que dessus.

Signé : DUMAS, LENOIR, LENOIR DUMESLIER, DELORME, LEGOU, SIGNARD, DE CHOISY.

Du vingt septembre 1735.

Ayant fait charger sur le vaisseau le « Lys », en exécution des ordres de la Compagnie portés par sa lettre du 29 novembre 1734, les caffés que nous avons reçus cette année de Moka, et ce vaisseau se trouvant entièrement chargé au moyen de 390 balles de marchadises de la coste que nous avons fait embarquer pour compléter son chargement et environ 110.000ls de bois rouge pour leste, il a été délibéré et arrêté d'expédier ce vaisseau, dans les premiers jours du mois prochain, pour faire son retour en France. L'équipage du vaisseau le « Duc de Bourbon », qui a mouillé en cette rade le 18 du courant, se trouvant en bon état et le Conseil, désirant l'expédier aussy pour France cette mousson, a fait le recencement des balles qui sont actuellement dans les magazins et des marchandises qui sont tant à la batterie que chez les blanchisseurs, et trouvent qu'il pourra fournir au vaisseau d'ici au quinze octobre la quantité de 750 balles, au lieu de six à sept cents que la Compagnie ordonne, par sa lettre du 29 novembre 1734, de charger sur ce vaisseau; considérant d'ailleurs que le « Duc de Bourbon » partant en octobre, doublera facilement le Cap de Bonne Espérance et pourra arriver en France, dans la belle saison, ce qui mettra la Compagnie en état de travailler de bonne heure aux dispositions de la vente et luy épargnera près de quatre mois de salaires d'équipage, faisant aussy attention à la situation présente des affaires de l'Europe et que les fonds de la Compagnie seront plus en sûreté si ses vaisseaux, le « Duc de Bourbon » et le « Lyon », font leur retour en France de conserve, il a été délibéré et arrêté de donner ordre à M. Butler, Capitaine du vaisseau le « Duc de Bourbon » de mettre ce vaisseau en état de recevoir son chargement, qui sera composé de bois rouge pour leste, des dittes 750 balles et de poivres autant qu'il en pourra prendre, d'expédier ce vaisseau vers le 15 du mois prochain et de donner ordre à M. Dordelin, Capitaine du « Lys », d'attendre à l'isle de France le dit vaisseau le « Duc de Bourbon » pour faire son retour en France de conserve avec luy, supposé qu'il ne trouve point à l'Isle de France d'ordre contraire de la Compagnie.

Fait et délibéré, en la Chambre du Conseil supérieur, au Fort Louis, à Pondichéry, les jour et an que dessus.

Signé: LENOIR, LENOIR DUMESLIER, DELORME, LEGOU, SIGNARD, DE CHOISY, DUMAS.

Du dit jour.

Le Conseil ayant arrêté ce jour d'expédier pour France, dans cette mousson, les vaisseaux le «Lys» et le «Duc de Bourbon», il ne nous reste point de vaisseau pour porter à la Compagnie nos expéditions générales du mois de janvier, et la Compagnie nous ayant marqué cy-devant que dans le cas où nous n'aurions point de vaisseau en janvier pour luy envoyer des duplicatas de nos expéditions, nous pourrions faire toucher icy un des vaisseaux du Gange, il a été délibéré et arrêté d'expédier incessamment pour Chandernagor le brigantin «l'Indien» pour donner avis au Conseil de notre situation et luy marquer de faire toucher icy le premier des deux vaisseaux d'Europe qu'il expédiera pour son retour, de laisser sur ce vaisseau de la place pour prendre icy deux cent cinquante à trois cents balles de marchandises de la coste que nous comptons nous procurer pendant l'hiver, ce qui fera au Conseil de Chandernagor une différence d'environ cent cinquante mille roupies de moins sur son envoy par ce vaisseau dont il pourra se servir utilement pour les affaires de la Compagnie. Le vaisseau le «Prince de Conty» sur lequel nous comptions remettre au Conseil de Chandernagor cinquante balles de draps, en conséquence de notre délibération du 5 du courant, ayant été obligé de faire route des Isles à droiture pour le Gange sans toucher icy parce que la mousson étoit avancée, il a été arrêté d'en charger sur le brigantin «l'Indien» soixante balles au lieu de cinquante portées par la ditte délibération.

A l'égard du vaisseau le «Saint-Pierre» que nous avons gardé en rade jusqu'à ce jour, comptant nous en servir pour faire passer à Mahé en octobre les effets qui nous sont demandés avec les cent cinquante balles de marchandises de la coste destinées par la Compagnie par le vaisseau la «Reine», il a été délibéré et arrêté de laisser suivre à ce vaisseau sa destination et de l'expédier pour Mahé vers le quinze d'octobre, et comme le sieur Duchemin, Capitaine, a demandé à se retirer, nous avons nommé en sa place le sieur Ducasse, qui a servi la Compagnie aux Isles à la satisfaction de Monsieur Dumas et des Conseils.

Fait et délibéré, en la Chambre du Conseil supérieur, au Fort Louis, à Pondichéry, les jour et an que dessus.

Signé : DUMAS, LENOIR, LENOIR DUMESLIER, DELORME, LEGOU, SIGNARD, DE CHOISY.

Du 21 septembre 1735.

La Compagnie nous ordonnant d'envoyer, aux Isles de France et Bourbon, un vaisseau de l'Inde à la disposition de M. de La Bourdonnais, Gouverneur de ces Isles, et n'y ayant point à la coste de vaisseau à vendre tel que le dit sieur La Bourdonnais le demande, il a été délibéré et arrêté d'envoyer au Conseil de Chandernagor, par le brigantin «l'Indien», six mille piastres pour employer à l'achat de ce vaisseau, et de luy écrire de nous le faire passer, en janvier prochain, chargé de provisions à l'ordinaire, et de celles demandées pour les Isles; à l'égard du brigantin de cent vingt tonneaux que demande M. de La Bourdonnais, la frégatte la «Légère». sur laquelle il ne comptoit point, et que par délibération du vingt-deux aoûst dernier nous avons envoyée dans le Gange, supléera au déffaut de ce brigantin.

Fait et arrêté, en la Chambre du Conseil supérieur, au Fort Louis, à Pondichéry, les jour et an que dessus.

Signé: DUMAS, LENOIR, LENOIR DUMESLIER, DELORME, LEGOU, SIGNARD, DE CHOISY.

Du 1er octobre 1735.

Etant nécessaire de pourvoir à la distribution des vins de Bordeaux, reçus par les vaisseaux le «Lys» et le «Prince de Conty», et ne s'étant trouvé que de très peu supérieurs en qualités à ceux reçus les années précédentes, personne n'en voulant prendre au prix de trente pagodes, il a été délibéré et arrêsté que, suivant l'état de distribution, il sera délivré aux employés et officiers pour leur grattification sur le pied de vingt pagodes la barique ; à l'égard du vin en bouteilles, la plus grande partie se trouvant tournée, trouble et bâtue de larmes, il ne seroit payé que deux fanons et demy la bouteille par ceux qui jugeront à propos d'en acheter.

Fait et délibéré, en la Chambre du Conseil supérieur, au Fort Louis, à Pondichéry, les jour et an que dessus.

Signé: DUMAS, LENOIR DUMESLIER, DELORME, LEGOU, SIGNABD, DE CHOISY.

Du 12 octobre 1735.

Les sieurs de Laval et Coulange, tous deux Sous-Lieutenants de cette garnison, ayant eu quelques différents avec le sieur Cardon, Lieutenant, et craignant le châtiment que M. Lenoir leur auroit justement imposé, se sont dans cette crainte sauvés à Goudelour chez les Anglois et ont abandonné le poste qui leur étoit confié, suivant qu'il est porté par le procès-verbal d'inventaire de leurs effets du douze septembre mil sept cent trente cinq, d'où ils sont revenus le jour d'hier, et ont été sur le champ conduis par ordre de Monsieur Dumas en prison; comme il est nécessaire de faire un exemple et de punir de pareils écarts, ces deux officiers d'ailleurs n'ayant pas tenu depuis qu'ils sont icy une conduitte convenable, s'étant souvent dérangés de leur devoir suivant le rapport que M. Lenoir en a fait à Monsieur Dumas, il a été délibéré de les renvoyer en France au mois de janvier prochain, et de les garder en prison jusqu'à leur départ et, pendant le temps qu'ils resteront, de leur fournir leur subsistance.

Fait, en la Chambre du Conseil supérieur, au Fort Louis, à Pondichéry, les jour et an que dessus.

Signé : DUMAS, LENOIR DUMESLIER, DELORME, LEGOU, SIGNARD, DE CHOISY.

Du 31e octobre 1735.

Les latrines du fort, qui depuis quinze à dix-huit ans que les fosses sont faites, n'ont point été vuïdées se trouvant présentement remplies et dégorgées, ce qui cause une puanteur et une infection insuportable et dangereuse, il a été délibéré qu'incessamment on feroit travailler à ouvrir les dittes fosses et les vuïder nuitament, que pour cet effet la porte Royale du dit fort resteroit ouverte les nuits nécessaires pour les vuïder entièrement et que les matières qu'on en tireroit seroient portées dans des fosses, faites exprès au bord de la mer.

Fait, en la Chambre du Conseil supérieur, au Fort Louis, à Pondichéry, les jour et an que dessus.

Signé : DUMAS, LENOIR DUMESLIER, DELORME, LEGOU, SIGNARD, DE CHOISY.

Du 22e novembre 1735.

Monsieur Ingrand, Directeur à Moka, nous ayant remis avec sa lettre du 30 juillet dernier, l'état des marchandises, qui doivent contribuer à rembourser la Compagnie des 6,000 piastres, que le Gouverneur a exigées de luy par accommodement, en 1734, pour augmentation de droits sur les dittes marchandises, au cas que nous jugions à propos de faire supporter, cette avance aux particuliers n'ayant été faites qu'après le départ du vaisseau le « Pondichéry », de Moka, dont les comptes étoient arrestés, et à l'occasion de l'embarquement des caffés de la Compagnie sur son vaisseau le « Duc de Chartres », le Gouverneur ayant empêché l'embarquement de ces caffés jusqu'à ce qu'il eût été payé de ces 6,000 piastres, il nous paroit juste que la Compagnie supporte au moins une partie de cette avance, et ne voulant pas nous mêmes décider sur ce remboursement, il a été délibéré et arresté d'en remettre la décision à la Compagnie, que néanmoins, pour assurer son remboursement au cas qu'elle l'ordonne, nous obligerons les particuliers à fournir chacun leur contingent entre les mains du sieur Le Verrier, notaire, et qui a été chargé du détail de cet armement, pour y rester en despost jusqu'au premier septembre 1737, temps auquel nous devons avoir reçu la décision de la Compagnie à cet égard, lequel leur sera rendu en tout ou partie conformément à ce qu'elle aura réglé.

Fait, en la Chambre du Conseil supérieur, les jour et an que dessus.

Signé : DUMAS, LENOIR DUMESLIER, DELORME, LEGOU, SIGNARD, DE CHOISY.

Du premier décembre 1735.

Monsieur Ingrand, Directeur à Moka, ayant pris le party d'y rester encore une année, quoyque nous luy eussions donné ordre de relever le Comptoir si les Arabes ne s'en tenaient pas aux traités faits avec eux et qu'ils persistent à vouloir exiger les grands droits sur les marchandises, ayant encore fait plusieurs avances cette année aux nations à ce sujet, il a été délibéré et arresté pour les raisons énoncées dans notre délibération du 2 janvier dernier, de réitérer l'ordre positif à M. Ingrand de relever le comptoir, de faire embarquer sur le vaisseau le « Pondichéry » ou autres vaisseaux francois, qui pouvont s'y trouver, tous les effets de la Compagnie et de revenir à la coste avec le sieur de Courbesastre, par le dit vaisseau.

Fait et délibéré, en la Chambre du Conseil supérieur, les jour et an que dessus.

Signé : DUMAS, LENOIR DUMESLIER, DELORME, LEGOU, SIGNARD, DE CHOISY.

Du cinq décembre 1735.

La Compagnie nous ayant marqué, par sa lettre du 27 janvier dernier, de continuer de payer au sieur Lamorandière ses appointements ordinaires de 1,800 piastres, à condition cependant qu'il donneroit au Conseil les livres et tarifs qu'il a fait sur les différents commerce de l'Inde dont on luy envoyeroit l'original ; et ces livres nous ayant été délivrés par sa veuve et son fils, il a été délibéré de leur payer ses dits appointements de 1,800 piastres à compter depuis le 1er janvier 1734 qu'il a cessé de le percevoir jusqu'au 12e août que le dit sieur de Lamorandière est décédé, et attendu qu'il n'a laissé à sa veuve aucun bien pour vivre, il a esté aussy délibéré, suivant la permission que nous donne la Compagnie par sa lettre du 25 septembre 1727, d'accorder une subsistance aux veuves des employés et officiers qui décèdent à son service ou à leurs enfants, d'en accorder une de douze pagodes par mois à la ditte veuve en mémoire des 36 années que défunt le sieur Lamorandière a passées au service de la Compagnie et en reconnaissance des ouvrages cy-dessus, qui nous paroissent bons et utiles, et qui luy ont coûté beaucoup d'application et de peines.

Fait et arresté, en la Chambre du Conseil supérieur, au Fort Louis, à Pondichéry, les jour et an que dessus.

Signé : Dumas, Lenoir Dumeslier, Délorme, Legou, Signard, De Choisy.

Du quatre janvier 1736.

Suivant le bilan que Monsieur Legou, garde magazin des matières d'or et d'argent, a présenté ce jour au Conseil, nous avons reconnu qu'il ne nous restoit plus que quarente mille pagodes, sur quoy il en faut déduire au moins dix mille que nous ne pouvons nous dispenser de remettre à Mazulipatam le mois prochain, outre les trente mille roupies pour lesquelles nous avons envoyé le jour d'hier seize cent cinquante marcs de matières d'argent à Alemparvé, nous sommes dans cette situation dans l'impossibilité de faire fabriquer des marchandises dans la bonne saison, ce qui par conséquent nous mettra hors d'état de renvoyer, à la fin de septembre ou au commencement d'octobre prochain, les vaisseaux que nous attendons de France au mois d'aoûst, et causera sûrement un dérangement considérable au commerce de la Compagnie.

Depuis le mois de septembre jusqu'au mois de février la fabrique et le transport des marchandises est très difficile et il est presque impossibles à cause des pluyes de donner aux toilles l'aprest convenable, il résulteroit donc de notre situation que les vaisseaux de l'année prochaine ne pourroient partir qu'en février mil sept cent trente-sept, ce qui est une fort mauvaise saison pour le passage du cap de Bonne Espérance, ou seroient même obligés de rester aux Indes jusqu'au mois de septembre suivant ; pour remédier à cet inconvénient et continuer sans interruption le commerce de la Compagnie et la fabrique des marchandises, le Conseil a délibéré et arrêsté, d'une voix unanime, d'emprunter pour le compte de la Compagnie, jusqu'à l'arrivée des vaisseaux de France, la somme de cinquante mille pagodes, à raison de huit pour cent par an, et autorisé Monsieur le Gouverneur à écrire en conséquence à Chankerabany, gros marchand d'Arcatte et qui luy a fait offrir de prester la ditte somme et même une plus considérable s'il en avoit besoin.

Comme nous allons entrer dans la saison convenable pour travailler à la fabrique des marchandises, il a été arresté et délibéré de fournir aux anciens marchands de la Compagnie et à Soukourama des états des qualités et sortes de marchandises dont nous avons besoin pour l'année mil sept cent trente six, affin qu'ils prennent leurs mesures en conséquence dans les divers endroits où elles se fabriquent, et attendu que les pluyes abondantes qu'il a fait cet hiver nous donnent lieu d'espérer d'en augmenter la quantité et peut estre, par la suitte, d'en diminuer les prix, le Conseil a déterminé d'attendre vers le mois de mars, et différer jusques après la récolte des cottons, à arrester les prix de chaque qualité que nous réglerons pour lors suivant la valeur des cottons et les prix que nos marchands payeront les marchandises aux tisserands, en prenant nos mesures pour en estre parfaittement informés.

Il a esté pareillement arresté qu'il sera fourny d'avance aux anciens marchands la somme de dix mille pagodes et à Soukourama pareille somme pour les mettre en état d'ordonner les marchandises que nous leur demandons et d'envoyer de l'argent partout dans les terres.

Fait et arresté, en la Chambre du Conseil Supérieur, au Fort Louis, à Pondichéry, les jour et an que dessus.

Signé : DUMAS, LENOIR DUMESLIER, DELORME, LEGOU, SIGNARD, DE CHOISY.

Du dix janvier 1736.

Le *Faussedar* de Portenove, nonobstant son traité avec Rangapa, marchand de cette Colonie, par lequel il luy a fait remise de la moitié des droits sur toutes les marchandises qu'il fera sortir de Portenove, ayant, à diverses reprises, inquietté ce marchand pour l'obliger à luy payer 3/4 des dits droits, le dit Rangapa en a porté ses plaintes à M. Lenoir, qui en a écrit, dans le temps, au Nabab et à Sadalikan, son frère, duquel dépend Portenove, mais comme les ordres que le *Faussedar* a reçûs de ces Seigneurs n'ont eu d'autres effets que de suspendre ses tracasseries ; qu'en septembre dernier il a voulu encore empêcher l'embarquement des toiles bleues que nous avions fait fabriquer pour la Compagnie, et qu'en dernier lieu il a empêché le sieur Golar, chargé des affaires de l'armement de Pondichéry, de faire emballer les marchandises, Monsieur le Gouverneur en a porté ses plaintes au Nabab lequel a envoyé un officier maure, chargé de ses ordres, pour examiner l'affaire et la terminer, cet officier voyant que le *Faussedar* n'obéissait point, en a informé le Nabab, qui était sur le point d'envoyer des trouppes pour punir le *Faussedar*, lorsque Sadalikan, pour prévenir le coup, luy a remis un *Paravana* ou ordre positif au *Faussedar*, de se conformer à son traité ; à quoy ayant satisfait et étant nécessaire de récompenser cet officier et de lui payer les frais de son voyage, il a été délibéré et arrêté qu'outre la somme de cinquante roupies que nous luy avons fait payer, à son arrivée d'Arcatte, il luy sera encore payé de la caisse de la Compagnie une somme de deux cent vingt roupies.

Fait et délibéré, en la Chambre du Conseil Supérieur, au Fort Louis, a Pondichéry, les jour et an que dessus.

Signé : DUMAS, LENOIR DUMESLIER, DELORME, LEGOU, SIGNARD.

Du douze janvier 1736.

Le Nabab ayant écrit à M. Le Gouverneur que M. Beuyon, Gouverneur de Madrast, luy a donné deux mortiers et des bombes, mais qu'il n'en peut faire usage faute d'une personne au fait, priant Monsieur le Gouverneur de luy en prêter une, avec des soldats Européens, et ce Seigneur qui est de nos amis pouvant s'indisposer contre nous, si nous luy refusons ces deux articles, il a été délibéré et arrêter de faire exercer pendant quelques jours deux ayde canoniers à tirer des bombes et de les luy envoyer ; qu'à l'égard des soldats il ne convient point d'accoutumer les Seigneurs du pays à leur en prêter, pourquoy Monsieur le Gouverneur écrira, en réponse au Nabab, que nous avons très peu d'Européens et ne pouvons luy en prêter sans nous dégarnir, ce qui ne serait pas prudent, dans les circonstances présentes de la guerre en Europe.

Fait et délibéré, en la Chambre du Conseil supérieur, au Fort Louis, à Pondichéry, les jour et an que dessus.

Signé : DUMAS, LENOIR DUMESLIER, DELORME, LEGOU, SIGNARD, DE CHOISY.

Du vingt cinq janvier 1736.

Monsieur de La Bourdonnye nous ayant demandé, pour le service des îles de France et de Bourbon, un vaisseau de deux à trois cents tonneaux, et ce, en conséquence, des ordres qu'il a de la Compagnie à ce sujet, nous avions donné ordre au Conseil de Chandernagor d'en acheter un de cette grandeur et luy avons remis six mille piastres à cet effet, ce qui n'a pu estre exécuté ne se trouvant aucun navire à vendre; nous avons appris, il y a quelques jours, qu'il étoit arrivé à Madrast un vaisseau venant de Malacal du port de deux cent vingt à deux cent trente tonneaux, bâti au Pégu depuis deux ans, et qui est passablement gréé, suivant l'inventaire qui nous en a été remis, sur quoy n'ayant point d'espérance d'avoir d'autre vaisseau, cette année, pour envoyer aux îles et y donner tous les secours qui dépendent de nous, nous avons arresté et délibéré d'acheter le susdit vaisseau pour la somme de cinq mille trois cents pagodes, dernier prix auquel le propriétaire se propose de le laisser.

Ayant aussi besoin d'un navire pour aller chercher des poivres à la Coste Malabar, le « Saint-Pierre » n'estant pas suffisant pour en raporter la quantité qui nous est nécessaire pour Bengale et cette coste, le Conseil a pareillement délibéré et arresté d'acheter à Madrast un autre vaisseau qu'il y a à vendre du port de cent soixante à cent quatre-vingts tonneaux environ et qu'on nous offre pour la somme de trois mille sept cent cinquante pagodes, et, en conséquence, il a été arresté que Monsieur Legou, garde magazin des matières d'or et d'argent, envoyera à Madrast par des pions au sieur Brignon, chargé de cette emplette, la somme de neuf mille cinquante pagodes pour le payement de ces deux vaisseaux.

Fait et arresté, en la Chambre du Conseil supérieur, au Fort Louis, à Pondichéry, les jour et an que dessus.

Signé : DUMAS, LENOIR DUMESLIER, DELORME, LEGOU, SIGNARD, DE CHOISY.

Du vingt-cinq janvier 1736.

Le brigantin l'« Indien » que nous avions envoyé à Bengale en septembre dernier n'ayant pu gagner, et ayant été obligé de relâcher à Ganjam, est revenu dans cette rade le vingt et un de ce mois, chargé de ris, suivant les ordres qu'il en avoit reçu du Conseil de Chandernagor à qui il estoit adressé, et étant nécessaire de donner aux isles de France et de Bourbon tous les secours qui dépendront de nous, il a été délibéré de faire partir ce navire incessamment, chargé de vingt une garces cent quatre-vingt-seize marcals de ris pour faire voille pour l'isle de France, et d'en donner le commandement au sieur Bachelier, qui le commande en second depuis plusieurs années.

Fait et arresté, en la Chambre du Conseil supérieur, au Fort Louis, à Pondichéry, les jour et an que dessus.

Signé : Dumas, Lenoir Dumeslier, Delorme, Legou, Signard, De Choisy.

Du neuf février 1736.

Trois Arméniens nous ayant demandé passage pour Mahé sur le vaisseau le «Fortuné» et la permission d'y charger seize balles de marchandises pour le frest desquelles ils offrent de payer cent vingt pagodes, et le dit vaisseau allant presque à vuide, il a été délibéré et arresté d'accepter l'offre des dits Arméniens et de leur permettre de s'embarquer avec leurs marchandises sur ce vaisseau.

En outre, il a été arresté de permettre aux particuliers qui auront quelques marchandises à remettre à la Coste Malabar de les charger sur le dit vaisseau en payant cinq pour cent de frest.

Fait et arresté, en la Chambre du Conseil supérieur, au Fort Louis, à Pondichéry, les jour et an que dessus.

Signé : Dumas, Lenoir Dumeslier, Delorme, Legou. Signard, De Choisy.

Du quinze février 1736.

Le vaisseau le «Pondichéry», qui étoit destiné pour Moka ayant péri dans la rivière de Siriam, où il étoit allé hiverner, et les armateurs n'ayant point de vaisseau pour le remplacer, nous ont proposé de leur vendre le vaisseau le «Saint-Joseph», mais comme il ne convient point de nous en défaire, parce qu'il est d'un grand port, il a été délibéré et arresté de le leur vendre pour la somme de six mille pagodes, à condition qu'au retour du voyage, ils le rendront à la Compagnie pour cinq mille pagodes, et qu'elle sera intéressée dans l'armement pour la ditte somme de six mille pagodes, cette disposition nous a paru d'autant plus convenable aux intérêts de la Compagnie que le comptoir de Moka, devant estre relevé cette année en conséquence de notre délibération du premier décembre mil sept cent trente-cinq, ses employés n'auroient point de vaisseau, pour nous remettre les caffés de cette année avec les effets du comptoir.

Fait au Fort Louis, à Pondichéry, les jour et an que dessus.

Signé: Dumas, Lenoir Dumeslier, Delorme, Legou, Signard, De Choisy.

Du vingt-deux février 1736.

Le sieur Parent, juré commis, à l'exercice du greffe, ayant participé à la fabrication d'une pièce fausse et antidatée, ayant même été le conseil de la partie intéressée et dressé la minute de la ditte pièce, a été mandé au Conseil où il est convenu de la vérité du fait, pourquoy il a été délibéré et arresté de le chasser du service de la Compagnie et de luy faire tenir prison pendant un mois.

Fait et délibéré, en la Chambre du Conseil supérieur, au Fort Louis, à Pondichéry, les jour et an que dessus.

Signé : DUMAS, LENOIR DUMESLIER, DELORME, LEGOU, SIGNARD, DE CHOISY.

Du dit jour.

Le sieur Jacques Niece, maître d'artillerie, ne faisant depuis longtemps aucun service, étant tombé dans une crapule et yvrognerie qui le mettent hors d'état continuellement d'en rendre aucun, le Conseil a délibéré et arresté de le congédier du service et de luy payer pour subsistance cinq pagodes, par mois, jusqu'au départ des premiers vaisseaux pour France, sur lesquels son passage luy sera offert.

Il a esté pareillement arresté de donner le poste et les appointements du dit sieur Niece au sieur Cauchan, maître canonier, sage et entendu et qui jusqu'à présent a remply ses devoirs avec exactitude et à nostre satisfaction.

Fait et arrêté, en la Chambre du Conseil supérieur, les jour et an que dessus.

Signé : DUMAS, LENOIR DUMESLIER, DELORME, SIGNARD, DE CHOISY.

Du cinq mars 1736.

Quelques Nœneairs et habitants du bois d'Archioüac, scitüé à une lieüe et demie au sud, sur les terres des Maures, ayant il y a près d'un mois pillé et dévalisé plusieurs habitants de cette ville qui vont y couper journellement du bois et le transportent dans la ville pour le service de la Compagnie et du public, et ce en conséquence de la permission et l'ordre que le Nabab a envoyé le douze juin mil sept cent trente-trois, de couper et détruire ce bois qui servait déjà précédemment de retraitte à des brigands, qui après avoir pillé les villages voisins se retiraient dans l'intérieur où il était impossible de penétrer ny de les y forcer, Monsieur Le Gouverneur ayant en vain, depuis un mois, pris touttes les mesures convenables pour découvrir et arrester les autheurs des vols faits en dernier lieu, ce bois, trop épais et impénétrable dans quelques endroits, leur servant d'azile et de retraitte assurés, il a été délibéré et arresté de faire éclaircir ce bois en y faisant ouvrir des routtes, qui le perceront et couperont en divers endroits, de sorte qu'il ne puisse à l'avenir servir de retraitte à ces voleurs et gens sans aveu.

Fait et arresté, au Conseil supérieur, au Fort Louis à Pondichéry, les jour et an que dessus.

Signé : DUMAS, LENOIR DUMESLIER, DELORME, SIGNARD, DE CHOISY.

Du six mars 1736.

Estant nécessaire d'envoyer des fonds à Yanaon et et Mazulipatam pour y faire fabriquer des marchandises et le bot l'« Alcyon » estant en rade, prest à retourner à Bengalle, le Conseil a délibéré et arresté d'y faire embarquer vingt quatre mille roupies Arcatte et deux mille pagodes en or et de donner ordre au sieur Mallet, pilotte, commandant le dit bot, de toucher à Mazulipatam et Yanaon pour y débarquer ce qui sera destiné pour chaque Comptoir.

Le Conseil de Chandernagor nous ayant marqué qu'il avait besoin d'employés, nous avons pareillement arresté de faire embarquer sur ce bot, pour passer à Bengalle, les sieurs La Beaume, sous marchand, Bellegarde et Peau, commis.

Fait et arresté, en la Chambre du conseil supérieur, au Fort Louis, à Pondichéry, les jour et an que dessus.

Signé: Dumas, Lenoir Dumeslier, Delorme, Signard, De Choisy.

Du treize avril 1736.

Le Sieur Puchery, ayde major, étant décédé, le neuf mars, et ayant laissé sa veuve enceinte et un enfant de deux ou trois ans, qui ne subsistoient journellement qu'avec la paye du déffunt, la ditte veuve Puchery auroit présenté ce jour une requeste au Conseil pour exposer la triste scituation dans laquelle elle se trouve réduitte, son mary ayant laissé beaucoup plus de dettes à payer qu'il n'a d'effets, à quoy le Conseil ayant égard, il a été arrêté et délibéré qu'il soit payé, par le caissier, tous les mois, à la ditte veuve Puchery, une subsistance pour elle et ses enfants, sur le pied de quatre cents livres par an et ce jusqu'au départ du premier vaisseau pour France, sur lequel le passage sera offert à la ditte veuve et à ses enfants.

Fait et délibéré, les dits jour et an que dessus, en la Chambre du Conseil supérieur, au Fort Louis, à Pondichéry.

Signé: Dumas, Lenoir Dumeslier, Delorme, Legou, Signard, De Choisy.

Du seize avril 1736.

Les droits d'entrée sur les grains qui servent à la nourriture des hommes et bestiaux ayant été suprimés au premier janvier mil sept cent trente-quatre, dans la veüe de soulager le peuple accablé de mizère par la dizette et la cherté du riz et autres denrées et comestibles, et en même tems d'engager les marchands forains d'en apporter de dehors, cette supression de droits a subsisté jusqu'à ce jour, mais les pluyes qui ont été fréquentes l'hyver dernier ayant, grâce à Dieu, ramené l'abondance, le Conseil a délibéré et arrêté de rétablir les droits d'entrée sur le ris et autres grains tant par terre que par mer, sur le même pied qu'ils se percevoient cy-devant et ce à commencer de ce jour.

Fait et arrêté, les dits jour et an que dessus, en la Chambre du Conseil supérieur, au Fort Louis, à Pondichéry.

Signé : DUMAS, LENOIR DUMESLIER, DELORME, LEGOU, SIGNARD, DE CHOISY,

---

Du vingt-six avril 1736.

Le blanchissage des toilles fournies par les marchands, pendant l'année mil sept cent trente-cinq, ne leur ayant été alloüé dans leurs comptes qu'aux prix ordinaires, quoyqu'il leur ait coûté plus cher à cause de la chereté du ris et des sommes qu'ils ont été obligés de fournir d'extraordinaire, de temps à autre, aux blanchisseurs pour les faire vivre, suivant le compte cy-après :

Marchandises reçües des anciens marchands de la Compagnie.

Guinées de 18 Conjons.

		P.	F.	C.
526	Courges 10 pièces leur ont été fait bon en compte à raison de 1 pagode 13 fanons ; le blanchissage a coûté de plus par courge 4 fanons 30 caches différence à leur faire bon..........	98	〃	51
	Guinées de 24 Conjons.			
373	Courges 10 pièces leur ont été payées à 1 pagode 20 fanons, il en a coûté 5 fanons 18 caches par courge de plus, différence..................	82	4	35
	Salempouris de 18 Conjons.			
80	Courges leur ont été payées à 18 fanons 1/2, ont coûté 2 fanons 4 caches de plus, différence..................		6	21
	Salempouris de 24 Conjons.			
284	Courges ont été payées à 22 fanons 1/2, ont coûté 2 fanons 1/2 de plus par courge........................		29	14
	Marchandises fournies par Mahé, Isle de Bourbon et Compagnie.			
12	Courges 5 pièces 18 Conjons Guinées à 4 fanons 30 caches..............	2	6	48
		218	23	6
		P.	F.	C.
	Suitte et montant cy contre..........	218	23	6
7	Courges 13 pièces Guinées de 24 Conjons à 5 fanons 18 caches..........	1	16	25
	10 pièces Salempouris de 18 Conjons..	〃	1	2
	13 pièces Salempouris de 24 : à 2 fanons 32 caches la courge................	〃	4	8
		220	20	41

Marchandises reçües de Soucourama.

553 Courges 10 pièces Guinées sorte hollandaise à luy fait bon sur le pied de 1 pagode 13 fanons la courge, ont coûté par courge 4 fanons 30 caches d'augmentation à faire bon........	103	1	29
	323	22	6
16 Courges Salempouris à 18 fanons 32 caches, ont coûté 2 fanons 4 caches de plus........................	1	9	"
P. C.	325	7	6

Les dittes deux sommes faisant ensemble celle de trois cent vingt-cinq pagodes sept fanons six caches que le Conseil a délibéré et arresté d'alloüer aux susdits marchands, par forme d'indemnité, laquelle sera passée au crédit de leur compte sans tirer à conséquence pour l'avenir, que le blanchissage ne sera payé que les prix ordinaires et accoutumés.

Fait et arrêté, en la Chambre du Conseil supérieur, au fort Louis, à Pondichéry, les jour et an que dessus.

Signé : Dumas, Lenoir Dumeslier, Delorme, Legou, Signard, de Choisy.

Du dix juin 1736.

Le vaisseau le « Saint-Pierre » étant arrivé de Mahé avec une carguaison de cinq cent cinquante candis de poivre, le Conseil a délibéré et arrêté de ne point toucher à sa carguaison et de l'envoyer en totalité à Bengalle, et comme nous sommes dans l'espérance de recevoir dans peu des nouvelles de France dont il est de conséquence que nous informions le plutôt que possible le Conseil de Chandernagor, il a été arrêté que le « Saint-Pierre » se tiendra prest à partir au premier ordre et qu'il restera en rade jusqu'après la réception des lettres de la Compagnie, que nous le ferons aussitôt appareiller pour le Gange.

Fait et arrêté, au fort Louis, en la Chambre du Conseil supérieur, les dits jour et an que dessus.

Signé : DUMAS, LENOIR DUMESLIER, DELORME, LEGOU, SIGNARD, DE CHOISY.

Du 15 juin 1736.

La Compagnie ayant été obligée, depuis cinq années, de faire régir la ferme du tabac et bétel, et n'ayant point d'endroit pour y établir le bureau de distribution et les magasins nécessaires, auroit été jusqu'à présent forcée de louer deux maisons que l'on paye quatre pagodes par mois, mais se présentant une occasion d'en acheter une à prix raisonnable, qui est convenable et satisfaisante pour cet usage, le Conseil a arrêté et délibéré d'acheter la maison appartenante à Jamabaye, femme Brameny, scituée rue de Maniapa, pour prix et somme de deux cent trente pagodes, qui seront payées par le caissier de la Compagnie.

Fait et arrêté, au Fort Louis, à Pondichéry en la Chambre du Conseil supérieur, les dits jour et an que dessus.

Signé : DUMAS, LENOIR DUMESLIER, DELORME, LEGOU, SIGNARD, DE CHOISY.

Du dit jour.

Le vaisseau le « Pondichéry », appartenant aux négotians de la Colonie, qui fesoit annuellement le voyage de Moka, ayant été envoyé au Pégu, au mois de septembre mil sept cent trente-cinq, auroit ouvert en plusieurs endroits en l'échoüant pour le carener, de sorte que le capitaine l'auroit abandonné et seroit revenu icy, où il auroit assuré qu'il étoit absolument impossible de le racomodé et que pour tirer quelqu'avantage de son......et de ses débris, il falloit en faire bâtir un tout neuf, à l'effèt de quoy il se seroit fait au mois de janvier dernier une société parmy les marchands de cette ville, pour faire construire au Pégu, sous la protection de la Compagnie et les privilèges qui lui ont été accordez par le Roy, un bon vaisseau de cinq cents tonneaux, qui devoit, suivant la promesse qu'on avoit faite, être en état d'être lancé à l'eau au mois de septembre ou octobre prochain ; les fonds nécessaires ayant été en conséquence envoyés pour l'exécution de ce projet, avec un maitre charpantier, et le tout adressé au sieur Tornery, marchand suisse étably depuis longtemps au Pégu, et qui jusqu'a présent avoit fait ce métier et nombre d'entreprises pour bâtir des vaisseaux dans la construction desquels il avoit assez bien réussy, on avoit pris le party de s'adresser au sieur Tornery avec d'autant plus de confiance, qu'il s'étoit offert lui-même par plusieurs lettres qu'il avoit écrites à Monsieur le Gouverneur de se charger de cette entreprise, assurant qu'il feroit construire promptement un vaisseau et que l'on seroit content ; ses offres et ses promesses ayant engagé les marchands de Pondichéry à s'adresser au dit sieur Tornery, on luy auroit remis des fonds, qui luy seroient parvenus au commencement du mois de mars dernier, la réception desquels le dit sieur Tornery auroit accusé par lettre du mois de mars à Monsieur le Gouverneur qu'il continua d'assurer qu'il alloit faire mettre la main à la bezogne, et confirmoit que le navire seroit baty au mois d'octobre prochain; mais nous fumes fort surpris lorsqu'en mois d'avril suivant nous vimes arriver, à Pondichéry, le dit sieur Tornery, qui nous dit qu'il n'avoit pû continuer à travailler à la construction du vaisseau qu'un luy avoit demandé, que le Roy du Pégu avoit donné des ordres à Siriam, lieu où se batissent les vaisseaux et de la résidence de Tornery, d'y faire démolir sa maison, ses bancasals et ses magasins, et ne luy avoit donné que deux fois vingt-quatre heures pour retirer ses effets, que luy Tornery ayant considéré qu'il luy étoit impossible de trouver en si peu de temps un endroit pour y loger tous ses effets et ceux apartenants aux négocians Français, qu'en les transportant c'étoit les exposer à être pillez et volez ou à périr dans quelqu'incendies, qui sont très fréquents à Siriam, la pluspart des maisons et bancansals n'étant que de bambous et de feuilles, qu'il avoit crû n'avoir point d'autre party à prendre que de tout abandonner à la direction des gens du pays, qu'il auroit aussitôt mis les scellés sur toutes ses portes et magasins et déclaré au Prince de Siriam et aux grands, qu'ils étoient pleins des effets apartenans aux François, qu'il les en chargeoit et rendoit responsables, et qu'il alloit luy même se rendre à Pondichéry pour informer de tout le Gouverneur et le Conseil du dit lieu; sur ce qui est dit cy-dessus et les rapports du sieur Tornery, nous aurions cherché à voir de tous cotéz les éclaircissemens nécessaires au sujet de cette affaire et à être informez sôrement de ce qui avoit donné occasion, ces informations nous ont fait penser que la mauvaise volonté du Roy ne regarderoit que le sieur Tornery seul, occasionée par diverses fraudes qu'il a été convaincu d'avoir faittes, et que la scituation de son bancasal fovorisé se trouvant scitué au bas de la rivière, c'est-à-dire au dehors du bureau de la douane de Siriam, que c'était cette seule raison qui avait engagé le Roy à donner des ordres précis non seulement pour démolir ce bancasal, mais aussy tous ceux qui se trouvent daus le même cas ; comme il nous est impossible de débrouiller parfaitement d'icy cette affaire, qu'il est important pour la ville de Pondichéry de conserver les privilèges accordez par le Roy du Pegu à la nation française et la faculté d'y construire des vaisseaux et en tirer du bois et du ris, qui ont été souvent d'un grand secours à cette Colonie, n'y ayant point d'endroit dans l'Inde où cela puisse se faire à moins de frais et plus facilement qu'au Pégu, le Conseil a délibéré et arrêté ce qui suit : de faire partir incessamment pour le Pégu le petit vaisseau le « Fortuné », appartenant à la Compagnie, et qui vient d'arriver de Mahé avec son chargement de poivres, lequel, ayant besoin d'un radoub, proffitera du temps qu'il y séjournera pour le faire et reviendra icy chargé de bois et autres marchandises qu'il pourra traitter au mois de janvier prochain, opération d'autant plus convenable que nous n'avons pas d'occasion de l'employer jusqu'à ce temps. Il a été de plus convenu d'embarquer sur ce bâtiment un fond d'environ quatre mille cinq cent pagodes, dont deux tiers en argent et un tiers en marchandises, tant pour les dépenses de son radoub que pour l'achapt de sa carguaison et étant nécessaire de charger quelques personnes sages et de bonne conduitte et sur lesquels nous puissions compter pour traitter avec le Roi et les gens du pays, nous avons fait choix du sieur Lanoë, sous-marchand, et du sieur Dubois, capitaine du « Fortuné », que nous chargerons de nos ordres et instructions à l'effet d'obtenir du Roi du Pégu la confirmation des privilèges cy devant accordez, et la permission d'y bâtir annuellement les vaisseaux dont nous pourions avoir besoin, de nous désigner un emplacement pour y construire un bancasal ou une loge si nous le jugeons à propos, et où la nation puisse avoir un président et la faculté d'y venir traitter du bois, du ris, de la cire, calain et autres denrées du pays, en payant les droits tels que le Roy les a cy-devant fixez. Il a été aussy convenu qu'il sera embarqué sur le vaisseau le « Fortuné », un présent, pour le Roy et Prince de Siriam, de la somme d'environ trois cents pagodes.

Fait et arresté, au Fort Louis, à Pondichéry, en le Chambre du Conseil supérieur, les dits jour et an que dessus.

Signé : DUMAS, LENOIR DUMESLIER, DELORME, LEGOU, SIGNARD, DE CHOISY.

Du dix-sept juin 1736.

La Colonie se trouvant depuis longtemps dénuée de toutes sortes de bois de construction, ce qui a empêché qu'on n'ait pû achever l'hôpital dont la maçonnerie est en état depuis plus d'un an de recevoir les poutres et solives, la perte du vaisseau le «Pondichéry», au Pegu, nous ayant privez de ceux que nous attendions par le retour de ce vaisseau; ayant d'ailleurs besoin de quantité de bois tant pour les vaisseaux que pour remonter notre artillerie dont la plus grande partie a besoin d'affut, que pour les bâtiments qui nous restent à faire; se présentant actuellement une partie de bois a acheter à un prix raisonnable, d'un vaisseau anglois actuellement mouillé en rade, le Conseil a arrêté et délibéré d'acheter la partie de bois cy-après dont le prix en totalité a été réglé à quatre mille cinq cents pagodes, savoir :

358 poutres estimez 6 pagodes la pièce cy P. C. .... 2248 " " "

500 bordages estimez 4 pagodes l'un portant l'autre.......................... 2000 " " "

26 grosses poutres à 100 pagodes la pièce cy........................... 260 〃 〃 〃
10 grosses b. de fer plus grosses à 15 pagodes-pièce........................ 150 〃 〃 〃

4658 〃 〃 〃

Laquelle somme a été réduite par convention avec le capitaine Byers, propriétaire dudit bois, à quatre mille cinq cents pagodes, comme il a été dit cy-dessus, laquelle somme sera payée par Monsieur Legou, garde magasin des matieres d'or et d'argent.

Fait et arrêté, au Fort Louis, à Pondichéry, en la Chambre du Conseil supérieur, les dits jour et an que dessus.

Signé : DUMAS, LENOIR DUMESLIER, DELORME, LEGOU, SIGNARD, DE CHOISY.

Du dix-neuf juin 1736.

Ayant été saisie et arrêtée une partie de poivres, le quatorze du courant, suivant le procès-verbal cy-après transcrit, lequel poivre n'a été réclamé de qui que ce soit, ayant été vraysemblablement apporté de la cote Malabar par les vaisseaux de la Compagnie le « Saint-Pierre » ou le « Fortuné », qui en sont arrivés depuis peu, et ce contre les déffenses expresses que nous en avons fait aux capitaines et officiers des dits vaisseaux, lesquels l'ont fait suivant les apparences transporter furtivement et en cachette à bord du vaisseau Malabar le « Chankerabary » d'où on l'a ensuitte fait passer en fraude, sans en avertir à la douane et sans en payer les droits, sur le vaisseau le « Saint-Benoist » prest à partir pour la Chine, le Conseil a délibéré et arresté que cette partie de poivres sera confisquée et vendüe au profit de la maison des Religieuses qu'on se propose d'établir à Pondichéry, et que le produit de la dite vente sera remis entre les mains de Monsieur Legou, dépositaire des deniers destinés à cet usage. Ensuit le procès-verbal :

L'an mil sept cent trente-six, le dix-huitième jour de juin après midy, je soussigné Receveur de la Douane, déclare que le quatorze du dit mois, sur le soir les macouas composant l'équipage de deux chelingues m'ayant averty qu'ils avoient été employés pendant la journée à transporter quatre-vingts pâquets et vingt-quatre sacs de pouvres (pezant ensemble la quantité de quatorze mille trois cent trente-trois livres y compris les sacs et nattes qui servent d'emballage aux dits paquets) du vaisseau de Manilles le « Chankerabary » sur le vaisseau destiné pour Chine, nommé le « Saint-Benoist » ; comme ce poivre n'a point été déclaré à la Doüane, j'en aurois aussytost fait mon raport à Monsieur Dumas, Gouverneur de Pondichéry, lequel auroit envoyé le sieur Delahaye, commis de la Compagnie, à bord du dit vaisseau avec ordre d'en faire débarquer le dit poivre, qui a été mis en dépost à la doüane du bord de la mer, où il auroit resté jusqu'à ce jours sans être réclamé par qui que ce soit. En foy de quoy j'ay dressé le présent procès-verbal pour servir et valoir à ce que de raison, lequel j'ay remis à M. Delorme, second du Conseil supérieur de Pondichéry, à Pondichéry, au bureau de la doüane, les dits jour et an que dessus.

Signé : Le Faucheur. A côté est écrit : vû Delorme.

Fait et arresté, en la Chambre du Conseil supérieur, au Fort Louis, à Pondichéry, les jour et an que dessus.

Signé : DUMAS, LENOIR DUMESLIER, DELORME, LEGOU, SIGNARD, DE CHOISY.

Du dit jour.

Le fer, qui a été envoyé en dernier lieu aux Manilles, y ayant été vendu, à raison de six piastres le Pic de cent trente sept livres et demye, poids d'Espagne, comme ce prix est assez avantageux et que la Compagnie nous a recommandé de chercher le débouché des marchandises et effets que nous pouvons tirer d'Europe, le Conseil a délibéré et arrêté de faire charger à fret, à raison de quatre pour cent, pour le compte de la Compagnie, sur le vaisseau le « Chankerabary » la quantité de cent vingt milliers de fer, à la consignation des sieurs de la Villebague et Dubois, subrécargues sur ce vaisseau.

Fait et arrêté, en la Chambre du Conseil supérieur, au Fort Louis, à Pondichéry, les jour et an que dessus.

Signé : DUMAS, LENOIR DUMESLIER, DELORME, LEGOU, SIGNARD, DE CHOISY.

Du vingt-six juin 1736.

Les vaisseaux « l'Apollon » et la Paix, estant arrivés hier au soir, icy, ce dernier destiné pour Chandernagor, le Conseil, considérant la différence et le proffit considérable qu'il y a pour la Compagnie de convertir les matières d'argent destinées pour Bengalle en roupies Arcatte, qui suivant les lettres de M. du Comptoir de Bengalle va de cinq à six pour cent, Monsieur le Gouverneur ayant écrit, dès hier, à Iman Saheb et au chef de la Monnoye d'Alamparvé pour les prier de nous faire une avance de trois à quatre cents mille roupies, il a été délibéré ce qui suit:

De faire débarquer du vaisseau «La Paix», les quarante mille marcs de matières d'argent qui y sont chargés, et, comme ce vaisseau a nombre de malades, de ne le faire partir que dans dix jours pour Bengalle, avec trois à quatre cents mille roupies que nous espérons avoir de prestes vers ce temps là, et de garder le vaisseau le «Saint-Pierre», en rade, jusqu'au quinze juillet que nous le ferons partir pour le Gange, avec deux à trois cents mille roupies. Il a été de plus arresté qu'il sera envoyé à Alemparvé le plus tost qu'il sera possible cinq cents mille piastres pour y estre converties en roupies.

Il a esté aussy arresté qu'il sera embarqué, sur «La Paix», les marchandises d'Europe destinées pour Chandernagor et qui sont venues à Mahé, l'année dernière, par le vaisseau «La Reine» et qui ne nous sont parvenues qu'à la fin du mois passé et une partie des cornalines qui nous a été renvoyée de France et que nous adressons à Messieurs du Conseil de Bengalle pour la faire passer à Suratte, en cas qu'ils n'en puissent trouver la défaitte.

Fait et arresté, en la Chambre du Conseil supérieur, au Fort Louis, à Pondichéry, les jour et an que dessus.

Signé : DUMAS, LENOIR DUMESLIER, DELORME, LEGOU, SIGNARD, DE CHOISY.

Du deux juillet 1736.

La santé du sieur Porcher, Chef à Mazulipatam, étant très chancelante depuis longtemps, ce qui l'a empesché de faire ses livres à l'ordinaire, et l'a obligé de nous écrire qu'il étoit hors d'état de les faire, étant convenable au bien du service que le Chef de Mazulipatam, où il ne peut y avoir que deux employés, tienne luy même les livres du Comptoir, il a été délibéré et arresté de rappeler icy le dit sieur Porcher, de faire passer à Mazulipatam le sieur Golard pour le remplacer, et que nous donnerons au dit sieur Golard les instructions à cet effet.

Etant aussy nécessaire de remplacer le sieur Demonchy, sous marchand, lequel est mort à Mazulipatam le vingt-huit avril dernier, il a été arresté d'y envoyer le sieur Ollivier, commis à huit cents livres, pour y servir sous les ordres du dit sieur Golard.

Les assortiments de marchandises que nous avons ordonnés à Mazulipatam et Yanaon n'étant pas suffisants pour les vaisseaux, qui nous viennent cette année, et ne prévoyant pas pouvoir nous procurer icy assez de marchandises pour les charger, il a été délibéré et arrêté d'ordonner dans les deux comptoirs une augmentation de marchandises ; d'expédier actuellement pour Mazulipatam le brigantin l' « Avanturier » pour de là passer à Yanaon, y prendre les marchandises de ce comptoir, et revenir à la fin d'août à Mazulipatam charger les mouchoirs, qui se trouveront prests alors et nous les apporter dans tout le courant de septembre ; et pour mettre les sieurs Golard et Guillard en état de faire travailler incessamment à la fabrication des marchandises, nous chargerons sur le dit brigantin dix mille roupies Arcatte et dix mille pagodes courantes avec les effets destinés pour les deux comptoirs.

Fait, en la Chambre du Conseil supérieur, au Fort Louis, à Pondichéry, les jour et an que dessus.

Signé : DUMAS, LENOIR DUMESLIER, DELORME, LEGOU, SIGNARD, DE CHOISY.

Du six juillet 1736.

Le Nabab ayant écrit une lettre de félicitation à Monsieur le Gouverneur, à son arrivée en cette ville, et envoyé en présent un cheval, qui a été remis à l'écurie de la Compagnie, comme il est d'usage et indispensable de l'envoyer visiter, ce qui doit être accompagné d'un présent pour luy et les principaux officiers du Gouvernement, le Conseil a délibéré et arrêté de faire incessament partir pour Arcatte Monsieur Miran, employé de la Compagnie, et M. Elias Izaac, marchand particulier de cette ville, lesquels parlent tous deux la langue persane, pour aller complimenter le Nabab et autres officiers du Gouvernement de la part de Monsieur le Gouverneur, ce qui sera accompagné d'un présent pour le Nabab d'environ neuf cents pagodes, pour Sadatalikan, son frère, d'un présent de la somme de deux cents quatre-vingt-dix pagodes ou environ, pour Iman Saheb, d'un présent de la somme de trois-cents quarante-cinq pagodes et pour Citizorkan, d'un présent d'environ deux cents-quatre-vingt-seize pagodes.

Fait et arrêté, en la chambre du Conseil supérieur, au Fort Louis, à Pondichéry, les jour et an que dessus.

Signé : DUMAS, LENOIR DUMESLIER, DELORME, LEGOU, SIGNARD, DE CHOISY.

Du douze juillet 1736.

Etant nécessaire de faire passer, à Mazulipatam, cinq mille pagodes à trois figures que nous avons fait venir d'Arcatte, et Pedro Modeliar ayant offert d'y faire toucher son brigantin le « Dauphlin », le Conseil a délibéré et arrêté d'y faire embarquer les dittes cinq mille pagodes pour être remises à M. Golard, chef à Mazulipatam.

Fait et arrêté, en la chambre du Conseil supérieur, au Fort Louis, à Pondichéry, les dits jour et an que dessus.

Signé : DUMAS, LENOIR DUMESLIER, DELORME, LEGOU, SIGNARD, DE CHOISY.

Du dit jour :

Un marchand d'Arcatte nommé Ballechetty nous ayant demandé à acheter pour trente mille pagodes de piastres, à raison de sept pagodes quatre fanons la serre, payables à deux mois de termes, comme ce prix est avantageux, Iman Saeb et Chankrabary ne nous en ayant offert que sept pagodes un fanon, le Conseil a délibéré et arrêté de faire délivrer au dit Ballechetty pour quarante mille pagodes d'argent piastres, à raison de sept pagodes quatre fanons la serre, payables à deux mois de terme.

Fait et arrêté, en la Chambre du Conseil supérieur, au Fort Louis, à Pondichéry, les dits jour et an que dessus.

Signé : DUMAS, LENOIR DUMESLIER, DELORME, LEGOU, SIGNARD, DE CHOISY.

Du treize juillet 1736.

A l'arrivée des vaisseaux de la Compagnie l'« Apollon » et la « Paix » nous avions en rade le le vaisseau le « Saint-Joseph », qui étant arrivé trop tard du Gange et party de même pour Moka, chargé de treize à quatorze cents balles de marchandises, de sorte qu'il n'a pû gagner le lieu de sa destination et a été obligé de relacher ayant inutilement batû la mer pendant trois mois dix jours, les armateurs comptant faire partir ce vaisseau pour continuer son voyage au mois d'Octobre prochain, nous avions pareillement destiné le petit vaisseau, le « Fortuné » pour aller au Pègu, suivant notre délibération du quinze juin dernier ; mais les nouveaux ordres de la Compagnie, reçus par ses vaisseaux, nous mettent dans la nécessite de changer tous ces arrangemens ; nous avons besoin du vaisseau le « Saint-Josph » pour raporter de Bengalle les six cents balles de marchandises que la Compagnie y donne ordre de nous faire passer ; ce vaisseau nous est encore nécessaire pour, à son retour du Gange au mois de janvier prochain, aller à la coste Malabare y prendre les poivres dont nous avons besoin pour l'année prochaine; il nous fait un vaisseau du pays pour joindre au navire d'Europe que nous devons envoyer à Moka ; il est, pareillement, absolument nécessaire que nous faisions venir de Bengalle des grains, le bled, de l'huile et autres provisions. Le tout mûrement considéré, le Conseil a délibéré et arrêté ce qui suit :

De redemander aux armateurs de Moka le vaisseau le « Saint-Joseph » en annulant la vente qui leur en a été faite, et comme il leur serait impossible d'acquieser à cette proposition n'ayant point d'autres navires pour envoyer leurs marchandises à Moka, de leur offrir d'embarquer à bord du dit vaisseau d'Europe que nous comptons, au mois d'Octobre prochain, expédier pour Moka, toutes les marchandises qui composent le chargement du « Saint-Joseph », moyennant six mille piastres de compte qu'ils payeront à la Compagnie à Moka. Les avantages que la Compagnie trouve dans cette proposition sont de procurer à son vaisseau d'Europe un frêt, qui la dédomagera d'une partie des frais qu'elle fera pour cette expédition et de ravoir le « Saint-Joseph » pour faire, cette année, le voyage de Bengalle et de la coste Malabarre, et d'une autre costé les armateurs de Moka ne sont point lézés, la somme que nous leur demandons étant à peu près équivalente à ce qui leur en couteroit pour les dépenses du « Saint-Joseph » depuis ce jour jusqu'à son retour de Moka, et leurs marchandises iront plus sûrement dans un vaisseau de la Compagnie bien armé que dans un vaisseau armé de lascars et à la façon de l'Inde.

Sur quoy, les armateurs du « Saint-Joseph » ayant été appelez dans la Chambre du Conseil, ils auraient acceptez cette proposition qui demeurera pour constante et arrêtée.

Il auroit été de plus délibéré et arrêté en conséquence de l'arrangement cy-dessus, d'expédier incessamment le vaisseau le « Saint-Joseph » pour le Gange et de luy faire prendre les cinq cents cinquante candys de poivres composant la carguaison du « Saint-Pierre », que nous garderons en rade pour aller à Moka avec le vaisseau d'Europe, qui sera destiné pour ce voyage, et comme le vaisseau le « Saint-Joseph » ne seroit pas suffisant pour rapporter tout ce que nous avons à faire venir de Bengalle, le Conseil à changé la destination du « Fortuné » que nous ferons partir pour le Gange, dans le courant du mois prochain, et comme les raisons qui nous engageoïent à faire passer au Pégou le sieur Lanoë subsistent, il a été délibéré et arrêté qu'il passera au Pegou sur le vaisseau le « Chankrabary » apartenant à Messieurs de la Villebague et Dubois, qui doit dans peu partir pour Siriam, affin que le dit sieur Lanoë exécute le contenu en la délibération du quinze juin sur les instructions que le Conseil luy remettra et que le présent destiné pour le Roy du Pégou et les marchandises que nous avions achetées pour y envoyer seront pareillement embarquées sur le dit vaisseau le « Chankrabary ».

Fait et arrêté, en la Chambre du Conseil supérieur, au Fort Louis, à Pondichéry, les dits jour et an que dessus.

Signé : DUMAS, LENOIR DUMESLIER, DELORME, LEGOU, SIGNARD, DE CHOISY.

Du treize juillet 1736.

Monsieur de la Bourdonnais et Messieurs du Conseil de l'Isle de France nous demandant, par leur lettre du douze may dernier, que nous reçumes hier, de leur faire construire au Pégou deux vaisseaux, l'un de trois cent cinquante tonneaux et l'autre de cent vingt à cent cinquante, pour leur donner de nouvelles preuves des dispositions sincères dans lesquelles nous sommes de remplir, autant qu'ils dépendra de nous, les demandes qu'ils nous font, quoy qu'ils paraissent peu reconnaissants de touttes les peines et soins que nous nous sommes donnés la mousson dernière pour leur faire passer des vivres en abondance et quantités d'effets et ouvriers, le Conseil a délibéré et arresté d'ordonner au Sieur Lanoë, qui passe au Pégou, d'y faire construire avec le plus de diligence qu'il luy sera possible deux vaisseaux tels que Monsieur de la Bourdonnais et Messieurs du Conseil de l'Isle de France les demandent ; à l'effet de quoy il sera remis au dit sieur Lanoë quatre mille pagodes, dont mille en marchandise et trois mille en piastres, et copie du mémoire qu'ils nous ont envoyé à ce sujet, et attendu que les dittes quatre mille pagodes ne seront pas suffisantes pour la dépense de la construction des deux vaisseaux, le Conseil authorise le sieur Lanoë à recevoir des ticaux au Pégou sur le pied de trois à la pagode et de fournir des lettres de change à quinze jours de vüe sur nous, et ce jusqu'à la concurrence de ce dont il aurait besoin.

Fait et arresté, en la Chambre du Conseil Supérieur, au Fort Louis, à Pondichéry, les jour et an que dessus.

Signé : Dumas, Lenoir Dumeslier, Delorme, Legou, Signard, De Choisy.

Du vingt juillet 1736.

Le nommé Chancarabary, marchand Malabar, qui demeure à Arcatte et est Seraf du Nabab, nous a offert de prendre nos matières d'argent à sept pagodes deux fanons la serre, ce qui outre le bon prix est d'autant plus avantageux à la Compagnie que non seulement il nous paye comptant mais même nous a fait souvent des avances, et étant nécessaire de nous procurer des pagodes tant pour acquitter les emprunts que nous avons fait de cinquante mille pagodes, que pour continuer de faire des avances aux marchands affin de les mettre en état de nous fournir les marchandises que nous avons contractées avec eux, il a été délibéré et arresté de luy donner pour cent cinquante mille pagodes de matières d'argent sur le pied qu'il nous propose.

Fait et arresté, au Fort Louis, à Pondichéry, en la Chambre du Conseil Supérieur. les jour et an que dessus.

Signé : Dumas, Lenoir Dumeslier, Delorme, Legou, Signard, De Choisy.

Du dit jour 20 juillet.

Le pont de l'ancienne porte de Goudelour étant tombé depuis plusieurs années et celui qu'on avoit fait à costé, sur des chantiers seulement, et revêtu de gazon pour la commodité du public, en attendant qu'on eût relevé l'autre, étant tombé depuis quatre ou cinq mois, comme il est nécessaire d'en bâtir un solide et qui puisse durer longtemps, il a été délibéré et arrêté de le faire construire en pierre de taille et brique, suivant le plan que le Révérend Père Louis en a présenté au Conseil et qui y a esté signé et approuvé ce jour et demeurera déposé au Secrétariat.

Fait et arresté, en la Chambre du Conseil Supérieur, au Fort Louis, à Pondichéry, les dits jour et an que dessus.

Signé : Dumas, Lenoir Dumeslier, Delorme, Legou, Signard, De Choisy.

Du vingt-trois juillet 1736.

Y ayant actuellement en rade un vaisseau de cinq cent cinquante tonneaux, appartenant au capitaine Bayers, baty au Pegou l'année dernière, que nous avons fait visiter et qui s'est trouvé bon et bien baty et tel qu'il convient au commerce de la Compagnie, soit pour porter aux Isles de Bourbon et de France la quantité d'effets qu'on y demande, soit pour aller à la Côte Malabar y chercher les poivres dont nous avons besoin pour nos carguaisons, considérant d'ailleurs l'impossibilité ou nous sommes d'en faire batir un pareil au Pégou où nous avons déjà donné ordre cette année d'y faire construire les deux que Messieurs du

Conseil de l'Isle de France nous demandent et un autre que les autres particuliers de cette colonie y font construire pour remplacer le «Pondichéry», le Conseil a délibéré d'achepter du capitaine Bayers celuy qui est en rade pour la somme de douze mille cinq cents pagodes, prix convenu, et de le nommer le «Fort Louis»; il a été de plus arrêté d'en donner le commandement au sieur Ducasse et de l'envoyer à Bengalle d'où il repartira, à la fin de décembre prochain, chargé de ris, gonis, huille, beure et autres provisions pour les Isles et pour icy.

Fait et arresté, en la Chambre du Conseil Supérieur, au Fort Louis, à Pondichéry, les dits jour et an que dessus.

Signé: DUMAS, LENOIR DUMESLIER, DELORME, SIGNARD, DE CHOISY.

Du vingt-quatre juillet 1736.

Le «Saint-Joseph» estant prest à faire voille pour Bengalle, chargé de bois rouge et de poivres, le Conseil a délibéré et arresté d'y faire embarquer trois cent douze mille roupies pour être remises à Messieurs du Conseil de Chandernagor.

Fait et arresté, en la Chambre du Conseil supérieur, au Fort Louis, à Pondichéry, les jour et an que dessus.

Signé: DUMAS, LENOIR DUMESLIER, DELORME, SIGNARD, DE CHOISY.

Du vingt-un août 1736.

Vû au Conseil d'administration la déclaration faite au greffe du Conseil supérieur par M. de la Bouxiere, capitaîne du vaisseau l'«Apollon», ainsy que l'extrait de son journal contenant le fait de ce qui s'est passé entre le Révérend Père Damasse et luy, à bord du dit vaisseau, aussy l'extrait du registre du dit vaisseau, servant à l'enregistrement des procès-verbaux et des délibérations, dans lequel est contenu la déclaration du dit Père Damasse et des Révérends Pères Bernard et Hippolite de Villars, Capucins, et de tous les officiers du dit vaisseau, au sujet de cette affaire; vû pareillement la requeste du dit Père Damasse, par laquelle il demande au Conseil une subsistance à terre; oüi le même Père dans la Chambre du Conseil, qui a refusé de se rétracter de l'excommunication par luy prononcée contre Monsieur de la Bouxière et du refus qu'il a fait de dire la messe en sa présence et de faire cesser le scandale, qui dure depuis si longtemps et prive l'équipage d'entendre la messe les jours de fêtes et dimanches; le Conseil a délibéré et arresté que le Révérend Père Damasse repassera en France sur un autre vaisseau affin d'éviter les suittes que pourroit avoir une pareille conduitte, ce qui pourroit soustraire l'équipage de l'obéissance qu'il doit au capitaine et tirer à des conséquences infinies, et, en outre, a été déclaré au Conseil au dit Révérend Damasse qu'il sera privé de ses appointements depuis le 16 avril dernier qu'il a cessé de dire la messe et faire les fonctions d'aumoniers, ainsy que de son port permis, et à l'égard de la subsistance qu'il demande, le Conseil luy accorde vingt-cinq sols par jour, monnaye de l'Inde, du jour de son arrivée à terre jusqu'au jour de son départ.

Fait et arresté, en la Chambre du Conseil supérieur, au Fort Louis, à Pondichéry, les jour et an que dessus.

Signé: Dumas, Lenoir Dumeslier, Delorme, Legou, Signard, De Choisy.

Du six septembre 1736.

En conséquence des ordres de la Compagnie insérés dans sa lettre du vingt-six octobre mil sept cent trente-cinq, adressée à moy en particulier, Monsieur Dulaurens a été rétably dans le poste de conseiller au Conseil supérieur, ainsy qu'il est porté par les Etats de la Compagnie et ayant été appelé dans la Chambre du Conseil y a repris séance.

Fait, en la Chambre du Conseil supérieur, au Fort Louis, à Pondichéry, les jour et an que dessus.

Signé : DUMAS.

Du sept septembre 1736.

La frégate l'«Astrée» ayant relaché ici le vingt-quatre aoust, venant de Madagascar, faisant beaucoup d'eau, le Conseil en auroit ordonné la visite aux capitaines, officiers et charpentiers des vaisseaux de la Compagnie l'«Apollon» et le «Phoeuix», qui auroient en conséquence dressé le 31e Août procès-verbal de l'état où ils avoient trouvé ce bâtiment, par lequel ils constatent que, supposé qu'après avoir levé tout le doublage de ce bâtiment, il se trouvat en état de souffrir un radoub, ce qui ne peut se connoistre parfaitement qu'après l'avoir échoué et dédoublé d'un bout à l'autre, il en coûteroit à la Compagnie beaucoup plus que ce vaisseau ne vaudra, considérant que tout son grayement est hors de service et qu'il faut le changer entièrement, y ayant d'ailleurs du risque pour les équipages à l'envoyer dans cette saison avancée à Bengalle, le Conseil a délibéré et arresté de faire dégrayer entièrement ce petit bâtiment, d'en tirer tout ce qu'on pourra et de faire ensuite mettre la coque du navire à la côte pour être dépecé.

Fait et arresté, au Conseil supérieur, au Fort Louis, à Pondichéry, les jour et an que dessus.

Signé : Dumas, Dulaurens, Delorme, Legou, Signard, de Choisy.

Du dix septembre 1736.

Monsieur le Gouverneur ayant travaillé depuis quelques mois à obtenir du Nabab la permission de faire des roupies à Pondichéry, au coin d'Arcatte, et ce par le moyen d'Iman Saheb, qui a toujours paru remply de bonne volonté pour la Nation française, auroit en dernier lieu chargé secrettement Messieurs Elias Isaac et Miran que le Conseil avoit envoyés à Arcatte, en conséquence de la délibération du 6e juillet 1736, pour visiter la Nabab et lui porter un présent, suivant la coutume, de presser en particulier Iman Saheb de nous faire obtenir la permission de fraper des roupies ou du moins d'avoir une réponse positive à ce sujet pour scavoir à quoy s'en tenir, en conséquence desquels les dits sieurs Elias et Miran auroient pressé vivement Iman Saheb sur cet article, qui leur auroit obtenu une audience du Nabab, dans laquelle ce Seigneur au lieu de leur rendre aucune réponse favorable auroit refusé sèchement et à plusieurs reprises d'accorder cette permission, qui feroit un tort considérable à sa monnoye d'Arcatte et d'Alamparvé, où jusqu'à présent touttes les matières d'argent qui sont venues à Pondichéry ont été portées. Enfin, après bien des démarches et des sollicitations auprès des principaux Seigneurs de la Cour du Nabab de la part des dits sieurs Elias et Miran, qui ont négotié cette affaire avec beaucoup de zèle et de conduitte, ils ont ébranlé le Nabab, qui a promis qu'il envoyeroit Iman Saheb à Pondichéry pour traitter cette affaire personnellement avec Monsieur le Gouverneur. En conséquence de cette promesse Iman Saheb se seroit rendu icy le 16e aoust et auroit signé le dix-sept-un traité avec Monsieur le Gouverneur, lequel le Conseil auroit ratifflé et approuvé le même jour. Par le premier article de ce traité, Iman Saheb s'oblige d'envoyer dans quarente jours le Paravana ou Firman demandé, mais Monsieur le Gouverneur craignant d'être traversé dans cette affaire par les autres Nations, principalement par les Anglais et les marchands d'Arcatte et d'Alamparvé, qui ont un intérêst considérable à empêcher qu'on n'aye la permission de battre monnoye à Pondichéry, auroit prié Iman Saheb d'ajouter un nouveau service à tous ceux qu'il luy avoit déjà rendu, que les vaisseaux de France estant prests à partir il seroit bien aise d'informer la Compagnie du succès de sa négotiation et qu'il le prioit d'avancer de quelques jours le terme qu'il avoit fixé pour envoyer ce Paravana, à quoi Iman Saheb luy auroit promis de travailler sans aucun retardement et auroit en même temps écrit qu'outre les quinze mille roupies qu'il avoit demandées pour le Nabab, cinq pour Citizorkan, un des Trésoriers de l'Empereur, il falloit encore dépenser deux mille roupies pour distribuer à divers officiers du Nabab qu'on avoit intérest de ménager et d'empêcher de faire au Nabab aucune représentation, qui put reculer la conclusion de notre affaire, à quoy Monsieur le Gouverneur auroit consenti et prié Iman Saheb d'achever sans différer l'exécution de son traité et de ses promesses; enfin après bien des inquiétudes causées par les représentations que les habitants d'Alamparvé et quelques marchands ont fait au Nabab, nous reçumes hier le Paravana demandé depuis tant de temps, accompagné d'une lettre fort gracieuse du Nabab à M. le Gouverneur, d'un serpau et d'un éléphant qui est le présent le plus convenable qu'on puisse faire en ces païs et, dans le même instant de la réception du Paravana, on auroit commencé à fraper des roupies au coin d'Arcatte à la Monnoye de Pondichéry.

En conséquence de ce dessus, il a été arresté que Monsieur Legou, garde magazin des matières d'argent envoyera demain à Alamparvé en matières d'argent les vingt-deux mille roupies promises pour l'obtention de ce Paravana. Ensuite la teneur du traité fait entre Iman Saheb et Monsieur le Gouverneur, le dix-sept aoust, la ratification du Conseil du même jour, la traduction du Paravana et de la lettre du Nabab, lesquelles pièces ont été déposées au Secrétariat en originaux, scavoir le Paravana du Nabab, la lettre de ce Seigneur à Monsieur le Gouverneur et le traité en original fait avec Iman Saheb.

Traité fait avec Goulam Iman Hussenkan et Monsieur le Gouverneur.

Articles arrestez le dix-sept du mois d'aoust 1736 entre Goulam Iman Hussenkan, envoyé à cet effet, à Pondichéry, par le Nabab Aly Doustkan, d'une part, et Monsienr Dumas, Gouverneur de Pondichéry et Commandant général des Etablissements français aux Indes, faisant au nom de la Nation française et de la Compagnie des Indes, d'autre part :

Article premier.

Goulam Iman Hussenkan promet et s'oblige de la part du Seigneur Nabab Aly Doustkan, d'envoyer à Pondichéry dans quarente jours, un firman ou Paravana du Nabab Aly Doustkan dans la meilleure forme qu'il sera possible et tel qu'il doit être, partant permission de faire fabriquer d'icy en avant et à perpétuité des roupies à la Monnoye de Pondichéry, sur lesquelles il sera mis la même chape et emprinte que sur celles qui se fabriquent à Arcatte ou à Joharbandel, pour qu'il n'y ait aucune différence ny distinction des unes avec les autres.

Article second.

Monsieur Dumas s'oblige, au nom de la Compagnie des Indes, de fournir annuellement à Citizorkan et Goulam Iman Hussenkan pour cinquante mille pagodes de matières d'argent par chaque Vaisseau que la Compagnie envoyera de France pour prendre leur chargement de marchandises à Pondichéry, bien entendu que dans ce nombre ne seront point compris les Vaisseaux, qui ne chargent pas à Pondichéry, et ne font qu'y relacher, étant destinés pour d'autres endroits comme la Chine, Moka, Mahé etc.

Article troisième.

Monsieur Dumas s'oblige de fournir annuellement les dites marchandises d'argent sur le pied de sept pagodes deux fanons de Pondichéry la serre de piastres, lequel prix fixé et arresté, soit que le prix de l'argent à la Côte augmente ou diminue, et Goulam Hussenkan s'oblige pareillement en son nom et à celuy de Citizorkan, qui ratiffie le présent article, de prendre les dittes matières d'argent au prix fixé cy-dessus.

Article quatrième.

Monsieur Dumas s'oblige au non de la Compagnie des Indes de payer, pour l'obtention du dit firman ou Paravana, la somme de vingt mille roupies qu'il envoyera à Goulam Hussenkan pour en faire la distribution comme suit : il donnera quinze mille roupies au Nabab et cinq à Citizorkan.

Article cinquième.

En reconnoissance du service que Goulam Hussenkan rend en cette occasion à la Nation Française,

Monsieur Dumas s'oblige, au nom de la Compagnie des Indes, de luy faire payer annuellement et à ses enfants mâles en ligne directe, à perpétuité, une roupie par mille roupies qui seront fabriquées à la monnoye de Pondichéry, dequoy il sera délivré acte en bonne et düe forme à Goulam Iman Hussenkan.

Lequel présent traité nous avons fait et signé et à yceluy apposé le cachet de la Compagnie le dix-sept aoust mil sept cent trente-six, à Pondichéry.

Signé : DUMAS.

Le Conseil, après avoir vu et examiné les articles contenus au présent traité, les trouve très avantageux au commerce de la Compagnie et est d'avis de les accepter et, en conséquence, autorise Monsieur Dumas à les arrêter avec Iman Saheb et a passer en conséquence au nom de la Compagnie tous les écrits et actes nécessaires.

Fait et arresté en la Chambre du Conseil supérieur, au Fort Louis, à Pondichéry, le dix-sept aoûst mil sept cent trente-six.

Signé : DELORME, LEGOU, SIGNARD, LENOIR DUMESLIER, DE CHOISY.

Paravana pour battre des roupies.

Que Monsieur Dumas, Commandant Générat de tous les Etablissements français, Gouverneur de Pondichéry, qui est un Seigneur courageux et généreux, jouisse d'une santé parfaitte.

Je viens de recevoir une lettre du nabab Valajanabab Assafkan pour qu'on batte des roupies à Pondichéry ; en conséquence il vous écrit que conformément à cette lettre et à ce qui est écrit cy-après, vous ayez à battre des roupies à Pondichéry semblables à celles d'Arcatte, vous vous y conformerez. Le 1er du mois Rabalasany, l'an 19e (du règne de Mametcha).

Voicy ce qui est écrit au pied du Paravana.

Conformément à la lettre du Nabab Valajanab Assafkan, Goulam Iman Houssenkan nous a représenté qu'il a donné sa parole au Gouverneur de Pondichéry d'obtenir de nous la permission de battre des roupies à la Monnoye de Pondichéry, semblables à celles d'Arcatte, en conséquence nous avons accordé la permission d'y battre des roupies.

Teneur de la lettre du Nabab Valajanabab Assafkan.

Vous êtes un fidèle amy. Le chef françois de Pondichéry, qui est de la dépendance d'Arcatte, nous a écrit que l'on bat à Pondichéry des pagodes comme à Madrast et nous à demandé la permission d'y battre aussy des roupies, disant que cela donnera du relief à sa Colonie et augmentera vos revenus; c'est pourquoy nous vous écrivons que vous ayez à donner des ordres précis à vos officiers et leur fassiez scavoir que nous avons donné la permission de battre des roupies à Pondichéry affin qu'ils n'y contreviennent.

Article accordé à Citizorkan par Monsieur le Gouverneur de Pondichéry, au nom de la Compagnie.

Des matières d'argent qui viendront chaque année par les vaisseaux d'Europe, j'en délivreray à Citizorkan pour cinquante mille pagodes par chaque vaisseau, qui prendra son chargement de marchandises à Pondichéry, au prix de sept pagodes Négapatam deux fanons de Pondichéry la serre; que le prix des matières d'argent hausse ou baisse, on n'y aura aucun égard; les vaisseaux d'Europe qui viendront à Pondichéry destinés pour la Chine, Moka et Mahé ne sont point compris dans ce traité.

Le premier du mois Rabesany, l'an 19e du règne présent, j'ay registré sur le registre du Divan les actes tels qu'ils sont cy à costé.

Cet écrit est d'accord signé du Gouverneur de Pondichéry et remis à Citizorkan.

Fait et arresté, en la Chambre du Conseil suppérieur, au fort Louis, à Pondichéry, les jour et an que dessus.

Traité de Citizorkan avec Monsieur le Gouverueur de Pondichéry.

Monsieur le Gouverneur s'est obligé de me fournir, chaque année, par chaque vaisseau d'Europe, qui prendra son chargement de toilles à Pondichéry, pour cinquante mille pagodes Négapatam de matières d'argent, sur le pied de sept pagodes Négapatam deux fanons de Pondichéry la serre, ce que les autres Gouverneurs qui viendront après luy seront tenus d'exécuter et à quoy j'ai consenty de ma part, au moyen de quoy j'ai promis de remettre ces matières d'argent au Nabab Aly Doustkan et l'ay engagé à accorder la permission de battre des roupies au coin d'Arcatte à la monnoye de Pondichéry, que les matières d'argent haussent ou baissent de prix, ce qui dépend de Dieu, nous n'y aurons point d'égard et je les prendray au prix cy-dessus spécifié; après les avoir reçus, j'en payeray la valeur comme il est dit cy-dessus, par les mains du Modeliar. Ce traité sera exécuté de génération en génération. En conséquence j'ay écrit et délivré le présent, qui doit estre observé à jamais. Le premier du mois Raboussamy et la dix-neuf du règne de Mametcha.

Cet écrit est d'accord remis par Citizorkan dont l'original est au Secrétariat de Pondichéry.

Ensuit la teneur de la lettre du Nabab Aly Doustkan à Monsieur le Gouverneur.

Au brave, courageux et puissant Gouverneur de Pondichéry Monsieur Dumas, que Dieu lui fasse la grâce de se bien porter.

La réputation que vous avons êtes acquise d'être un véritable et fidèle amy s'est répandue de toutes parts ; c'est pourquoi, dans la vue de gagner votre amitié, je vous accorde la permission de battre des roupies à Pondichéry, au coin d'Arcatte, conformément au Paravana (que je vous envoye. Citizorkan et Iman Saheb m'ont prié de vous envoyer un éléphant avec son harnois, je vous l'envoyé ; faites moi le plaisir de me donner souvent de vos nouvelles.

Fait et arresté, en la Chambre du Conseil supérieur, au Fort Louis, à Pondichéry, les jour et an que dessus.

Signé : DUMAS, DULAURENS, DELORME, LEGOU, SIGNARD, DE CHOISY.

Du trente septembre 1736.

Monsieur Lenoir Dumeslier, Conseiller, garde magasin, ayant demandé à quitter le service et le magazin étant, par le tableau des employés, destiné au second conseiller M. Dirois, qui par la retraite de M. Vincens se trouve deuxième conseiller, étant absent et ne devant arriver que l'année prochaine, il a été délibéré et arresté que le dit sieur Dumeslier remettra par inventoire les effets dont il est chargé à M. Dulaurens, troisième conseiller, qui fera les fonctions de garde magazin jusqu'à l'arrivée du dit sieur Dirois.

Fait et arresté, en la Chambre du Conseil Supérieur, au Fort Louis à Pondichéry, les jour et an que dessus.

Signé : DUMAS, LEGOU, SIGNARD, DE CHOISY.

Du deux octobre 1736.

Le sieur Desplats de Flaix, Greffier en chef du Conseil, étant décédé le jour d'hier, il a été délibéré que le sieur Manvieux, commis juré à l'exercice du Greffe fera fonction de Greffier jusqu'à nouvel ordre et se chargera par inventaire de tous les effets, papiers et registres du Greffe, lequel inventaire sera dressé en présence du Procureur général et visé au Conseil.

Fait, en la Chambre du Conseil supérieur, au Fort Louis, à Pondichéry, les jour et an que dessus.

Signé : DUMAS, DULAURENS, DELORME, LEGOU, SIGNARD, DE CHOISY.

Du treize octobre 1736.

Monsieur Ingrand, Directeur à Moka, ayant informé la Compagnie, par sa lettre du vingt-quatre aoûst mil sept cent trente-quatre, des injustices et vexations que le Gouverneur de Moka avoit fait en différens temps à la Nation Françoise, en obligeant par force de luy prêter diverses sommes qu'il n'a jamais rendües et exigeant presque toujours des droits plus forts que ceux portés par les traités, que ces vexations augmentaient tous les jours à un point qu'il n'y avoit plus d'autre party à prendre que de reprimer par la voye des armes l'insatiable avarice des Arabes ou d'abandonner le commerce de Moka ; dans le premier cas il marque à la Compagnie de faire accompagner le vaisseau d'Europe qu'elle a dessein d'envoyer annuellement à Moka, d'un de ceux qu'elle destine pour Pondichéry ; que le Conseil supérieur y joigne un vaisseau de l'Inde et quelque bâtiment pour servir de galliotte à bombes ; qu'au moyen de ces forces nous nous ferons certainement rétablir dans tous nos privilèges et restituer tout ce qui nous a été pris injustement ; que les Arabes se donneront bien de garde dans la suitte de nous faire aucune avanie. Sur cette proposition la Compagnie a fait partir exprès de France un vaisseau de plus et nous laisse, par la lettre du vingt-deux octobre, les maîtres de choisir entre le « Dauphin » « l'Apollon » et la « Thétis », le vaisseau que nous croirons le plus convenable.

Ces ordres, bien differens de ce que Monsieur Ingrand à proposés, nous ont jettés dans l'embarras ; il faut chatier et réprimer les Arabes ou abandonner le commerce de Moka ; l'alternative n'est point douteuse ; mais d'espérer de parvenir au premier avec un seul vaisseau, c'est se tromper. Si les affaires de Moka qui demandent un prompt remède n'avoient pas été dans une situation aussy violente qu'elles sont, nous n'aurions pas pensé à rien mettre cette année à exécution. Cette considération et la vue d'un vaisseau en rade qui nous devindra inutile si nous ne l'envoyons à Moka, l'impossibilité de ne luy donner un chargement pour France qu'en octobre prochain mil sept cent trente-sept, l'espérance de pouvoir y joindre celuy que Monsieur de la Bourdonnais nous envoye avec un détachement de cinquante hommes et qui luy étoit inutile, ne pouvant le renvoyer en France chargé de caffés, enfin la crainte de n'avoir pas à l'avenir le même nombre de vaisseaux et les mêmes moyens que nous pouvons employer cette année, ont déterminé le Conseil à faire l'expédition de Moka et à profitter des forces que nous avons actuellement, que les employés de Moka ont toujours jugé et jugent encore suffisants pour mettre les Arabes à la raison et même que des forces plus considérables seroient inutiles et superflües, n'étant pas convenable de ruiner et encore moins de conquérir ni garder la ville de Moka. En conséquence de ce que dessus, nous avons pris, pour l'exécution, les arrangements suivants : de faire partir actuellement pour France les vaisseaux l'« Apollon » et le « Dauphin », le premier chargé d'environ cinq cents milliers de caffés et de cent quarante balles de marchandises de la coste, le second de ...... balles de marchandises, au moyen de quoy ces deux vaisseaux sont entièrement chargés et bondés, de renvoyer au mois de janvier prochain le « Phoenix », qui est allé hyverner à Merguy, bien chargé, ce qui est tout ce qui nous est possible de faire puisque ce navire prendra selon les apparences quinze à dix-huit cents balles. Et étant nécessaire à la teste de la petite escadre pour Moka d'un vaisseau de force qui fasse honneur à la nation, le Conseil a pareillement délibéré et arrêté de destiner le vaisseau le « Maurepas », commandé par Monsieur de la Garde Jazier, pour Moka, et d'y joindre le vaisseau le « Héron », le « Saint-Pierre » et le « Petit Indien », qui servira de galliotte à bombes; il a été de plus convenu que nous ferons embarquer sur ces navires cent quatre-vingts hommes de la garnison de Pondichéry, avec touttes les munitions et ustensiles de guerre et de bouche nécessaires pour cette opération, dont Monsieur de la Garde Jazier, en qualité de commandant de tous les vaisseaux, sera chargé relativement aux instructions que le Conseil luy remettra et aux délibérations, qui seront prises dans le cours du voyage, de concert avec les sieurs Ingrand, Miran et Courbesastre, qui s'embarqueront avec luy, auxquels il se conformera. Et attendu qu'il reste dans la ville de Pondichéry quantité de marchandises destinées depuis longtemps pour Moka, le Conseil a permis aux propriétaires de les embarquer à bord des vaisseaux de la Compagnie à la condition qu'ils payeront douze pour cent de frêt pour l'écru et dix pour cent pour le bleü, et en cas que ces marchandises ne soient pas vendues, elles seront raportées à Pondichéry et ne payeront pas de frêt; il a été de plus délibéré et arrêté qu'il sera expressément déffendu à Messieurs les capitaines et officiers, passagers et autres de parler d'aucun commerce ny de présenter aucunes marchandises à vendre à Moka, tant que la guerre ou les conférences pour un traité dureront jusqu'à ce que le dit traité ait été entièrement conclu, arresté et signé, et que Monsieur Ingrand ait déclaré publiquement et prié Monsieur de la Garde de faire afficher au pied du grand mast que ceux qui ont des marchandises à vendre peuvent s'en deffaire. A l'exécution de ce que dessus, Monsieur de la Garde Jazier s'oblige de tenir et faire tenir exactement la main.

Fait délibéré et arrêté, en la Chambre du Conseil supérieur, au Fort Louis, à Pondichéry, les jour et an que dessus.

Signé : DUMAS, DULAURENS, DELORME, LEGOU, SIGNARD, DE CHOISY, MIRAN, INGRAND, DE LA GARDE JAZIER, DE COURBESASTRE.

Du vingt-sept octobre 1736.

Les marchands coralliers nous ayant proposé de leur vendre vingt-trois caisses de corail, scavoir dix de la marque A, dix de la marque M, et trois de la marque B payables à six mois de terme, et à l'escompte ordinaire de douze pour cent par an, les prix en ont été arrêtés avec eux, scavoir celuy de la marque A à cent huit pagodes le man de vingt-quatre livres, celuy de la marque M à soixante-huit le man et celuy de la marque B à cent soixante-dix pagodes aussy le man ; en conséquence, il a été délibéré et arrêté que les dittes vingt-trois caisses de corail leur seront délivrées par le sieur Dulaurens, Conseiller, garde-magasin, aux conditions cy-dessus.

Fait et délibéré, en la Chambre du Conseil supérieur, les jour et an que dessus.

Signé : DUMAS, DULAURENS, DELORME, LEGOU, SIGNARD, DE CHOISY.

Du dix novembre 1736.

Le prix de la serre d'argent le plus ordinaire n'ayant été jusqu'icy que de sept pagodes, ayant même très souvent été au-dessous, la Compagnie trouvoit un bénéfice raisonnable sur les matières d'argent qu'elle faisoit convertir en fanons de Pondichéry dont la serre en produisoit cent soixante et treize, et ces fanons restoient dans le commerce, mais les matières d'argent, que par le traité des roupies nous devons fournir à Citizorkan au prix de sept pagodes deux fanons la serre paroissant devoir soutenir au même prix touttes celles que nous aurons à vendre par la suitte, y ayant même toutte apparence que ce traité les fera augmenter de prix au lieu de diminuer, et nos fanons commençant à disparoître, il nous a paru convenable de proportionner la valeur des fanons et le bénéfice de la fabrication aux prix que pourront valoir les matières d'argent par la suitte, ce qui d'ailleurs empêchera les fanons de disparoître, comme ils feront immanquablement si nous continuyons de les faire fabriquer du même poids ; en conséquence, il a été délibéré et arrêté d'en diminuer le poids, de sorte qu'au lieu de cent soixante et treize fanons que produisoit la serre, elle sera divisée en cent soixante et quinze.

Fait et arrêté, en la Chambre du Conseil supérieur, les dits jour et an que dessus.

Signé : Dumas, Dulaurens, Delorme, Legou, Signard, De Choisy.

Du dix décembre 1736.

Messieurs Dubois de la Rousselière et Villebague, propriétaires du vaisseau le « Chankerbary », de retour des Manilles, au mois d'avril dernier, avoient fait une nouvelle société pour continuer le même voyage, comptant que les marchands de Madrast chargeroient à fret sur leur vaisseau ; à l'ordinaire le fond de cette société étoit de trente mille pagodes ; ils avoient ordonné des marchandises, mais comme ils étoient arrivez un peu tard et que le Gouverneur de Madrast averti que les marchands de ce lieu se proposoient de charger à fret sur notre vaisseau, pour faire échouer cet armement a fait publier à Madrast déffense, sous des peines très sévères, à tous marchands et habitans de s'intéresser ny charger aucune marchandises sur les vaisseaux étrangers, le vaisseau le « Chankerbary » n'a pû partir dans la mousson ; Messieurs Dubois et Villebague l'ont envoyé hyverner au Pegou d'où il doit revenir dans le mois prochain pour partir de bonne heure et arriver à Manille avant le départ du Gallion pour la nouvelle Espagne, ce qui leur a donné le temps de procurer à l'armement un assortiment de marchandises de Bengalle et de Mazulipatam; où ils ont envoyé il y a plus de six mois quatorze mille pagodes, mais comme le fond de la société est insuffisant pour charger le vaisseau, et qu'il n'y a aucune apparence d'avoir du fret de Madras, les mêmes deffenses ayant encore été publiés depuis peu, que les fonds des particuliers de Pondichéry se trouvent employés dans les autres armements de l'Inde, ce qui les empêche d'augmenter leus actions dans cette société ; Messieurs Dubois et Villebague nous ont représenté que, quoy qu'ils ayent pris touttes les mesures possibles pour avoir un bon assortiment de marchandises et même qu'elles soient à meilleur marché que les années précédentes, ils ne peuvent entreprendre ce voyage sans courir le risque de donner de la perte aux intéressés parce que le vaisseau n'ayant point de frêt, le capital de l'armement ne peut suporter les frais à Manille ; nous avons considéré enfin que si ces voyages sont interrompus, ce sera un discrédit et un préjudice pour la colonie, que les Anglois ne manqueront pas de publier que sans eux nous ne sommes point en état d'armer icy, que la Compagnie n'a encore actuellement aucun intérêst dans les armements de l'Inde, quoy qu'elle nous ait marqué, par sa lettre du onze février mil sept cent trente-six, de l'intéresser dans tous les armements qui se feront à Pondichéry, Chandernagor et même à Mayé ; en conséquence nous avons délibéré et arrêté de l'intéresser dans cet armement pour la somme de dix mille pagodes, et que de plus nous chargerons à fret sur le « Chankerbary », les deux cens vingt milliers de fer, dont nous étions convenus par notre délibération du dix-neuf juin dernier et quelques balles de drap pour essay.

Fait et arrêté, en la Chambre du Conseil supérieur, les dits jour et an que dessus.

Signé : DUMAS, DULAURENS, DELORME, LEGOU, SIGNARD, DE CHOISY.

Du vingt-quatre décembre 1736.

Le sieur Golard, Chef à Mazulipatam, nous ayant envoyé un mémoire des nommés Corambalou et Assam Naquessa marchands de la Compagnie au dit lieu, et Anca, chef des blanchisseurs, contenant plusieurs griefs très graves contre le sieur Porcher, cy-devant chef au dit lieu, il a été délibéré et arresté de le communiquer au dit sieur Porcher pour y fournir ses réponses.

Fait et arrêté, en la Chambre du Conseil supérieur, au Fort Louis, à Pondichéry, les jour et an que dessus.

Signé : DUMAS, DULAURENS, DELORME, LEGOU, SIGNARD, DE CHOISY.

Du vingt-six décembre 1736.

Etant nécessaire de donner un arrangement à la monnoye de Pondichéry et à la fabrication des roupies, après avoir pris à cet égard tous les éclaircissements et instructions possibles et fait faire plusieurs essais tant à Pondichéry qu'à Madrast et à Alampravé des diverses qualités de piastres que nous avons reçues de France cette année et fait faire des épreuves des roupies frapées à Arcatte et à Alempravé, dont le titre et le poids doit servir de règle à celles que nous devons marquer à Pondichéry, il a été après un sérieux examen, arresté et délibéré ce qui suit, d'une voix unanime.

Règlement pour la monnoye de Pondichéry, arrêté au Conseil Supérieur du dit Pondichéry le vingt-six décembre mil sept cent trente-six.

Tout l'argent qui sera apporté à la monnoye sera remis entre les mains des marchands Soukourama, Tirevedy Balle Chety, Gontour Vinquessachetty et Pedro Canacarayen, entrepreneurs pour la fonte des matières, afin de le réduire au titre des roupies d'Arcatte et d'Alemparvé, qui demeura fixé à neuf toques dix-neuf trente-deuxièmes ou vingt-huit tocques 5/8 et du poids de vingt-quatre roupies 3/8 à la serre.

Les marchands Soukourama et consorts courreront tous les risques de fontes des matières qui leurs seront remises, depuis qu'ils seront chargés jusqu'après les avoir remises à l'essayeur ou Tocquador préposé par la compagnie et en feront tous les frais généralement quelconques et entretiendront à leurs dépends tous les écrivains, pions et ouvriers nécessaires.

Il sera expressément déffendu à l'essayeur d'entrer en société on part avec les entrepreneurs de la fonte, ny avec les orphèvres, chargés de la fabrique des roupies, sous peine d'être punis sévèrement et chassés du service, la même déffense aura lieu a l'égard des dits entrepreneurs et orphèvres.

Suivant les épreuves faittes et reitérées à la monnoye de Pondichéry, les piastres colonnes vieilles ont été trouvées du titre de 9 21/64 tocques ou pour compter à la façon des Malabars le poids d'une roupie deux piastres pour être réduit au titre d'argent fin a perdu 21/4 fanons de tocques, l'argent le plus fin étant à trente fanons de tocque, les dittes piastres converties en roupies de 9 19/32 de tocque, rendront suivant la ditte épreuve les frais de monnoyage déduits, par 100 serres........................ R. 2.322.3 A.

Les piastres de Séville rondes et à cordon dont vingt ayant été tirées pour montre et marquées I ont été trouvées du titre de 9 1/4 tocque ayant perdu deux et demy fanons de tocque pour être réduites au titre d'argent fin, ont rendu comme dessus les frais de monnoyage déduits... R. 2.302.3 A.

Les piastres appelées icy communément ordinaires dont la montre a été marquée II ont été trouvées du titre de 9 7/32 et ont perdu sur le poids d'une roupie 2 5/8 fanons pour être rendües au titre d'argent fin et rendront net comme dessus........... R. 2.292.5 A.

Les piastres quarées neuves mexicaines marquées III ont été trouvées du titre de 913/64 tocque et ont perdu sur le poids d'une roupie pesant trente petits fanons 2 21/32 pour être réduittes au titre d'argent fin et rendront net..................... R. 2.289.14 A.

Les pièces rondes nouvelles à cordon, portant l'empreinte de deux colonnes, marquées IIII se sont trouvées du titre de 9 3/16 et ont perdu sur le poids d'une roupie 2 11/16 et rendront net............. R. 2.285 A.

Les piastres faites commes les anciennes colonnes, marquées V, ont été trouvées du titre de 9 11/64 tocque et ont perdu sur le poids d'une roupie 2 3/4 fanons et rendront net........................... R. 2.282.3 A.

Les entrepreneurs pour la fonte des matières d'argent seront tenus de remettre à la monnoye par chaque cent serres de piastres de l'argent au titre des roupies ainsy qu'il suit et ce conformément à la convention qu'ils ont fait ce jour avec le conseil et la qualité des piastres qui leur ont été remises.

Scavoir.

Pour les piastres Sevillanes, rondes et à cordons, marquées N° I, pour 100 serres........................ Rs. 2.335.

Pour les piastres dittes ordinaires, marquées N° II, pour 100 serres.... 2.328.

Pour les piastres mexicaines, neuves et quarées, marquées N° III, pour 100 serres.................. 2.326.

Pour les piastres rondes, nouvelles à deux colonnes, marquées N° IIII, pour 100 serres.................. 2.318.

Pour les piastres colonnes, nouvelles, marquées N° V, pour 100 serres......................... 2.318.

Il a été convenu entre le conseil d'une part et les dits marchands Soukourama, Terevedy et consorts d'autre part, qu'ils seront chargés pendant trois ans consécutifs de la fonte de touttes les matières d'argent qui seront mises à la monnoye, aux conditions cy-dessus, à compter du premier janvier 1737 jusqu'au dernier décembre 1739.

L'argent, avant d'être reçu des entrepreneurs pour la fonte et mis à la monnoye, sera remis à l'essayeur ou Tocador pour l'examiner et connaître s'il est au titre de 9 tocques 19/32, ce qu'il sera tenu d'examiner avec la dernière exactitude.

Lorsque l'essayeur aura jugé l'argent, que les entrepreneurs à la fonte remettront, être du litre des roupies, il sera remis aux orphèvres chargés de la fabrique des roupies.

L'essayeur en livrant l'argent aux orphèvres du titre des roupies en coupera en leur présence deux morceaux ou essais, les enfermera dans des morceaux de toiles, dont l'un, bien cacheté et scellé du cachet de l'essayeur, sera remis entre les mains du chef des orphèvres et l'autre cacheté du cachet des orphèvres, restera entre les mains de l'essayeur.

Les orphèvres doivent avoir attention en recevant des matières d'argent pour faire des roupies de les bien examiner pour savoir si le titre est conforme à celuy réglé cy-devant, et si l'essayeur ou Tocador ne s'est point trompé.

Les orphèvres seront partagés en deux bandes, distinguées sous le nom d'anciens et de nouveaux; les chefs que le Conseil établit pour les anciens orphèvres seront les nommés Velaïda Paten, Parenjody Paten, Villamony Ramanay. et ceux des nouveaux orphèvres, revenus d'Alamparvé, seront les nommés Poty Paten, et Era Paten; ils répondront en leur propre et privé nom de touttes les matières qui leur seront remises, tant pour les vols que pour les fraudes qui pourraient être faits par leurs ouvriers qu'ils seront les mnîtres de choisir, ils travailleront séparément et les matières d'or et d'argent leur seront distribuées également.

Il est déffendu aux orphèvres de travailler aux monnoyes chez eux ny en ancun autre endroit que dans la maison qui sera destinée par la Compagnie à cet effet.

Il leur est pareillement déffendu d'emporter de la

monnoyé aucun argent chez eux ni d'y faire aucune fonte de matières même pour des particuliers, et sous prétexte de travailler la nuit, pour accélérer l'ouvrage, si ce n'est pour la vaisselle et autres ouvrages de leur métier.

Tous vols et friponeries ou malversations, qui seront faites par les orphèvres et autres ouvriers travaillant dans la monnoye, seront punis de mort suivant les ordonnances, et leur procès leur sera fait et instruit au Conseil supérieur.

Lorsque les orphèvres auront réduit les matières d'argent en flanc, ou morceau d'argent du poids d'une roupie, prest à recevoir l'empreinte, ils les feront voir à l'essayeur ou tocador, qui examinera si le titre n'a point été altéré à la fonte et ensuite les délivrera aux marqueurs et informera sur le champ le directeur de la monnoye de la quantité de flancs qu'il y aura à marquer, afin qu'il délivre le nombre de coins ou chapes nécessaires.

Ces coins ou chapes resteront entre les mains de Monsieur Legou, directeur de la monnoye, qui les gardera soigneusement, sous la clef, et ils luy seront remis régulièrement tous les soirs et aussitost qu'on cessera de marquer.

Après que les flancs auront reçus l'empreinte, le tocador en présence du directeur de la monnoye, des orphèvres et de deux changeurs de la ville, en fera la vériffication une seconde fois, tant pour le titre que pour le poids, mille roupies doivent payer quarante-six marcs cinq onces.

Le travail des orphèvres, le déchet sur leur fonte, les droits du tocador, du Naïnar et du courtier et tous les frais de monnayage, qui se payoient cy-devant à dix-sept roupies et demye pour mille, sera à l'avenir réglé à seize pour mille.

L'empreinte des roupies qui se fabriqueront à Pondichéry sera entièrement pareille à celle d'Arcatte, sur lesquelles d'un côté est écrit en Persien, Patcha

Gazi Mahammadoucha siquei Mobarré, ce qui signifie en françois : le sceau du brave empereur Mahametcha s'augmente, et de l'autre côté est écrit Sana Jolousse mai manotte manous nouszda zerbou Arcatte, ce qui signifie : la 19e année de l'augmentalion de son règne, cette monnoye a été faite à Arcatte.

Fait et arresté, en la Chambre du Conseil supérieur, au Fort Louis, à Pondichéry, les jour et an que dessus.

Signé : DUMAS, DULAURENS, DELORME, LEGOU, SIGNARD, DE CHOISY.

Du neuf janvier 1737.

Le sieur Lobry, commandant le vaissaau le «Phénix», par le déceds de Monsieur Dejonché, dont il n'étoit que premier lieutenant, nous ayant présenté requête le 10e septembre dernier pour qu'il luy fût permis d'emprunter, pour le compte de la succession du dit déffunt, l'argent dont il auroit besoin pour acheter les vivres et provisions nécessaires pour continuer de faire la table de l'Etat-major, il a été délibéré et arrêté qu'il luy sera prêté de la Caisse de la Compagnie soixante pagodes qu'ils nous a seulement demandées, attendu que les deniers provenants de la vente des effets de la succession du dit déffunt ont été remis partie à l'isle de France et partie icy, pour par la Compagnie être décidé en France ce qu'elle jugera à propos.

Fait et arresté, en la Chambre du Conseil supérieur, au Fort Louis, à Pondichéry, les dits jour et an que dessus.

Signé : DUMAS, DULAURENS, DELORME, LEGOU, SIGNARD, DE CHOISY.

Du dit jour.

Les armateurs du vaisseaux le « Maure », destiné pour le voyage de Moka, nous ayant offert d'embarquer à bord de leur vaisseau une partie de fer pour être vendu à Moka, pour le compte de la Compagnie, sans payer aucun frêt, et à condition de raporter le dit fer en cas qu'il ne puisse être vendu avantageusement au dit lieu, le Conseil a accepté l'offre faite par les dits armateurs et, en conséquence, a délibéré et arrêté de faire embarquer sur le vaisseau le « Maure », pour mille pagodes de fer, pour le compte et risques de la Compagnie, lequel sera adressé à Monsieur Ingrand, Directeur des affaires de la Compagnie à Moka.

Fait et arresté, en la Chambre du Conseil supérieur, au Fort Louis, à Pondichéry, les jour et an que dessus.

Signé : DUMAS, DULAURENS, DELORME, LEGOU, SIGNARD, DE CHOISY.

Du 10e janvier 1737.

Quelques marchands de Mazulipatam ayant porté leurs plaintes à Monsieur le Gouverneur, à son arrivée à Pondichéry, contre le sieur Porcher cy-devant chef au dit lieu, sur plusieurs chefs d'accusation, il auroit chargé le sieur Golard de les examiner et le dit sieur Golard luy ayant remis un mémoire à ce sujet contenant les déclarations de ces marchands et les éclaircissements qu'il a pu avoir sur leurs griefs, il nous l'auroit communiqué, et nous l'aurions fait communiquer au dit sieur Porcher. Le dit sieur Porcher y ayant répondu, le neuf de ce mois, par un long mémoire contenant ses moyens de justification, au pied duquel il nous demande de juger cette affaire au plustost et la permission de s'embarquer sur le « Phénix » pour repasser en France, cette affaire étant de trop longue discution pour être examinée et décidée avant le départ du dit vaisseau, qui doit mettre à la voille dans quinze jours, tant parce que nous sommes surchargés d'affaires pour l'expédition des vaisseaux que parce qu'il faudra faire des informations en règle à Mazulipatam, à joindre que le dit sieur Porcher n'a pas encore fini les livres des deux dernières années de sa gestin à Mazulipatam, il a été délibéré et arresté de remettre l'examen de cette affaire après le départ des vaisseaux, et de n'accorder le passage au dit sieur Porcher que sur le premier vaisseau qui partira pour France au mois d'octobre prochain.

Fait, en la Chambre du Conseil supérieur, au Fort Louis, à Pondichéry, les jour et an que dessus.

Signé : Dumas, Delorme, Legou, Signard, De Choisy.

Du onze janvier 1737.

Étant nécessaire de construire une Monnoye pour battre les roupies dont nous avons obtenu le paravana, et étant absolument impossible de le faire dans le fort, tant à cause de l'incommodité de la fumée des dragues, qui servent à la fonte des matières d'or et d'argent, qu'à cause du peu de terrain qu'il y a pour la batir, il a été délibéré et arrêsté de la construire proche l'ancienne porte Goudelour, suivant le plan que le Révérend Père Louis en a présenté au Conseil et qui a été signé et approuvé ce jour, et demeurera déposé au Secrétariat.

Fait et arrêsté, en la Chambre du Conseil supérieur, au Fort Louis, à Pondichéry, les dits jour et an que dessus.

Signé : DUMAS, DULAURENS, DELORME, LEGOU, SIGNARD, DECHOISY.

Du treize janvier 1737.

La Colonie se trouvant entièrement dépourvüe de grains, et la disette se faisant déjà sentir violemment, quoyque nous soyons dans le temps de la récolte et qu'elle soit passablement bonne aux environs de Pondichéry, parce que le Gouvernement s'empare des grains à mesure qu'on les coupe pour les transporter à Arcatte et au nord, où la récolte a totalement manqué, Ganjam d'où nous tirions annuellement du secours se trouvant aussy dans la disette, et n'en espérant que très peu du Tanjaour à cause du dégast qu'y a fait l'armée de notre Nabab, et de l'affluence des peuples du nord qui s'y rendent en foule ; dans une si triste conjoncture et ne prévoyant pas pouvoir faire subsister la Colonie le reste de l'année, quelques mesures que nous ayons prises pour y attirer des grains de dehors, il a été délibéré et arrêté, à l'exemple des Anglois, qui renvoyent presque tous leurs vaisseaux à Bengalle, où il y a abondance de ris, d'y renvoyer incessamment le vaisseau le « Fort Louis » pour nous en raporter, en mars, son chargement de riz, et de remettre au sieur Ducasse, capitaine, des fonds suffisants pour aller à Merguy y prendre son chargement de ris et de nesly. Au cas qu'il ne puisse se rendre à Bengalle, les officiers du vaisseau le « Phoenix » nous ayant raporté que la récolte, qui se devoit faire à la fin de ce mois, seroit abondante et comme cette opération nous privera des poivres que le « Fort Louis » nous auroit raportés de Mahé, et que nous n'avons point de vaisseau pour remettre des fonds à Mahé, il a été délibéré et arrêté de charger sur le vaisseau « Le Maure », qui doit partir dans quelques jours pour Moka, vingt mille piastres pour remplacer pareille quantité d'écus nouveaux desquels on offre à la coste Malabarre dix pour cent de moins que du prix ordinaire, et cent mille fanons ou cinquièmes de roupies, qui nous ont été demandés par le Conseil de Mahé, pour les y remettre, et que nous y ferons encore passer le restant des effets destinés pour ce comptoir par le vaisseau le «Bon Voyage» appartenant à Monsieur Elias, qui doit arriver de Malac incessamment et qu'il nous a donné parole de faire passer à la Coste Malabarre, et même offert de fretter.

A l'égard des poivres, nous écrivons à Messieurs du Conseil de l'Isle de France et à Messieurs de la Garde et Ingrand de faire toucher à Mahé à leur retour, à la fin d'aoust, les vaisseaux le « Saint-Joseph », le « Héron », le « Saint-Pierre », pour y prendre tous les poivres qui s'y trouveront, et affin que le Conseil de Chandernagor ne manque point de poivres pour la flotte de Pattena, nous luy en ferons passer par la première occasion deux cent milliers de ceux qui nous resteront en magasin (après l'expédition du vaisseau le «Phœnix») que nous estimons devoir monter de quatre à cinq cents milliers.

Fait et délibéré, en la Chambre du Conseil supérieur, au Fort Louis, à Pondichéry, les dits jour et an que dessus.

Signé : Dumas, Dulaurens, Delorme, Legou, Signard, De Choisy.

Du dix-huit janvier 1737.

Désirant contribuer en tout ce qui peut dépendre de nous pour attirer des grains dans Pondichéry et soulager la misère du peuple, qui est très considérable cette année, nous avons délibéré et arrêté de suprimer les droits d'entrée sur toutte sorte de grains et denrées comestibles à compter de ce jour.

Fait et arrêté, en la Chambre du Conseil supérienr, au Fort Louis, à Pondichéry, les dits jour et an que dessus.

Signé : DUMAS, DULAURENS, DELORME, LEGOU, SIGNARD, DE CHOISY.

Du dix-huit janvier 1737.

Le sieur Porcher, cy-devant chef à Mazulipatam, auquel nous avons fait délivrer une expédition de nôtre délibération du treize de ce mois, qui remet son enbarquement pour France au mois d'octobre prochain pour les raisons énoncées dans la ditte délibération, nous ayant présenté hier une requette par laquelle il expose qu'il a remis au bureau, le seize, ses livres de Mazulipatam et qu'a l'égard des plaintes qui ont été portées contre luy par les marchands de Mazulipatam que nous n'avons pas le temps d'examiner avant le départ du vaisseau le «Phœnix», il offre de donner icy caution pour les suittes, demandant que la décision de cette affaire soit renvoyée à la compagnie, que pour cet effet il luy soit remis tant le mémoire des dittes plaintes que son mémoire de justification et qu'il luy soit permis de s'embarquer sur le vaisseau le «Phœnix» pour repasser en France où des affaires de conséquence l'appellent; le conseil considérant que l'affaire dont il s'agit est de longue discussion, que les accusations et plaintes des marchands étant des plus graves, la présence du dit sieur Porcher est nécessaire pendant l'instruction du procès, que la compagnie ne peut décider sur une affaire traduitte en justice réglée, et dont les principales pièces luy marqueraient, qui sont les informations; il a été délibéré et arrêté de s'en tenir à notre délibération du treize de ce mois qui fixe le départ du dit sieur Porcher au mois d'octobre prochain, et que cependant pour donner à la compagnie une idée de l'affaire du dit sieur Porcher avec les marchands de Mazulipatam nous luy remettrons par le vaisseau le « Phoenix » copies de touttes les pièces concernant cette affaire en l'état qu'elle est, et attendu qu'il ne convient point de garder au service un employé dont la réputation est si mal établie, il a été arrêté d'interdire le dit sieur Porcher et de luy faire payer la subsistance jusqu'à son embarquement sur le pied de cinq cents livres par an.

Fait et délibéré en la chambre du conseil Supérieur, au Fort Louis, à Pondichéry, les dits jour et an que dessus.

Signé: DUMAS, DELORME, LEGOU, SIGNARD, DE CHOISY.

Du premier février 1737.

Ayant été obligés, par les motifs énoncés dans notre délibération du treize janvier dernier, de changer la destination du vaisseau le « Fort Louis » et ne nous restant point de vaisseau pour envoyer à la cote malabar, Monsieur Elias, marchand étably en cette ville, nous ayant promis son vaisseau le «Bon voyage» nous sommes convenus avec luy de ce qui suit, scavoir : qu'il cède à la Compagnie le dit vaisseau, qui est du port de cent quatre-vingts tonneaux, pour la somme de trois mille pagodes et qu'au retour du voyage, il le reprendra pour celle de deux mille cinq cents, conformément à l'inventaire qui en sera incessamment fait ; en conséquence, il a été délibéré et arrêté d'accepter cette proposition, d'armer le dit vaisseau et de l'expédier incessamment pour porter à Mahé les effets que nous avons à y remettre, y prendre son chargement de poivres et nous l'apporter en may prochain.

Fait et délibéré, en la Chambre du Conseil supérieur, au Fort Louis, à Pondichéry, les jour et an que dessus.

Signé : Dumas, Dulaurens, Delorme, Legou, Signard, De Choisy.

Du premier février 1737.

Etant nécessaire de faire passer des fonds à Mazulipatam et Yanaon le plustost que possible pour mettre ces comptoirs en état de faire fabriquer de bonne heure des marchandises, il a été délibéré et arresté de faire partir aujourd'huy le brigantin l'«Aventurier», qui est arrivé hier de Portenove, et de charger dessus trente mille roupies Arcatte pour être remises à Monsieur Golard, chef à Mazulipatam.

Fait et arrêté, en la Chambre du Conseil Supérieur, au Fort Louis, à Pondichéry, les jours et an que dessus.

Signé : Dumas, Dulaurens, Delorme, Legou, Signard, De Choisy.

Du deux février 1737.

Monsieur Lanoë que nous avons envoyé au Pégou pour y faire construire les deux vaisseaux que Monsieur de la Bourdonnais nous a demandés, ayant écrit à Monsieur le Gouverneur qu'il avoit traitté pour la construction d'un navire du port de quatre cent cinquante tonneaux, moyennant le prix de sept mille quatre cent pagodes avec la condition de payer trois mille pagodes lorsqu'on mettra la quille. deux mille cinq cent lorsque le navire sera à la moitié et le reste lorsqu'on le lancera à l'eau, et comme le dit sieur Lanoë n'a emporté avec luy qu'environ quatre mille pagodes, tant en argent qu'en marchandises, et qu'il a besoin de fonds pour achever de payer le vaisseau pour lequel il a fait marché et pour la construction de l'autre petit navire demandé par Monsieur de la Bourdonnais, il a été délibéré et arrêté de luy envoyer actuellement quatre mille piastres effectives et seize cent quatre-vingt-quinze ticaux en argent du Pégou et d'adresser ces fonds au Révérend Père Thomas à Madrast, qui les fera embarquer sur un vaisseau qui doit partir dans peu de la ditte ville pour le Pègou.

Fait et arresté, en la Chambre du Conseil supérieur, au Fort Louis, à Pondichéry, les jour et an que dessus.

Signé : Dumas, Dulaurens, Delorme, Legou, Signard, De Choisy.

Du neuf février 1737.

Le sieur de Manvieux que nous avions nommé commis juré au greffe, par délibération du deux octobre dernier, nous ayant demandé permission de repasser aux Isles, étant nécessaire de nommer au poste de greffier en chef du Conseil supérieur dont il faisoit la fonction, jusqu'à nouvel ordre, il a été délibéré et arresté de nommer à ce poste le sieur Moreau, qui se chargera par inventaire de tous les effets, papiers et registres du greffe, lequel inventaire sera dressé en présence du Procureur général et visé au Conseil.

Fait et arrêté, du Conseil supérieur, au Fort Louis, à Pondichéry, les jour et an que dessus.

Signé : DUMAS, DULAURENS, DELORME, LEGOU, SIGNARD, DE CHOISY.

Du dix-neuf février 1737.

Le bois que nous avions acheté, par délibération du dix-sept juin dernier, ayant presqu'entièrement été employé la plus grande partie à l'hôpital et le reste tant à construire des affust de canons que pour des madriers et autres ouvrages nécessaires pour l'expédition de Moka, et étant d'une nécessité absolue d'achever de couvrir l'hôpital, ayant outre cela besoin de bois tant pour les vaisseaux que pour les bâtimens qui nous restent à faire, il a été délibéré et arrêté d'acheter la partie de bois cy-après de Messieurs Dubois et Villebague, savoir :

38 poutres estimées 8 pagodee 12 fanons la pièce Cy P. C.	323
236 poutres estimées 5 pagodes 6 fanons la pièce	1.239
40 poutres estimées 3 pagodes la piece Cy...	120
6 bordages estimées 3 pagodes la piece....	18
	1.700

Laquelle somme sera payée par Monsieur Legou, garde magasin des matières d'or et d'argent.

Fait et aresté, en la Chambre du Conseil Supérieur, au Fort Louis, à Pondichéry, les jour et an que dessus.

Signé : DUMAS, DULAURENS, DELORME, LEGOU, SIGNARD, DE CHOISY,

---

Du vingt-cinq février 1737

Le Conseil ayant écrit à la Compagnie qu'il examineroit, après le départ des vaisseaux, l'affaire du Sieur Porcher avec les marchands de Mazulipatam, il a été délibéré et arrêté de remettre toutes les pièces entre les mains du Procureur Général pour, sur son réquisitoire, estre ordonné au Conseil de justice ce qu'il appartiendra.

Fait, en la Chambre du Conseil Supérieur, au Fort Louis, à Pondichéry, les dits jour et an que dessus

Signé : DUMAS, LEGOU, DE CHOISY.

Du dit jour.

Etant nécessaire de faire passer des fonds à Mahé pour acheter les poivres nécessaires au commerce de la Compagnie, il a été délibéré et arrêté de faire embarquer douze mille pagodes sur le brigantin l'« Aventurier » et de le faire partir pour la coste malabar, d'ou il reviendra avec son chargement de poivre.

Fait et arrêté, en la Chambre du Conseil Supérieur, au Fort Louis, à Pondichéry, les dits jour et an que dessus.

Signé · DUMAS, DULAURENS, DELORME, LEGOU, SIGNARD, DE CHOISY.

Du dit jour.

Le Conseil ayant pris communication de la délibération du Conseil de Chandernagor du dix-sept décembre dernier, qui interdit le sieur de Miraillet, Capitaine d'Infanterie, de touttes fonctions militaires et renvoye la décision de son affaire au Conseil Supérieur, qui ayant égard aux plaintes et griefs exposez dans la ditte délibération contre le dit sieur de Miraillet, a délibéré et arrêté que le dit sieur de Miraillet, demeurera interdit de touttes fonctions militaires pendant l'espace de quatre mois, à compter du jour de son interdiction et que pendant cette espace de temps il ne luy sera alloüé que la moitié de ses apointemens pour luy tenir lieu de subsistance, sauf à la Compagnie à qui le Conseil de Chandernagor a rendu compte de cette affaire à décider ce qu'elle jugera à propos à l'égard du dit sieur de Miraillet.

Fait et arrêté, en la Chambre du Conseil Supérieur, au Fort Louis, à Pondichéry, les dis jour et an que dessus.

Signé : Dumas, Dulaurens, Delorme, Legou, Signard, De Choisy.

Du vingt mars 1737.

Les marchands de cette colonie nous ayant demandé de faire fraper à notre Monnoye des pagodes au même titre qu'on les fabrique à Alamparvé, qui est de huit toques trois soixante quatrième, pendant que les pagodes qu'on fabriquoit cy-devant à Pondichéry étoient du titre de huit toques quinze trente-deuxièmes, sans quoy ils seront obligés de porter tout leur or chez les étrangers pour éviter la perte qu'ils faisoient en les faisant fabriquer icy, considérant le tort que cela pouroît faire, et aux marchands et à notre Monnoye, où depuis plusieurs années on n'a porte plus d'or, outre qu'il seroit inutile de faire aujourd'huy des pagodes d'un titre plus haut que celles d'Alamparvé, attendu qu'elles disparoissent sur le champ, et sont portées à la ditte Monnoye pour y être refondues, il a été délibéré et arrêté de leur permettre d'en faire fabriquer au titre de huit toques quatre soixante-quatrième, ce qui fait encore un soixante-quatrième de plus que celles qu'on fabrique à Alamparvé.

Fait et arrêté, en la Chambre du Conseil Supérieur, au Fort Louis, à Pondichéry, les jour et an que dessus.

Signé : DUMAS, DULAURENS, DELORME, LEGOU, SIGNARD, DE CHOISY.

Du six avril 1737.

Etant nécessaire de statuer sur quel pied les matières d'argent, qui seront portées à la Monnoye de Pondichéry par les particuliers pour y être converties en roupies, leurs seront payées, par l'examen que nous avons fait du produit des matières de piastre que la Compagnie a portées cy-devant à la Monnoye d'Alamparvé, nous avons trouvé que pour cent serres de piastres de quelque qualité qu'elles fussent, on a toujours rendu à la Compagnie vingt-deux roupies cinq seizièmes par serre ce qui produit pour cent serres.......................... Rs. 2.231 4 As.

A quoy il faut encore ajouter une diminution de cinq et demy par mille accordée spécialement à la Compagnie sur les droits de l'Em-

pereur et ceux des officiers de la Monnoye d'Alamparvé, ce qui donnoit pour cent serres.......... Rs. 12 4 As.
partant la Compagnie retiroit en tout pour cent serres de piastres portées à la Monnoye d'Alamparvé. Rs. 2.243 8 As.

Le Conseil désirant favoriser le commerce particulier et les marchands, et en même temps attirer des matières d'argent à la monnoye de Pondichéry, a délibéré et arrêté de donner aux particuliers qui porteront de l'argent à la Monnoye pour y être converti en roupies vingt-deux ronpies huit anas par serre de piastres des sortes et qualités qui viennent actuellement d'Espagne, ce qui leur produira pour cent serres deux mille deux cent ciuquante roupies Arcatte, ce qui par conséquent fera par cent serres six roupies et demie qu'ils auront icy de plus qu'il ne leur seroit donné aux Monnoyes d'Arcatte et d'Alamparvé, les choses reglées et établies sur ce pied nous trouvons qu'il reviendra de bénéfice à la Compagnie par cent serres de piastres que les particuliers porteront à sa Monnoye, ainsy qu'il suit: Les piastres sevillanes qu'en conséquence de notre délibération du six décembre mil sept cent trente-six nous avons numérotées I°, rendent, tous frais de Monnoye déduit.......................... Rs. 2.297 2/3 A.
à payer aux particuliers.......... — 2.250

Revient de benéfice net à la Compagne pour cent serres de ces sortes de piastres...................... — 47 2/3 A.

Les piastres dites ordinaires, marquées suivant la même délibération N° II rendent frais de Monoyage déduits.................. — 2.290 3/4 A.
à donner aux particuliers.......... — 2.250

Revient sur ces sortes de piastres de bénéficie net à la Compagnie pour cent serres................ — 40 3/4 A.

Les piastres Mexicannes, neuves, quarrées, marquées N° III rendent comme dessus pour cent serres...	Rs.	2.288	13 As.
à donner aux particuliers........	—	2.250	
Bénéfice net pour cent serres...	—	38	13 As.
Les piastres N° IIII et N° V rendent comme dessus..............	—	2.280	15 As.
à donner aux particuliers.........	—	2.250	
Bénéfice net à la Compagnie par cent serres sur ces sortes de piastres..........................	—	30	15 As.

Lequel bénéfice revient légitimement à la Compagnie pour luy tenir lieu des droits qui se tirent à Arcatte et Alamparvé tant pour l'Empereur que pour les officiers du Gouvernement et de la Monnoye, lesquels par toute règle de justice et d'équité doivent à Pondichéry appartenir à la Compagnie.

Fait et arresté, en la Chambre du Conseil Supérieur, au Fort Louis, à Pondichéry, les dits jour et an que dessus.

Signé : DUMAS, DULAURENS, DELORME, LEGOU, SIGNARD, DE CHOISY.

Du sept avril 1737.

Les avances que nous avons données à nos marchands, affin d'être en état de renvoyer quelques vaisseaux bien chargés, au mois d'octobre prochain, les remises considérables que nous avons faittes à Mahé et à Mazulipatam, ont employé tous les fonds qui nous restoient au départ des derniers vaisseaux pour France, de sorte qu'il ne nous reste plus qu'environ cent mille roupies en espèces que nous ne croyons pas devoir vendre, de crainte de causer de la jalousie au Gouvernement maure ; comme il est cependant de la dernière conséquence de continuer la fabrique des marchandises dans la belle saison et sans aucune interruption, sans quoy il nous seroit impossible d'en avoir la quantité qui nous sera nécessaire pour bien charger le nombre de vaisseaux que nous prévoyons avoir à renvoyer en France cette année, nous avons délibéré et arrêté d'emprunter à Chancrabary la somme de quarante mille pagodes à huit pour cent que nous luy rendrons aussitost l'arrivée des vaisseaux de France, auquel emprunt nous nous sommes déterminez d'autant plus volontiers qu'Iman Saheb, notre amy, et le dit Chancrabary ont offert, à plusieurs reprises à Monsieur le Gouverneur de nous prêter des sommes bien plus considérables que celles dont nous pouvons avoir besoin.

Fait et arrêté, en la Chambre du Conseil Supérieur, au Fort Louis, à Pondichéry, les jour et an que dessus,

Signé : DUMAS, DULAURENS, DELORME, LEGOU, SIGNARD, DE CHOISY.

Du treizième avril 1737.

Estant nécessaire de faire passer à Bengalle des fonds pour faire travailler à l'avance aux marchandises destinées pour les carguaisons des vaisseaux que nous attendons de France cette mousson, nous avons délibéré et arresté de faire embarquer sur le « Saint-Benoit », qui part ce jour pour Bengalle, cent mille roupies Arcatte, fabrique de Pondichéry, et que nous avons actuellement en caisse.

Fait et arrêté, dans la Chambre du Conseil Supérieur, au Fort Louis, à Pondichéry les jour et an que dessus.

Signé : DUMAS, DULAURENS, DELORME, LEGOU, SIGNARD, DE CHOISY.

Du vingt-six avril 1737.

Ayant actuellement en magasin environ quatre cent cinquante balles de draps, dont nous ne pouvons trouver la déffaite icy, et considérant que Messieurs du Conseil de Chandernagor ont une plus grande facilité à en trouver la débouche que nous, en les envoyant à Patena, il a été délibéré et arrêté de leur en envoyer cent cinquante balles sur le vaisseau le « Fort Louis », qui doit partir incessamment pour Bengalle dont cent trente quatrains, vingt-six my fins, et vingt-quatre londrins, et pour faciliter la défaite de ce qui nous reste icy, surtout des trente-quatrains dont nous avons deux cent dix-sept balles et des vingtains dont il nous reste soixante et seize, ne se présentant depuis un très longtemps aucun marchand pour les acheter, les trouvant trop chers ; il a été arrêté de fixer le prix des trente quatrains, qui se vendoient cy-devant deux pagodes l'aune, à une pagode quinze fanons, et celuy des vingtains, qui se vendoient une pagode, à vingt-deux fanons.

Fait et arrèré, en la Chambre du Conseil Supérieur, au Fort Louis, à Pondichéry, les dits jour et an que dessus.

Signé : Dumas, Dulaurens, Delorme, Legou, Signard, De Choisy.

Du vingt-sept avril 1737.

Le sieur de la Baume sous-marchand, étant mort le vingt-neuf du mois de mars, sa veuve aurait présenté requeste au Conseil, disant qu'elle se trouve reduitte à une extrême misère, n'ayant rien pour subsister, elle et quatre petits enfants, à quoy le Conseil ayant égard il a été délibéré et arrêté qu'il luy sera payé, par forme de subsistance, la moitié des appointemens dont son mary jouissoit, et ce jusqu'au départ des premiers vaisseaux de France seulement, sur l'un desquels son passage luy sera offért gratis pour elle et ses enfants.

Fait et arrêté, en la Chambre du Conseil Supérieur, au Fort Louis, à Pondichéry, les dits jour et an que dessus.

Signé : DUMAS, DULAURENS, DELORME, LEGOU, SIGNARD, DE CHOISY.

Du vingt-huit avril 1737.

Les capitaines et officiers du vaisseau le « Fort Louis » ayant déclaré à Monsieur le Gouverneur à leur arrivée icy qu'ils avoient chargé à Bengalle pour leur compte trois cens sacs de riz de plus que la permission que le Conseil leur avoit accordé, déclaration qu'ils n'ont faitte, sans doutte, que pour prévenir les avis qu'ils ne doutoient pas que le Conseil de Bengalle ne nous donna, comme c'est une contravention à leurs ordres, le Conseil a délibéré et arrêté que ces trois cens sacs de riz qui sont actuellement à la douane où Monsieur le Gouverneur a donné ordre de les arrêter et saisir, seront perdus pour les dits officiers, et seront confisqués et vendus au proffit de la maison religieuse que l'on se propose d'établir à Pondichéry, ou à déffaut employés en autres œuvres pies, ainsy qu'il sera ordonné par le Conseil Supérieur, pour les deniers provenans de la ditte vente être remis entre les mains de Monsieur Legou.

Fait et arrêté, en la Chambre du Conseil supérieur, au Fort Louis, à Pondichéry, les dits jour et an que dessus.

Signé : DUMAS, DULAURENS, DELORME, LEGOU, SIGNARD, DE CHOISY.

Du premier may 1737.

Nous ayant été présenté ce jour une lettre de change de dix mille huit cent quarante roupies Arcatte, tirée par Monsieur Martin de Surate, le trente et un mars dernier, sur le Conseil de cette ville, payable, à dix jours de vûe, à Argengy Nattegy, marchand de Madrast, quoy que nous n'ayons pas encore d'avis de la ditte traitte, il a été délibéré et arrêté de l'accepter et payer pour l'honneur du tireur et pour ne point donner de discrédit aux traittes que pouroit faire le dit sieur Martin.

Fait et arrêté, en la Chambre du Conseil supérieur, au Fort Louis, à Pondichéry, les dits jour et an que dessus.

Signé : DUMAS, DULAURENS, DELORME, LEGOU, SIGNARD, DE CHOISY.

Du deux may 1737.

Le vaisseau le « Fort Louis » étant arrivé de Bengalle, le neuf avril dernier, chargé de riz et étant nécessaire de faire passer à Chandernagor du poivre et du bois rouge, il a été délibéré et arrêté de faire incessamment partir ce vaisseau pour le Gange chargé de deux cens milliers de poivres et de deux cens mille livres de bois et de cent cinquante balles de draps qui doivent y être embarquées, en conséquence de la délibération du vingt six avril dernier, et de marquer à Messieurs de Chandernagor de nous le renvoyer icy, en septembre prochain, chargé de riz et des autres provisions dont nous nous pourions avoir besoin.

Fait et arrêté, en la Chambre du Conseil Supérieur, au Fort Louis, à Pondichéry, les dits jour et an que dessus.

Signé : DUMAS, DULAURENS, DELORME, LEGOU, SIGNARD, DE CHOISY.

Du dit jour.

Le sieur Pierçon le jeune, sous-lieutenant des troupes de cette garnison, ayant tenu depuis longtemps une conduitte très dérangée, s'ennyvrant fréquemment et manquant souvent à son devoir, malgré les avis et châtimens réitérées qui luy ont été donnés, le dit sieur Pierçon ayant même tout nouvellement eu un différent avec le sieur Lamotte Vernoïs qu'il a été attendre dans le chemin, et avec lequel il s'est battu à coup de batons, comme de pareils officiers ne conviennent nullement dans cette garnison, que l'impunité pourrait attirer de plus grands désordres, le conseil a délibéré et arrêté de congédier du service de la compagnie le dit sieur Pierçon, et luy a accordé la moitié de ses apointements pour luy tenir lieu de subsistance jusque son embarquement.

Fait et arrêté, en la Chambre du Conseil Supérieur, au Fort Louis, à Pondichéry, les dits jour et an que dessus.

Signé : DUMAS, DULAURENS, DELORME, LEGOU, SIGNARD, DE CHOISY.

Du dix-huit may 1377.

Le sieur Lanoë que nous avons envoyé au Pégou pour y faire construire les deux vaisseaux que Monsieur de la Bourdonnais nous a demandés, ayant écrit à Monsieur le Gouverneur qu'il luy serait impossible de faire partir au mois de septembre prochain comme il compte le faire, un de ces vaisseaux pour la construction duquel il a traitté, suivant qu'il est porté dans notre délibération du deux février dernier, si on ne luy envoyait incessament des fonds pour remplir les engagemens qu'il a pris à ce sujet ; considérant d'ailleurs qu'il a besoin de fonds pour travailler à la construction de l'autre petit navire demandé par Monsieur de la Bourdonnais, il a été délibéré et arrêté de proffiter du départ du vaisseau la « Marie », qui part incessament pour le Pegou, pour luy envoyer, pour le présent, trois mille piastres, lesquelles seront embarquées sur le dit navire pour le compte et risques de la Compagnie pour être remises au dit sieur Lanoë, au Pegou.

Fait et arrêté, en la Chambre du Conseil Supérieur, au Fort Louis, à Pondichéry, les dits jour et an que dessus.

Signé : Dumas, Dulaurens, Delorme, Legou, Signard, De Choisy.

Du vingt-quatre may 1737.

Le Conseil ayant pris communication de la délibération de celuy de Mahé du trente avril dernier, au sujet du sieur de Bailleul, sous-lieutenant d'infanterie au dit lieu, contre lequel il y a des chefs d'accusation graves, il a été délibéré et arrêté qu'il sera interdit, pendant un mois, à compter du jour de son arrivée, pendant lequel temps il jouira seulement de la moitié de ses appointemens par forme de subsistance et qu'il luy sera enjoint de tenir une meilleure conduitte que par le passé, faute de quoy il sera congédié du service de la Compagnie.

Fait et arrêté, en la Chambre du Conseil Supérieur, au Fort Louis, à Pondichéry, les dits jour et an que dessus.

Signé : DUMAS, DULAURENS, DELORME, LEGOU, SIGNARD, DE CHOISY.

Du sept juin 1737.

Les blanchisseurs au nombre de plus de quatre cens, qui sont employés journellement pour le service de la Compagnie, ne pouvant à cause de la cherté des grains, subsister avec ce qu'on leur paye suivant la coutume pour le blanchissage des toiles, de sorte que ce que l'on donne à un blanchisseur, pour un travail pénible et continuel pendant quinze jours, peut à peine luy fournir du riz de quoy se nourir pendant dix, ce qui engage ensuitte ces blanchisseurs à déserter et les met dans l'impossibilité de travailler, le Conseil considérant qu'il est de la justice et de l'intérest de la Compagnie de faire subsister des misérables, qui travaillent la plus part du temps jour et nuit, a délibéré et arrêté qu'il leur sera fourny, des magasins de la Compagnie, le riz nécessaire pour leur subsistance et qu'au lieu de leur être passé à soixante et dix pagodes la garce, prix actuel du bazard, il leur sera délivré sur le pied de cinquante pagodes.

Fait et arrêté, en la Chambre du Conseil Supérieur, au Fort Louis, à Pondichéry, les dits jour et an que dessus.

Signé : DUMAS, DULAURENS, DELORME, LEGOU, SIGNARD DE CHOISY.

Du sept juin 1737.

Quoy que nous n'ayons pas perdu de vue un instant, depuis le départ pour France des vaisseaux du mois de janvier dernier, la fabrique des marchandises demandées par la Compagnie, que nous ayons actuellement en magasin près de douze cent balles, et que jusqu'à ce jour les avances faittes tant aux anciens marchands qu'à Soukourama montent à plus de deux cent vingt mille pagodes, ayant traitté le premier avril dernier avec les anciens marchands pour dix-sept cent dix-huit balles de marchandises, et avec Soukourama pour seize cent cinquante balles dont ils doivent fournir les trois quarts à la fin d'octobre et le restant à la fin de décembre prochain, ce qui fourny exactement nous produiroit en totalité trois mille deux cent soixante-huit balles de Pondichéry ; quoy que cette quantité soit considérable, elle est encore bien éloignée de celle qui nous seroit nécessaire pour renvoyer bien chargez les vaisseaux que nous avons à Moka, et ceux que nous attendons d'Europe ; Soukourama d'ailleurs ne nous fournissant depuis trois mois que de très mauvaise marchandise, et en très petite quantité, nous fait craindre avec raison qu'il ne remplisse pas le contrat que nous avons fait avec luy ; ces considérations nous ont déterminés de tâcher d'engager les anciens marchands d'augmenter de mille balles la quantité de marchandises qu'ils doivent nous fournir suivant le contrat fait avec eux le premier avril dernier. Après bien des objections et des difficultés de leur part, fondées sur le prix des cottons qui n'étoient l'année dernière qu'à vingt-deux pagodes le bar et qui vallent actuellement trente à trente-deux pagodes, la cherté et la disette du riz et autres denrées comestibles, qui se fait sentir vivement à cette coste depuis le mois de janvier dernier, il ont enfin consenty à nous fournir les mille balles que nous leur avons demandées, reparties proportionnellement sur chaque qualité de marchandises insérées dans le dit constrat, et en outre de nous les fournir aux mêmes prix, clauses, charges et conditions, dont il sera passé acte en forme par devant notaire entre le Conseil et les dits marchands.

Fait et arrêté, en la Chambre du Conseil Supérieur, au Fort Louis, à Pondichéry, les dits jour et an que dessus.

Signé : DUMAS, DULAURENS, DELORME, LEGOU, SIGNARD, DE CHOISY.

Du vingt-quatre juin 1737.

La fille d'Imansaeb étant morte depuis quelque temps, dont il paroist inconsolable, l'ayant toujours aimée très tendrement, désirant faire voir à ce Seigneur notre attention pour luy et la part que nous prenons à ce qui le touche, il a été délibéré de luy envoyer faire nos complimens de condoléance sur cette mort, ce que nous accompagnerons d'un présent de cent trente pagodes.

Sabderalikan, fils du Nabab, étant de retour de son expédition de Trichinapoly et de Mayssour, où il a remporté des avantages considérables, il a été aussy délibéré de l'envoyer féliciter sur l'heureux succès de ses armées et sur son retour et de luy faire en même temps un présent d'environ trois cens cinquante pagodes, ce que nous faisons d'autant plus volontiers que ce Seigneur estant absent quand nous avons obtenu du Nabab le paravana des Roupies, il n'a eu aucune part aux vingt-deux mille roupies qui ont été distribuées pour l'obtenir.

Fait et arrêté, en la Chambre du Conseil Supérieur, au Fort Louis, à Pondichéry, les dits jour et an que dessus.

Signé : DUMAS, DULAURENS, DELORME, LEGOU, SIGNARD, DE CHOISY.

Du dit jour.

Quelques particuliers nous ayons proposé de nous acheter quelques matières d'argent de celles qui nous sont venues par nos derniers vaisseaux, il a été délibéré et arrêté de n'en point vendre à moins de sept pagodes six fanons la serre, prix très haut à la vérité mais que nous tacherons de soutenir au moyen des pagodes d'or, qui nous rentreront de la vente des matières d'argent que, suivant notre traitté pour le paravana des roupies, nous sommes obligés de fournir à la Monnaye de Jorbandel.

Fait et arrêté, en la Chambre du Conseil Supérieur, au Fort Louis, à Pondichéry, les dits jour et an que dessus.

Signé : DUMAS, DULAURENS, DELORME, LEGOU, SIGNARD, DE CHOISY

Du vingt-quatre juin 1737.

Nous trouvant surchargés de corail dans nos magasins, dont on ne peut trouver que très difficilement la déffaitte icy, à cause de la famine qui règne cette année à cette coste, et nous en étant venu dix-sept caisses par le vaisseau le « Philibert », il à été délibéré et arrêté d'en envoyer quinze caisses à Bengalle dont six de la marque A et neuf de la marque M dont ils pouront trouver à se déffaire en les envoyant à Pattena.

Fait et arrêté, en la Chambre du Conseil Supérieur, au Fort Louis, à Pondichéry, les dits jour et an que dessus.

Signé : DUMAS, DULAURENS, DELORME, LEGOU, SIGNARD, DE CHOISY.

Du premier juillet 1737.

Iman Saeb nous ayant fait le plaisir, il y a environ deux mois, de prêter à la Compagnie vingt mille pagodes pour donner des avances à nos marchands, sans vouloir prendre aucun intérest, et désirant reconnaître l'honneteté de ce Seigneur et nous attirer de plus en plus son amitié, il a été délibéré et arrêté de luy payer ces vingt mille pagodes en matières d'argent que nous luy passerons à sept pagodes deux fanons la serre, prix auquel nous les fournissons à la Monnaye de Jorbandel, ce qui fera une différence à son proffit à peu près équivalente à ce qui luy reviendrait pour l'intérest de son argent.

Fait et arrêté, en la Chambre du Conseil Supérieur, au Fort Louis, à Pondichéry, les dits jour et an que dessus.

Signé: DUMAS, DULAURENS, DELORME, LEGOU, SIGNARD, DE CHOISY.

Du premier juillet 1737.

Etant nécessaire de faire passer des fonds à Mazulipatam et Yanaon, pour mettre en état ces deux comptoirs de nous fournir, dans le temps, toutes les marchandises que nous leur avons demandées pour le chargement de nos vaisseaux d'Europe, il a été délibéré et arrêté de charger sur le brigantin «l'Aventurier» que nous expédions pour ces deux comptoirs, quarante-huit mille roupies, et quatre mille pagodes courantes.

Fait et arrêté, en la Chambre du Conseil Supérieur, au Fort Louis, à Pondichéry, les dits jour et an que dessus.

Signé: DUMAS, DULAURENS, DELORME, LEGOU, SIGNARD, DE CHOISY.

Du quatre juillet 1737.

Les fonds que nous avons remis jusqu'à présent au sieur Lanoë, au Pegou, pour la construction des deux navires demandée par Monsieur de la Bourdonnais n'étant pas suffisans pour le mettre en état d'achever de les faire construire, outre qu'il aura besoin de fonds pour le chargement en bois du grand navire et nous envoyer quelques effets que nous luy avons demandés, il a été délibéré et arrêté de charger sur le vaisseau le « Bon Voyage », qui part incessament pour le Pegou, six mille piastres, lesquelles seront embarquées sur le dit vaisseau pour le compte et risques de la Compagnie,

Fait et arrêté, en la Chambre du Conseil Supérieur, au Fort Louis, à Pondichéry, les dits jour et an que dessus.

Signé : DUMAS, DULAURENS, DELORME, LEGOU, SIGNARD, DE CHOISY.

Du treize juillet 1737.

Le sieur Golard que nous avions envoyé à Mazulipatam, en qualité de chef au dit lieu, à la place du sieur Porcher, au mois de juillet de l'année dernière, ayant eu depuis son arrivée plusieurs attaques de maladie causées par l'air du pays et les chaleurs excessives qu'il y fait, qui l'ont empêché jusqu'à présent de vaquer aux affaires de la Compagnie avec tout le soin et l'exactitude dont il auroit été capable s'il se fût bien porté et y ayant tout lieu de craindre que ces différentes rechutes ne le fassent périr, il a été délibéré et arrêté de nommer le Sieur Le Verrier pour aller le relever, lequel passera à Mazulipatam par le premier vaisseau destiné pour Bengalle que nous y ferons toucher en passant. Et attendu que le dit Sieur Le Verrier étoit chargé de la caisse et du notariat, nous avons nommé le Sieur Signard, conseiller de ce Conseil, pour lui faire rendre compte de la caisse et faire la fonction de caissier en sa place, et le sieur Moreau, greffier du Conseil Supérieur, pour faire celle de notaire, lequel se chargera par inventaire de tous les papiers du notariat.

Fait, en la Chambre du Conseil Supérieur, au Fort Louis, à Pondichéry, les dits jour et an que dessus.

Signé : DUMAS, DULAURENS, DELORME, LEGOU, SIGNARD, DE CHOISY.

Du dix-sept juillet 1737.

Les orfèvres et ouvriers qui travaillent à notre Monnaye nous ayant demandé un emplacement pour y bâtir de quoy se loger, qui fut proche de la Monnaye affin d'être plus à portée d'y aller travailler, il a été délibéré et arrêté de faire nettoyer la pacherie ou quartier des parias, qui est à l'ouest de la Monnaye, de l'autre costé de la rivière, et faire aligner ce terrain pour y loger les orfèvres et autres gens travaillant à la ditte Monnaye, et pour cet effet il sera remboursé à ceux qui occupent ce terrain la valeur de leurs maisons au nombre de quatre-vingt-quatorze paillottes, montant suivant l'estimation qui en a été faitte par les maîtres charpentiers et massons de la Compagnie à la somme de soixante-quatorze pagodes vingt-deux fanons, qui seront payés par le caissier.

Fait et arrêté, en la Chambre du Conseil Supérieur, au Fort Louis, à Pondichéry, les dits jour et an que dessus.

Signé : DUMAS, DULAURENS, DELORME, LEGOU, SIGNARD, DE CHOISY.

Du dix-sept juillet 1737.

Par le contract que le Conseil a fait le premier d'avril dernier avec le nommé Soukourama il s'est obligé de fournir neuf cent courges de sorte hollandoise faisant dix-huit mille pièces, sçavoir les trois quarts dans la fin de septembre et le reste à la fin de décembre prochain, au prix de quarante-trois pagodes et demie la courge ; mais l'augmentation du coton qui de vingt-deux pagodes qu'il valoit l'année dernière a monté jusqu'à trente-quatre pagodes prix actuel, et la famine qui règne depuis le commencement de cette année a cette coste, ayant obligé les tisserands d'augmenter considérablement le prix de cette marchandise où il entre onze à douze livres de coton, le dit Soukou rama s'est vu dans l'impossibilité de fournir la quantité convenüe sans y perdre beaucoup, de sorte que, depuis le premier d'avril jusqu'à ce jour, il ne nous a fourny que deux milles six cens soixante-deux pièces guinées, dittes sorte hollandoise, malgré les sollicitations, les reproches et les menaces continuelles que nous luy avons faittes, nous disant pour sa déf-fense les raisons alléguées cy-dessus, et quantité d'autres qui seroient icy trop longues à détailler, ce qui nous a déterminés à prendre par nous mêmes les informations les plus justes sur le prix que cette marchandise coûte dans les lieux où elle se fabrique, et des frais qu'il en coûte pour le transport et jonquan jusqu'à Pondichéry. Nous avons reconnu par cet examen qu'il étoit impossible que le dit Soukourama nous fournit ses toilles aux prix sans y perdre ; il est d'ailleurs aisé de sentir que lorsque dans une piece de toille, il y entroit pour vingt-quatre fanons de coton lorsqu'il est à bas prix, et que cette même quantité de coton coûte a l'ouvrier trente fanons, il faut nécessairement, ou que cette marchandise diminüe en qualité ou augmente de prix. Comme cette qualité de marchandise fait une partie considérable, montant à six cens balles, de là quantité qui nous est nécessaire pour le chargement d'un grand nombre de vaisseaux, que nous avons à renvoyer à la prochaine mousson, nous nous trouvons dans la nécessité d'opter en augmentant le prix de cette marchandise ou de n'en point avoir la quantité demandée ; c'est ce qui nous a déterminés, après en être convenu avec le marchand Soukourama, a délibérer et arrêter, d'une voix unanime, ce qui suit : qu'ayant égard aux raisons qui nous ont été objectées par ce marchand et à la situation actuelle du pays, il luy sera accordé, à la fin de la fourniture, un fanon et demy par pièce, faisant trente fanons par courge, sur les sortes hollandoises, par forme d'indemnité et à la condition suivante, qui est que le dit Soukourama fournira, dans le temps porté par le contrat du premier avril de la présente année, les dix-huit mille pièces de sortes hollandoises à luy demandées, et, à déffaut par luy de remplir en totalité la ditte quantité, la ditte indemnité n'aura pas lieu, et la présente délibération demeurera nulle et comme non avenüe, à quoy le dit Soukourama à consenty.

Fait et délibéré, en la Chambre du Conseil supérieur, au Fort Louis, à Pondichéry, les dits jour et an que dessus.

Signé : DUMAS, DULAURENS, DELORME, LEGOU, SIGNARD, DE CHOISY.

Du vingt-deux juillet 1737.

Monsieur Ingrand, Directeur à Moka, ayant tiré sur nous pour trente-un mille cinq cent quatre-vingt-huit piastres vingt cabirs d'Espagne de lettres de change, à l'ordre de différens particuliers, dont il a reçu le montant, pour luy servir à continuer les emplettes de caffé, il a été délibéré et arrêté les dittes lettres de change.

Fait et arresté, en la Chambre du Conseil supérieur, au Fort Louis, à Pondichéry, les dits jour et an que dessus.

Signé : DUMAS, DULAURENS, DELORME, LEGOU, SIGNARD, DE CHOISY.

Du vingt-six juillet 1737.

Les vaisseaux que nous avons à expédier de Pondichéry pour France, à la prochaine mousson étant au nombre de cinq, sçavoir le «Bourbon» de sept cent quatre-vingt tonneaux, le «Fleury» de huit cens, le «Maurepas» de sept cens, le «Lys» de sept cens et la «Reine» de quatre cens cinquante, sans compter le vaisseau le «Héron», de cinq cens tonneaux qui nous a été envoyé de l'Isle de France par Monsieur de la Bourdonnais, et qui est actuellement à Moka; le «Maurepas» aura, à ce que nous espérons, son chargement complet en caffé ; nous devons croire que le «Bourbon», le «Fleury», et le «Lys» pouront charger de quatre mille cinq cens à quatre mille huit cens balles, et la «Reine» huit à neuf cens ; il nous seroit donc nécessaire pour renvoyer ces vaisseaux bien chargés de tirer de Pondichéry cinq mille cinq cens à cinq mille sept cens balles jusqu'au quinze janvier prochain : en ce cas le «Héron» resteroit à renvoyer aux Isles avec des provisions, pour y prendre son chargement de caffé et faire son retour en France. Depuis l'expédition du dernier vaisseau pour France, nous n'avons pas cessé de faire fabriquer des marchandises et de presser nos marchands pour la fourniture prévoyant la quantité dont nous aurions besoin pour le chargement des vaisseaux de cette année et de ceux qui nous restoient de la précédente ; nous avons fait le premier avril dernier, avec les anciens marchands, un contrat de mille sept cens dix-huit balles, et avec Soukourama un autre pour nous en fournir seize cent cinquante. Ayant eu avis, par Angleterre, du nombre des vaisseaux que la compagnie nous expédioit cette année et de leur grandeur, nous avons engagé les anciéns marchands à nous promettre mille balles d'augmentations; quant à Soukourama, sa fourniture a beaucoup languye et nous doutons qu'il nous livre, d'icy à la fin de décembre prochain qui est le terme fixé pour la ditte fourniture, la quantité de marchandises portée par son contrat ; nous supposerons cependant que les uns et les autres fourniront, sans qu'il nous en manque une balle, la quantité portée par leur contrat, ce qui est rarement arrivé et à quoy la situation actuelle du pays semble s'opposer; cela ne nous donnera que quatre mille trois cens soixante-huit balles; ajoutons y deux cens cinquante balles de Mazulipatam et Yanaon et cent cinquante balles de toiles bleues, cela produira en tout quatre mille sept cens soixante-huit balles ; il nous en faudra au moins cinq mille cinq cens pour renvoyer le «Bourbon», le «Fleury», le «Lys», la «Reine», bien chargez ; ce sera donc sept cens cinquante balles qui nous manqueront ; nous pourions y supléer en partie, si le Conseil de Chandernagor pouvoit nous envoyer les cinq cens balles que nous luy avons demandé, par notre lettre du vingt-huit juin dernier, sans déranger le chargement des trois vaisseaux qu'il a à expédier. L'expédition de Moka a été suivie d'un succès aussy heureux que nous pouvions l'espérer, on y a fait un traitté très honorable et très avantageux, il s'agit qu'il ait son exécution et de soutenir cette opération ; il nous a paru que la présence d'un vaisseau d'Europe étoit absolument nécessaire à Moka, l'année prochaine. La playe que nous venons de faire aux Arabes saigne encore ; cette nation est perfide et disposée toujours à enfraindre les traittés qu'elle a jurés avec le plus de solennité ; il convient de la tenir en respect, du moins l'année prochaine, si on veut sûrement en tirer des caffés et y continuer le commerce. Quel est le vaisseau françois, armé à la manière des Indes qui osera s'y risquer ? L'appas du gain feroit peut-être passer les marchands particuliers par dessus toutte considération, ils y envoieront un vaisseau. Quel facheux évènement, si les Arabes s'en rendoient maîtres pour se payer au double de ce qu'on leur a fait restituer, et si enfin pour se vanger du sang qu'on leur a répandu, ils égorgeoient le peu de François qui seroient embarqués dessus. Il faudroit dans un cas si triste se résoudre à n'avoir point de caffé de Moka pour l'année de mille sept cent trente-huit, ny peut-être les suivantes, et faire un nouvel armement qui ne seroit peut-être pas suivy d'un succès aussy heureux que le précédent. Cette considération demande, sans doutte, une attention particulière, mais il faut avant touttes choses envoyer en France touttes les marchandises que nous pourrons tirer de nos marchands et de Mazulipatam en la quantité de quatre mille sept cent balles. Voicy le plan proposé : de faire partir au vingt-cinq septembre prochain le « Maurepas », entièrement chargé de caffés de Moka, avec le « Fleury », chargé de seize à dix-sept cents balles et de tout le poivre qu'il pourra encombrer, d'y joindre le « Héron », chargé de huit à neuf cents balles de marchandises et de poivres, ce qui fera pour le mois d'octobre un envoy d'environ deux mille six cent balles de marchandises de Pondichéry et deux cent quarante milliers de poivres ; cette destination pour le « Héron », nous a parü plus convenable au commerce de la Compagnie que de l'envoyer chargé de caffés à Bourbon, Monsieur de la Bourdonnais ayant d'ailleurs écrit à Monsieur Dumas qu'on luy marquoit de France de faire en sorte de se déffaire des caffés de Mascarin aux Indes ; nous renvoirons ensuitte, au mois de janvier prochain, le « Lys » et la « Reine », chargés de deux mille deux cent balles et de poivres, ce qui fera en totalité, pour cette année, un envoy d'environ quatre mille huit cent balles de Pondichéry et quatre cents milliers de poivres, qui employeront un capital d'environ cinq cent mille pagodes, ce qui est un retour plus considérable qu'aucun que la Compagnie ait reçu de Pondichéry en une seule année. Voilà donc, par cet arrangement, touttes nos marchandises parties pour France, et le vaisseau le « Bourbon », qui nous reste, pour envoyer à Moka y charger de caffé qui y est maintenant à très grand compte. Ce vaisseau n'ira à Moka qu'en mars et restera jusqu'à ce temps à la côte Malabare ; il portera à Mahé les effets qui y sont nécessaires, et sera d'un grand secours contre les Angarias aux embarcations françoises qu'on est obligé d'envoyer à Mangalore chercher du riz ; le séjour dans l'Inde pendant un an d'un vaisseau tel que le « Bourbon », occasionnera, sans doute, à la Compagnie, pendant tout ce temps, une dépense extraordinaire de cinq à six mille livres par mois, mais nous comptons qu'elle en sera dédomagée par le frêt des marchandises que ce vaisseau poura porter à Moka et des caffés qu'il en rapportera, qui luy feront une carguaison complette pour faire, en octobre mille sept cent trente-huit, son retour en Europe. La matière mise en délibératon, après avoir esté discutée et agitée, il a été délibéré et arrêté d'expédier au mois d'octobre prochain pour France les vaisseaux le « Fleury » et le « Héron », entièrement chargés de marchandises de Pondichéry et de poivres, et les vaisseaux le « Lys » et la « Reine », au mois de janvier prochain, avec un pareil chargement, et de garder le vaisseau le « Bourbon », pour le faire partir pour la coste Malabare au mois d'octobre prochain, où il restera jusqu'au premier de mars qu'il en partira pour Moka afin d'y soutenir le commerce de la Compagnie et de la Nation et y prendre un chargement complet de caffé pour faire, au mois de juillet et d'aoust, son retour à cette coste.

Fait et arrêté, en la chambre du Conseil Supérieur, au Fort Louis, à Pondichéry, les dits jour et an que dessus.

Signé : DUMAS, DULAURENS, DELORME, LEGOU, SIGNARD, DE CHOISY, DIROIS, GODEHEU DE ZAIMONT.

Du vingt-six juillet 1737.

Le sieur Baldy, sergent du détachement de Moka, y ayant donné des preuves de conduitte et de valeur dans touttes les occasions qui se sont présentées, Monsieur de La Garde Jazier, commandant le vaisseau le «Maurepas», dans le dessein d'encourager ses trouppes à bien faire, l'a fait reconnoître en qualité d'enseigne faisant fonction de major, et les officiers de la garnison nous ayant rendu bon témoignage des services et de la conduitte du dit sieur Baldy, pendant tout le temps qu'il a servy ici, le dit sieur Baldy étant depuis longtemps au service de la Compagnie, l'ayant même servie à la Louïsianne en qualité de cadet, il a été délibéré et arrêté de confirmer le dit sieur Baldy dans le poste d'enseigne que luy a donné Monsieur de La Garde.

Fait et délibéré en la Chambre du Conseil supérieur, au Fort Louis, à Pondichéry, les dits jour et an que dessus.

Signé : DUMAS, DULAURENS, DELORME, LEGOU, SIGNARD, DE CHOISY, DIROIS

Du vingt-neuf aoust 1737.

Le sieur Febvrier, secrétaire du Conseil, ayant demandé au Conseil un congé pour aller en France vaquer à des affaires de famille, qui requierent sa présence, il a été délibéré et arrêté de luy accorder, sous le bon plaisir de la Compagnie, un congé de deux ans et son passage sur le vaisseau le «Fleury», et qu'il remettra, par inventaire, tous les registres et papiers du Secrétariat à Monsieur de Choisy l'un de nous, que le Conseil a nommé pour faire les fonctions de Secrétaire, Monsieur Pilavoine s'étant chargé seul de la tenue des livres et ayant même paru souhaitter être seul à les tenir.

Fait et délibéré, en la Chambre du Conseil supérieur, au Fort Louis, à Pondichéry, les dits jour et an que dessus.

Signé : Dumas, Dulaurens, Delorme, Legou, Signard, De Choisy, Dirois.

Du vingt-neuf aoust 1737.

Le vaisseau le «Héron», à son arrivée de Moka icy, faisant de l'eau, y ayant même en environ quarante balles de caffés de sa carguaison avariées, dès qu'il a été déchargé, on a travaillé à chercher la voye d'eau, et on y a remédié autant qu'il a été possible de le faire dans une rade comme celle-cy; mais comme il est à craindre qu'il ne recommence à faire de l'eau quand il sera chargé et qu'il a besoin d'une carêne, nous étions incertains si nous devions luy donner son chargement en marchandises pour France, et l'envoyer carener à l'Isle de France, ou le faire passer dans le Gange d'où il auroit été de retour icy, en janvier prochain, en état de prendre son chargement, Monsieur de Loizellière, qui le commande, et ses principaux officiers, auxquels nous avons marqué notre embaras sur le party à prendre en cette conjecture, nous ont présenté le mémoire dont ensuit la teneur :

A Messieurs du Conseil supérieur, à Pondichéry.

Messieurs, le vaisseau le «Héron», arrivant dans la rade de Pondichéry, faisoit un peu d'eau provenant de quelques doublages qui ont party à la mer, nous avons donné la bande et découvert environ les trois quarts du doublage qui a party, nous avons recloüé tous les bouts de bords et visitté le doublage qui étoit bon, et redoublé en haut, en sorte qu'aujourd'huy le vaisseau ne fait plus d'eau, et nous le croyons en état de porter un chargement en sûreté à l'Isle de France, et y carener avant de partir pour France sans causer de retardement à la suitte de notre traversée d'Europe, étant assurés d'y trouver tous les secours nécessaires pour une promptte expédition tant du costé de terre que des autres vaisseaux ; ce parti paroit plus avantageux aux intérests de la Compagnie que d'aller à Bengalle pour y faire le même ouvrage, et revenir icy en janvier prochain y reprendre un chargement pour en repartir en février et passer le Cap de Bonne Espérance en hyver, par un vaisseau qui n'est pas trop bon boulinier, il pouroit arriver que nous y serions forcés de revenir hyverner aux Isles, d'un autre costé notre équipage étant très faible, presque tous malades, n'auront point le temps de se rétablir avant de partir pour Bengalle ; au contraire nous acheverons de le rendre plus malade et d'en perdre beaucoup et peut être nous nous trouverons hors d'état de pouvoir nous en retourner sans un secours d'un nouvel équipage, au lieu que prenant le party de nous charger pour Europe, carennant aux Isles, nôtre équipage se rétablira entièrement icy et se trouvera en état de faire l'ouvrage nécessaire avec plaisir dans l'espérance d'arriver promptement chez lui Nous prions Messieurs du Conseil d'avoir égard à nos représentations et de considérer qu'après un pareil voyage de Moka, un équipage à besoin de quelque temps pour se remettre et se rétablir; ils seront obligés de prier Dieu pour votre conservation. A Pondichéry le vingt-neuf aoust mil sept cent trente-sept.

Signé : De Loizeliere, Lavallée, Chartier et Ange Boy.

Surquoy nous aurions prié Messieurs les capitaines des autres vaisseaux d'Europe, qui sont en rade, d'assister au Conseil pour nous donner leur avis sur le party que nous avons à prendre au sujet de ce vaisseau, et après que lecture leur a été faitte du dit mémoire, et que Monsieur de Loizelière a dit que les avaries de caffés ne provenoient que de ce que les lumières étoient bouchées par le sable dont le vaisseau est lesté, ce qui a fait séjourner l'eau dans l'arrière du dit vaisseau et l'empêchait de se rendre à la pompe, que même les balles avariées ne l'étoient que d'un costé : la matière mise en délibération et discutée il a été résolue d'une voix unanime, qu'il n'y avoit point de risque à charger le « Héron » de marchandises pour France en élevant un peu son grenier et le faisant carener à l'Isle de France et que même ce party est beaucoup plus convenable que de l'envoyer carener dans le Gange, où son équipage pourroit encore s'affaiblir ; en conséquence, il a été délibéré et arrêté de donner à ce vaisseau son chargement en marchandises pour France, et de l'expédier dans les premiers jours d'octobre pour l'Isle de France où il sera carené et mis en état de continuer sa route pour France.

Fait et arresté, en la Chambre du Conseil Supérieur, au Fort Louis à Pondichéry, les dits jour et an que dessus.

Signé : Dumas, Dulaurens, Delorme, Legou, Signard, De Choisy, Dirois, De marquaysac, de la Garde Jazier, C. Dordelin.

Du trente aoust 1737.

Monsieur de La Garde, Capitaine du vaisseau le « Maurepas », ayant présenté ce jour un mémoire au Conseil, par lequel il expose que l'équipage du dit vaisseau, dans l'expédition de Moka, a usé et consommé toutes ses hardes; qu'ayant obligé l'équipage de laisser à Pondichéry, une partie de leurs coffres pour alester le vaisseau et débarasser son entrepont ces coffres ayant été mis dans une maison particulière, ils ont été mangés des carias et touttes les hardes qu'ils avoient laissées dedans perdues, ce qui les réduit dans une triste situation pour entreprendre le voyage de France; pourquoy il demande que le Conseil accorde tant à l'Etat-major qu'à l'équipage, deux mois à compte de leurs gages et un dédomagement à l'équipage pour les hardes mangées des carias ; il a été délibéré et arrêté de faire délivrer à l'équipage seulement, non compris l'Etat-major et ce, suivant l'état qui sera fourni par l'écrivain du vaisseau, deux mois dont un en argent et un autre en hardes à leur usage, de laquelle avance il sera fait retenüe au désarmement en France et qu'il sera en outre délivré à chaque matetot deux chemises et deux culotes de toille bleüe par forme de dédomagement pour les hardes qui ont été mangées des carias et consommés dans le voyage de Moka.

Sur le second article du mémoire de M. de la Garde, contenant la gratification demandée en considération de la fatigue extraordinaire de l'écrivain et du chirurgien du vaisseau, ainsy que de deux pilotes qui ont été embarqués sur la Manchoüe que le Conseil de Mahé, à fourni à Monsieur de La Garde pour l'expédier de Moka, le Conseil les a renvoyés se pourvoir à la Compagnie, à qui il fera les représentations convenables à ce sujet.

Quand au dernier article du dit mémoire, par lequel Monsieur de La Garde expose qu'ayant été obligé de laisser invendues à Moka les marchandises de la permission, il se trouve hors d'état de remplir son port permis et d'acheter les provisions nécessaires pour sa table, pourquoy il demande qu'il luy soit fait une avance de quinze cens pagodes dont la Compagnie sera remboursée sur le produit des dittes marchandises lesquelles sont restées entre les mains de Monsieur Dumas le jeune, il a été arrêté de faire payer de la Caisse au dit sieur de La Garde la dite somme de quinze cens pagodes, en faisant par luy sa soumission au greffe de rembourser la Compagnie en France au cas qu'elle ne le soit pas aux Indes.

Fait et délibéré, en la Chambre du Conseil, au Fort Louis, à Pondichéry, les dits jour et an que dessus.

Signé : DUMAS, DULAURENS, DELORME, LEGOU, SIGNARD, DE CHOISY, DIROIS.

Du trente-un aoust 1737.

N'ayant pu charger sur le vaisseau le « Triton », la totalité des fonds qui nous restoient à faire passer au Conseil de Chandernagor, faute de roupies, et le vaisseau « l'Union », de retour de Bassora, étant prest à faire voille pour Chandernagor, il a été délibéré et arrêté de charger sur ce vaisseau cent quatre mille roupies.

Fait et arrêté, en la Chambre du Conseil Supérieur, au Fort Louis, à Pondichéry, les dits jour et an que dessus.

Signé : DUMAS, DULAURENS, DELORME, LEGOU, DE CHOISY, DIROIS.

Du sept septembre 1737.

Un négociant de Madrast ayant demandé à achetter quarante mille piastres, à raison de sept pagodes six fanons la serre, attendu que ce prix est très haut, il a été délibéré et aresté d'envoyer à Madrast par des pions les quarante mille piastres demandées et que les dits pions rapporteront en pagodes le produit des dittes matières d'argent.

Fait et arrêté, en la Chambre du Conseil supérieur, au Fort Louis, à Pondichéry, les dits jour et an que dessus.

Signé : DUMAS, DULAURENS, DELORME, LEGOU, SIGNARD, DE CHOISY, DIROIS.

Du dix septembre 1737.

Etant nécessaire d'envoyer au sieur Lanoë, résident au Pégou, des fonds pour fournir aux opérations qui luy ont été ordonnées, et pour faire le radoub de la « Marie Joseph » et la charger de bois, de riz et acheter ce qui luy a été demandé pour les isles par Monsieur de la Bourdonnais, le Conseil a délibéré et arrêté d'envoyer au dit sieur de Lanoë par la « Marie Joseph » dix mille piastres pour le compte et risque de la Compagnie.

Fait et arrêté en la Chambre du Conseil supérieur, au Fort Louis, à Pondichéry, les dits jour et an que dessus.

Signé : DUMAS, DULAURENS, DELORME, LEGOU, SIGNARD, DE CHOISY, DIROIS.

Du douze septembre 1737.

Le vaisseau le « Duc de Bourbon » étant destiné, par délibération du Conseil du 26 juillet dernier, pour faire le voyage de Moka, comme la tranquilité qui règne présentement au dit lieu fait présumer que le commerce s'y rétablira entièrement, pour que la Compagnie puisse proffiter des avantages de ce pays et gagner partie des dépenses qu'elle a été obligée d'y faire, il a été délibéré et arrêté de charger sur ce vaisseau pour vingt mille pagodes de marchandises dont le produit sera employé en caffés pour composer en partie sa carguaison.

Fait et arrêté, en la Chambre du Conseil supérieur, au Fort Louis, à Pondichéry, les dits jour et an que dessus.

Signé : DUMAS, DULAURENS, DELORME, LEGOU, SIGNARD, DIROIS.

Du douze septembre 1737.

Le sieur Bachelier, capitaine du brigantin « l'Indien », nous ayant représenté ses services sur le dit vaisseau et surtout son dernier voyage de Moka où il a essuyé touttes les fatigues et périls de la guerre, il nous prioit de luy donner le commandement du vaisseau le « Saint Pierre », vacquant par la mort du sieur Richeaume ; en égard à ses services et à sa capacité, il a été délibéré et arrêté de donner au dit sieur Bachelier le commandement du dit vaisseau le « Saint Pierre », et de donner celuy du brigantin « l'Indien » au sieur Baudran de Limonais, qui partira dans peu pour Mazulipatam et Yanaon, chargé de soixante mille roupies pour les dits comptoirs et continuera sa route pour Bengalle, où il restera jusqu'en décembre prochain et après y avoir pris son chargement de riz, il reviendra à Yanaon et Mazulipatam prendre les marchandises que le brigantin «l'Aventurier» n'aura pû apporter, en y déchargeant de sa carguaison qu'il remettra au dit comptoir qui l'en defferont avec bénéfice, les grains ayant manqués dans ces cantons et la misère y étant très grande.

Fait et arrêté, en la Chambre du Conseil supérieur, au Fort Louis, à Pondichéry, les dits jour et an que dessus.

Signé : Dumas, Dulaurens, Delorme, Legou, Signard, Dirois.

Du douze septembre 1737.

La Colonie se trouvant dans une disette affreuse de riz, et appréhendant qu'elle ne devienne plus grande par la suitte, le Conseil a destiné le vaisseau le «Lys» pour aller prendre son chargement en riz à Bengalle, après avoir consulté plusieurs capitaines et officiers de marine sur les risques qu'il y auroit à courir d'envoyer un si grand vaisseau dans le Gange, lesquels nous ont assurés que dans un cas de nécessité, il n'y auroit nulle difficulté d'y envoyer ce vaisseau, qu'il y en avoit souvent entrés de plus grands, et qu'enfin il ne couroit en entrant dans cette rivière que les risques ordinaires; surquoy, attendu l'extrême misère où nous nous trouvons, et appréhendant que les blanchisseurs, batteurs de toille et autres ouvriers dont nous avons besoin pour nos opérations prochaines ne soient hors d'état de travailler, faute d'avoir de quoy vivre. il a été délibéré et arrêté d'envoyer le vaisseau le «Lys», à

Bengalle, et de le faire partir sous quatre ou six jours pour être de retour en cette rade à la fin de décembre ou au commencement de janvier prochain où il prendra son chargement pour Europe.

Fait et arrêté, en la Chambre du Conseil Supérieur, au Fort Louis, à Pondichéry, les jour et an que dessus.

Signé : DUMAS, DULAURENS, DELORME, LEGOU, SIGNARD, DIROIS.

Du douze septembre 1737.

Le comptoir de Chandernagor manquant de bois rouge pour charger dans les vaisseaux qu'il doit expédier, cette année, pour Europe, et n'en ayant point en magasin pour y envoyer, il a été délibéré et arrêté d'en achetter une partie de trois cent cinquante candils, qu'un négociant de Madrast nous a offert, à trois pagodes le candil, et de la faire prendre à Madrast par le vaisseau le «Lys» qui, en conséquence de la délibération de ce jour, doit aller à Bengalle où il remettra son bois rouge, en se réservant ce qui luy en faut pour prendre son fond.

Fait et arrêté, en la Chambre du Conseil Supérieur, au Fort Louis, à Pondichéry, les jour et an que dessus.

Signé : DUMAS, DULAURENS, DELORME, LEGOU, SIGNARD, DIROIS.

Du vingt-un septembre 1737.

Les capitaines et officiers du vaisseau le «Lys» nous ayant présenté une requeste, par laquelle ils se plaignent de la conduitte que le sieur Fredéric Cadot, écrivain sur le dit vaisseau, a tenue pendant toute la traversée, étant toujours ivre, ce qui l'a mis souvent hors d'état de vacquer à son employ et fait perdre le respect à ses supérieurs, demandant qu'il nous plaise ordonner de la façon dont ils doivent agir par la suitte avec le dit sieur Cadot, surquoy ayant fait appeler le dit sieur Cadot en la Chambre du Conseil et nous ayant parû ivre et hors d'état de répondre aux plaintes portées contre luy, il a été délibéré et arrêsté d'interdire des fonctions d'écrivain le dit sieur Cadot et de charger Monsieur Dugué Le Fer de faire tenir, par qui il jugera le plus à propos, les registres de l'écrivain en la forme et manière prescrite par les règlements de la Compagnie, affin qu'il soit en état de rendre ses comptes au désarmement du dit vaisseau.

Fait et arrêté, en la Chambre du Conseil Supérieur, au Fort Louis, à Pondichéry, les jour et an que dessus.

Signé : Dumas, Dulaurens, Delorme, Legou, Signard, De Choisy, Dirois.

Du premier octobre 1737.

La Compagnie nous ayant marqué, par ses dernières lettres reçues par le vaisseau la « Reine », qu'elle fera passer, l'année prochaine, quatre vaisseaux d'Europe dans le Gange pour y prendre leur chargement, il a été délibéré et arrêté de remettre au Conseil de Chandernagor, par le vaisseau la « Reine », deux cent quarante mille roupies pour le mettre en état de travailler à l'avance aux carguaisons de ces vaisseaux.

Et attendu que nous n'avons remis cette année au comptoir de Chandernagor que deux cent mille livres de poivres ou environ et que cette quantité n'est pas suffisante pour trois vaisseaux, il a été arrêté de charger sur le dit vaisseau la « Reine » les trois cent quatre-vingt-un bards de poivres que nous venons de recevoir de Mahé, par le vaisseau le « Maure », et d'expédier incessamment le dit vaisseau la « Reine », pour aller hyverner dans le Gange d'où il rapportera son chargement de riz icy dans les premiers jours de janvier, opération qui nous a paru d'autant plus convenable qu'outre les fonds et effets que nous aurons à remettre à Chandernagor, si nous envoyons ce vaisseau hyverner à Merguy, il n'auroit au plus que le temps que d'aller et venir.

Fait et arresté, en la Chambre du Conseil supérieur, au Fort Louis, à Pondichéry, les jour et an que dessus.

Signé : DUMAS, DULAURENS, LEGOU, SIGNARD, DE CHOISY, DIROIS, INGRAND.

Du sept octobre 1737.

Malgré touttes les précautions que nous avions prises pour nous procurer du riz pour suppléer à la disete affreuse où est présentement Pondichéry et n'ayant nulle espérance d'en recevoir, cette mousson, de Bengalle, sur la nouvelle que nous avons eüe de la perte du vaisseau le « Fort Louis » et du retardement de quelques autres vaisseaux chargéz de grains que le mauvais temps a obligé de rentrer dans le Gange, et nous trouvant hors l'état de charger le vaisseau le « Saint-Pierre », qui nous reste en rade, de riz et autres provisions dont Messieurs du Conseil de l'Isle de France nous marquent avoir un très grand besoin, il a été délibéré et arrêté que ce vaisseau partira, incessamment, pour Bengalle où il prendra son chargement de riz et autres effets pour les Isles, après avoir été carené et mis en état de revenir à la fin de décembre prochain en cette rade.

Fait et arrêté, en la Chambre du Conseil Supérieur, au Fort Louis, à Pondichéry, les dits jour et an que dessus.

Signé : DUMAS, DULAURENS, LEGOU, SIGNARD, DE CHOISY, DIROIS.

Du huit octobre 1737.

Etant nécessaire d'envoyer des fonds à Mahé pour l'achat des poivres, il a été délibéré et arrêté de charger sur le vaisseau le « Duc de Bourbon », vingt-cinq mille pagodes en or et deux cents mille fanons ou cinquième de roupies pour augmenter les fonds du dit comptoir et fournir à ses dépenses.

Fait et arrêté, en la Chambre du Conseil Supérieur, au Fort Louis, à Pondichéry, les dits jour et an que dessus.

Signé : DUMAS, DULAURENS, LEGOU, DE CHOISY, DIROIS, INGRAND.

Du huit octobre 1737.

Monsieur Delorme, second de ce comptoir et juge de la chaudrie, étant embarqué sur le vaisseau le « Fleury », Monsieur Legou, premier conseiller a été installé à sa place et Monsieur Dirois dans celuy de premier conseiller et inspecteur de la visitte et recette des marchandises et commissaire des troupes, aux appointements de deux mille cinq cents livres.

Fait et arrêté, en la Chambre du Conseil Supérieur, au Fort Louis, à Pondichéry, les dits jour et an que dessus.

Signé : DUMAS, DULAURENS, DE CHOISY, INGRAND.

Du quatorze octobre 1737.

Etant nécessaire d'envoyer le vaisseau le « Saint Joseph » hyverner, ayant déjà beaucoup de nos vaisseaux dans le Gange, dans l'appréhension que nous avons qu'il n'y pût facilement trouver sa carguaison de riz et qu'il n'est pas nécessaire qu'il soit de retour icy en janvier prochain il a été délibéré et arrêté qu'il partirait incessamment, pour Merguy, chargé de trente milliers de fer, dont Monsieur Aumont, missionnaire au dit lieu, nous marque en pouvoir trouver la déffaite, par sa lettre du treize décembre mil sept cent trente-six, et de huit mille piastres pour achetter sa carguaison complette de riz et neslys et être de retour en cette rade dans tout le courant de février prochain.

Fait et arrêté, en la Chambre du Conseil supérieur, au Fort Louis, à Pondichéry, les jour et an que dessus.

Signé : DUMAS, DULAURENS, LEGOU, DE CHOISY, DIROIS, INGRAND.

Du quatorze octobre 1737.

Les armateurs du vaisseau «l'Entreprenant» nous ayant proposé charger sur le dit vaisseau du fer, gratis de frêt, pour Suratte et Bassora, attendu que la Compagnie nous recommande de nous déffaire de la plus grande quantité de fer que nous pourrons, il a été délibéré et arrêté de charger sur ce vaisseau quatre vingts milliers de fer, moitié pour Suratte et moitié pour Bassora.

Fait et arrêté, en la Chambre du Conseil Supérieur, au Fort Louis, à Pondichéry, les dits jour et an que dessus.

Signé : DUMAS, DULAURENS, LEGOU, DE CHOISY, DIROIS, INGRAND.

Du vingt-neuf octobre 1737.

La maison du fort, qui servoit de logement au Gouverneur, menaçant ruine depuis longtemps, les murs étant partout sortis de leur aplomb et les poutres et palmiers, qui soutiennent les terrasses, étant entièrement pourries, les pluyes continuelles qu'il fait depuis quinze jours nous donnant avec raison lieu de craindre que ce bâtiment, en s'écroulant tout d'un coup, n'écrase ceux qui se trouveront dedans et fasse périr tous les papiers du secrétariat, notariat et greffe, pour prévenir un accident aussi facheux, qui jetteroit dans une grande confusion les affaires de la Compagnie et de la Colonie, il a été délibéré et arrêté de prendre, pour trois ans, à loyer, la maison de Monsieur Février pour la somme de deux cent quarante pagodes par an et d'y transférer la Chambre du Conseil, le Secrétariat,

Notariat et Greffe, et, à l'égard des autres logements qui sont dans la ditte maison, ils serviront de magasin à la place de diverses petittes maisons de la ville que la Compagnie est obligée de loüer, annuellement, pour y renfermer divers effets que les magasins du fort ne peuvent contenir.

Fait et arrèté, en la Chambre du Conseil supérieur, à Pondichéry, les jour et an que dessus.

Signé : Dumas, Dulaurens, Legou, Signard, De Choisy, Dirois, Ingrand

---

Du trente-un octobre 1737.

Ne nous restant plus en caisse, tant en or qu'en matières d'argent, qu'environ soixante-dix mille pagodes, sur quoy il nous reste à payer quarante-deux mille cinq cent quarante-cinq pagodes pour l'entière exécution des derniers contrats, et étant de la dernière conséquence pour la Compagnie que nous ayons des fonds pour travailler à l'avance aux cargaisons des vaisseaux qu'elle nous promet pour l'année prochaine, il a été délibéré et arrêté d'accepter l'offre qu'Iman Saheb a faite au Gouverneur, dans la visite qu'il luy a rendue le vingt-sept de ce mois, de prêter à la Compagnie cent cinquante mille pagodes, sçavoir, quarante mille actuellement, soixante mille au mois de janvier et les autres cinquante mille, lorsque nous les luy demanderons, en payant l'intérest des dittes sommes à raison de huit pour cent par an, du jour que nous les aurons reçües jusqu'au remboursement.

Fait et arrêté, en la Chambre du Conseil supérieur, au Fort Louis, à Pondichéry, les dits jour et an que dessus.

Signé : Dumas, Dulaurens, Legou, Signard, De Choisy, Dirois, Ingrand.

Du deux décembre 1737.

Le Sieur Guillard, Chef à Yanaon, ayant eü de fréquentes attaques d'apoplexie, qui l'ont obligé de demander au Conseil la permission de venir à Pondichéry pour tacher de rétablir sa santé et retourner ensuite à Yanaon, ce qui luy a été accordé, mais la quantité de marchandises dont nous aurons besoin l'année prochaine nous mettant dans la nécessité d'en tirer d'Yanaon le plus qu'il sera possible, il convient de faire passer au dit lieu des employés capables pour, en l'absence du sieur Guillard, non seulement y continuer le commerce commencé, mais même y donner une plus grande étendüe que par le passé ; en conséquence, il a été délibéré et arrêté d'envoyer, par terre, à Yanaon, le sieur Choisy l'un de nous en qualité de chef avec le sieur Dalbert pour second et teneur de livres, aux appointements de mille livres.

Fait et arrêté, en la Chambre du Conseil supérieur, à Pondichéry, les dits jour et an que dessus.

Signé : DUMAS, DULAURENS, LEGOU, SIGNARD, DIROIS, INGRAND.

Du deux décembre 1737.

Y ayant dans le Conseil deux places vacantes par le retour de Monsieur Delorme, en France, et le passage de Monsieur de Choisy, à Yanaon, le Conseil a délibéré et arreté de les remplir des sieurs Miran et Golard à qui elles appartiennent suivant l'ordre du tableau, et étant nécessaire de pourvoir au poste de secrétaire du Conseil qu'occupait le sieur de Choisy, le Conseil y a nommé le sieur Boyelleau, sous marchand, et les dits sieurs Miran, Golard, Boyelleau étant entrez dans la Chambre du Conseil, après avoir prêté le serment en tel cas requis, ils ont pris séance en leur rang et qualité.

Fait et arrêté, en la Chambre du Conseil supérieur, à Pondichéry, les dits jour et an que dessus.

Signé : DUMAS, DULAURENS, LEGOU, SIGNARD, DIROIS, INGRAND.

Du vingt-huit décembre 1737.

La Compagnie désirant être intéressée dans les armements particuliers qui se font aux Indes, suivant qu'elle nous l'a marqué par plusieurs de ses lettres, le Conseil a délibéré et arrêté qu'elle sera intéressée dans le prochain voyage de Manille, sur le vaisseau qui doit partir au mois de mars 1738, pour la somme de dix mille pagodes, et de six mille pagodes sur le vaisseau l'« Entreprenant » pour le voyage de Suratte et Bassora.

Fait et arrêté, en la Chambre du Conseil supérieur, à Pondichéry, les jour et an que dessus.

Signé : DUMAS, DULAURENS, LEGOU, SIGNARD, DIROIS, INGRAND, GOLARD.

Du dix janvier 1738.

Etant nécessaire qu'il reste toujours quelqu'un à Moka pour y représenter la nation, soutenir les droits de la Compagnie et y contenir les particuliers françois qui y vont faire commerce, nous aurions sans hézitter rétably le Comptoir de Moka, si la Compagnie, par sa lettre du trente octobre 1736, ne nous donnait des ordres contraires, qui nous ont déterminez à différer le rétablissement de ce comptoir jusqu'à de nouveaux ordres de sa part ; cependant, comme nous y envoyons cette année le vaisseau le « Bourbon », avec une quantité assez considérable de marchandises, que nous comptons faire achetter à Betelfaquy son chargement complet de caffez, que par conséquent, il est absolument nécessaire de nommer quelqu'un pour agent de la Compagnie et de la Nation à Moka, et qui puisse en ce nom traitter avec le gouvernment de Moka, demander l'exécution de tous les articles du traitté fait le huit mars 1737, et enfin y gérer les affaires de la Compagnie pour la vente de ses marchandises et l'achat des caffez, qui sont nécessaires pour la carguaison du « Bourbon », le Conseil a nommé Monsieur Dumas pour premier agent de la Compagnie et de la Nation à Moka, et le sieur Courbezatre pour second, le premier restera à Moka et le second ira à Betelfaquy y faire l'emplete des caffez, le tout conformément aux ordres et instructions qui leur seront donnés par le Conseil.

Fait et arrêté, en la Chambre du Conseil supérieur, à Pondichéry, les dits jour et an que dessus.

Signé : Dumas, Dulaurens, Legou, Signard, Dirois, Ingrand, Golard, Miran.

Du onze janvier 1738.

Les nommez Adyvarahan et consort, marchands de cette ville, qui font ordinairement le commerce des draps, nous ayant offert d'achetter tous les draps londrins qui nous restent en magasin, au nombre d'environ cent balles ou mille pièces, aux termes ordinaires pour le payement, à condition qu'il leur seroit fait une diminution de quatre fanons par aune et qu'au lieu d'une pagode et demie qu'on a fixé de les vendre, par délibération du vingt-trois aoust mil sept cent trente-cinq, on leur livrera sur le pied d'une pagode huit fanons l'aune, le Conseil considérant que ce prix revient à peu près à celuy que ces draps coûtent à la Compagnie, qui nous ordonne, par sa lettre du trente octobre 1736, de faire tout notre possible pour luy procurer la déffaite de ceux que nous avons en magasin, ce qui est convenable pour en empêcher le dépérissement; que ces draps consistent en quatre cent soixante-cinq pièces rouges, fort mauvais, quatre cent soixante-seize pièces vert clair, qui n'est de nulle défaitte icy, trente pièces jaunes, douze pièces citronelle, neuf canelle, quatre bleu, deux rouge brun, une soupe au vin, une feuille morte et qu'il ne se présente depuis longtemps aucun marchand pour les achetter, à cause de la famine qui règne dans le pays, et qu'ils les trouvent chers et de mauvaise couleur; il n'a été délibéré d'accepter l'offre des dits Adyvarahan et consort et de leur vendre toutte la partie de draps londrins que nous avons en magasin, au nombre d'environ cent balles, à raison d'une pagode huit fanons l'aune, payable moitié dans quatre mois et l'autre moitié dans six mois à compter du jour de la livraison.

Fait et arrêté, en la Chambre du Conseil supérieur, à Pondichéry, les dits jour et an que dessus.

Signé : DUMAS, DULAURENS, LEGOU, SIGNARD, DIROIS, INGRAND, MIRAN, GOLARD.

Du quatorze janvier 1738.

Les marchands corailleurs nous ayant proposé de leur vendre vingt-deux caisses de corail, scavoir neuf de la marque A, neuf de la marque M, et quatre de la marque B, payables à un an de terme et à l'escompte ordinaire de douze pour cent par an, les prix en ont été arretez avec eux, scavoir celuy de la marque A, à cent huit pagodes le man de vingt-quatre livres, celuy de la marque M, à soixante-quatre pagodes, et celuy de la marque B, à cent soixante-dix pagodes aussy le man. En conséquence, il a été délibéré et arrêté que les dittes vingt-deux caisses de corail leur seront délivrées par Monsieur Dulaurens, conseiller garde magasin, aux conditions cy-dessus.

Fait et arrêté, en la Chambre du Conseil supérieur, à Pondichéry, les dits jours et an que dessus.

Signé : DUMAS, DULAURENS, LEGOU, SIGNARD, DIROIS, INGRAND, MIRAN, GOLARD.

Du dix-neuf janvier 1738.

Etant nécessaire d'envoyer, à Moka, quelques fonds pour mettre les sieurs Dumas et Courbezatre en état de commencer à Betelfaquy les achats de caffé pour la carguaison du vaisseau le « Duc de Bourbon » qui est actuellement à la cote Malabar, n'ayant aucun vaisseau de la Compagnie en rade et qui puisse partir pour la coste Malabar assez à temps pour les porter au vaisseau le « Duc de Bourbon » et le mettre par là en état de faire voile pour Moka dans la saison convenable, le vaisseau la « Marie », capitaine le sieur le Brain, armé par des particuliers de cette colonie pour faire le voyage de la coste Malabar et Moka, étant prest à faire voile pour Mahé, il a été délibéré et arrêté de charger, sur ce vaisseau, pour le compte de la Compagnie, quinze mille piastres pour être remises à Mahé, à Messieurs du Conseil, à qui nous donnerons ordre de les embarquer sur le vaisseau le « Duc de Bourbon » et de les adresser à Moka à Messieurs Dumas et Courbezatre.

Fait et arrêté, en la Chambre du Conseil supérieur, à Pondichéry, les dits jours et an que dessus.

Signé : DUMAS, DULAURENS, LEGOU, DIROIS, INGRAND, MIRAN, GOLARD.

Du vingt-trois janvier 1738.

Etant nécessaire de faire passer promptement à la coste malabar les marchandises de la Compagnie, qui doivent être embarquées sur le vaisseau le « Bourbon » pour Moka et n'ayant point de vaisseau de la Compagnie en rade, pour les y porter et y ayant lieu de craindre que si nous retenons ce vaisseau plus longtemps à Mahé, où il est actuellement, nous ne l'exposions à manquer son voyage, la saison étant très avancée, et le vaisseau le « Pondichéry » appartenant à des particuliers de cette colonie, étant prest à faire voile pour la coste malabar, il a été délibéré et arrêté de charger sur ce vaisseau touttes les marchandises de la Compagnie, qui pourront y être embarquées, et ne devant les porter que jusqu'à Mahé, le frêt en a été réglé à cinq pour cent, lequel sera payé icy aux armateurs.

Et quand à la commission à accorder à Dumas, chef, Courbezatre, second et Denis, commis et qui doit leur tenir lieu d'appointments, elle a été fixée à cinq pour cent sur la vente des marchandises et deux et demy pour cent sur l'achat des caffés, laquelle commission sera repartie savoir :

	Sur la vente des marchandises.		Sur l'achat des caffés.	
Mrs Dumas	3 :	p 0/0	1 : 1/4	p 1/0
Courbezatre	1 : 1/2		1 : ...	
Denis	1/2		: 1/4	
	5 :	p 0/0	2 : 1/2	

Fait et arrêté, en la Chambre du Conseil Supérieur, à Pondichéry, les dits jour et an que dessus.

Signé : DUMAS, DULAURENS, LEGOU, DIROIS, SIGNARD, INGRAND, MIRAN, GOLARD.

Du dit jour.

Etant nécessaire de remplacer cinq places de sous marchands qui se trouvaient vacantes à Pondichéry, il a été délibéré d'y nommer les sieurs Lenoir, Leneutre, Moreau, Panon et Herbault, à qui ce rang appartient suivant l'ordre du tableau; nous avons pareillement avancez les sieurs Gosse et Denis de six cent livres à huit cent livres, à qui cela appartenait de droit suivant le tableau.

Fait et arrêté, en la chambre du Conseil Supérieur, à Pondichéry, les dits jour et an que dessus.

Signé : DUMAS, DULAURENS, LEGOU, SIGNARD, DIROIS, INGRAND, MIRAN, GOLARD.

Du vingt-huit janvier 1738.

Les marchands corallers de Pondichéry nous ayant proposé de leur vendre dix caisses de corail, scavoir, quatre de la marque A. quatre de la marque M. et deux de la marque B. payables à vue au terme et à l'escompte ordinaire de douze pour cent par an et aux prix qui en ont été réglez par notre délibération du quatorze, scavoir celuy de la marque A, à cent huit pagodes le man de vingt-quatre livres, celuy de la marque M. à soixante-quatre pagodes et celuy de la marque B. à cent soixante-dix pagodes aussy le man ; en conséquence, il a été délibéré et arrêté que les dittes dix caisses leur seront délivrées par Monsieur Dulaurens, Conseiller, garde-magasin, aux conditions cy-dessus.

Fait et arrêté, en la Chambre du Conseil Supérieur, les dits jour et an que dessus.

Signé : Dumas, Dulaurens, Legou, Dirois, Signard, Miran, Ingrand, Golard.

Du vingt-huit janvier 1738.

Imam Saheb n'ayant pu exécuter, à cause du départ du Nabab pour Golconde, la promesse qu'il nous avoit faitte de nous fournir, dans tout le courant de ce mois, soixante mille pagodes outre les quarante mille qu'il nous a déjà prestées, et cinquante mille qu'il devoit nous livrer à notre volonté ; nous trouvant par là privés des fonds sur lesquels nous comptions, tant pour donner à nos marchands les avances nécessaires et continuer sans relâche la fabrique des marchandises, que pour remettre à Mahé de nouveaux fonds, affin d'en tirer les poivres que la Compagnie nous demande annuellement, il a été délibéré et arrêté d'accepter les offres, qui ont été faittes à Monsieur le Gouverneur par deux marchands particuliers, de luy prêter quarante mille pagodes à huit pour cent par an, pour le montant desquelles il leur sera passé des obligations payables au mois de juillet prochain.

Fait et arrêté, en la Chambre du Conseil Supérieur, à Pondichéry, les dits jour et an que dessus.

Signé : Dumas, Dulaurens, Legou, Signard, Dirois, Miran, Ingrand, Golard.

Du dix février 1738.

Etant nécessaire d'envoyer des fonds à Mahé, pour l'achat des poivres que la Compagnie nous demande pour la prochaine mousson et n'ayant point aucun vaisseau de la Compagnie à y faire passer, le vaisseau le «Saint-Benoist», commandé par Monsieur Desjardins, appartenant à des particuliers de cette colonie, étant prest à partir pour la cote malabarre et les propriétaires nous ayant offert d'y porter, gratis de frêt, tous les effets de la Compagnie, il a été délibéré et arrêté de charger sur ce vaisseau, pour le compte et risque de la Compagnie, deux cent barils de poudre de guerre, dix balles de marchandises, vingt mille pagodes en or et cent mille fanons ou cinquièmes de roupies ; au moyen de ces fonds, de ceux que nous y avons envoyés en octobre et de ce qui restoit l'année dernière, Messieurs du Conseil de Mahé seront suffisamment pourvus pour remplir les intentions de la Compagnie, tant pour son commerce d'Europe que pour le commerce particulier de l'Inde.

Fait et arrêté, en la Chambre du Conseil Supérieur, à Pondichéry, les dits jour et an que dessus.

Signé : DUMAS, DULAURENS, LEGOU, SIGNARD, DIROIS, INGRAND, MIRAN, GOLARD.

Du onze février 1738.

La Compagnie désirant être intéressée dans les armements particuliers qui se font aux Indes, suivant ce qu'elle nous a marqué par plusieurs de ses lettres, le Conseil a délibéré et arrêté qu'elle sera intéressée dans l'armement pour la Chine que les particuliers de cette colonie ont projetté pour le mois de juin prochain, de la somme de vingt-cinq mille pagodes, pour partie desquelles il sera fourni des poivres à la coste malabare au vaisseau le «Saint-Benoist» destiné pour ce voyage.

Fait et arrêté, en la Chambre du Conseil Supérieur, à Pondichéry, les dits jour et an que dessus.

Signé: DUMAS, DULAURENS, LEGOU, SIGNARD, DIROIS, INGRAND, MIRAN, GOLARD.

Du dix-neuf février 1738.

N'ayant point de vaisseau de la Compagnie à envoyer à Mahé, pour y charger les poivres qui nous sont nécessaires pour les carguaisons des prochains vaisseaux de France, il a été délibéré et arrêté de frêtter, pour le compte de la Compagnie, le vaisseau le «Neptune», appartenant à des particuliers de cette colonie, aux conditions suivantes.

Conditions accordées par le Conseil Supérieur aux propriétaires du vaisseau le «Neptune» *de quatre cent vingt tonneaux ou environ, mouïllé actuellement en rade de Pondichéry.*

Les propriétaires ont consenti de frêtter le dit vaisseau à la compagnie pour le voyage de Pondichéry à Mahé, y prendre son chargement de poivres et le rapporter à Pondichéry aux conditions suivantes :

Qu'il leur sera payé, actuellement, comptant, la somme de mille pagodes par la Compagnie, pour prix convenu du fret du dit vaisseau;

La Compagnie payera les salaires des équipages depuis le 15 février jusqu'à la fin de may, qu'elle s'oblige de remettre aux propriétaires le dit vaisseau en l'état qu'il luy a été livré présentement ;

Que les propriétaires mettront le vaisseau Le « Neptune» en état de naviguer, en luy fournissant, à leurs frais et dépenses, tous les agrez, apparaux et ustensiles nécessaires.

Qu'arrivant la perte du dit vaisseau par tempeste ou naufrage, les propriétaires n'auront rien à répéter contre la Compagnie;

Si Messieurs du Conseil de Mahé jugeaint à propos d'envoyer ce vaisseau à Goa ou à Mangalor, charger du riz et qu'il fût pris par les Angrias ou périt dans ce voyage, ce sera pour le compte de la Compagnie, qui payera en ce cas huit mille pagodes aux propriétaires pour la valeur du dit vaisseau.

Les cables, ancres et autres agrez perdus dans le voyage seront remplacés par la Compagnie, et, pareillement si elle en fournissoit quelques-uns de surplus de ce qui existe actuellement, la Compagnie les reprendra au retour ou ils luy seront payez par les propriétaires.

Touttes les dépenses qui pourroient être faittes pendant le cours du voyage, pour la carene, radoub du vaisseau, achat de bois à Cochin, Calicut ou ailleurs, seront payés par les propriétaires du dit vaiseau, sans que la Compagnie soit tenue de contribuer en rien à la ditte dépense.

Fait et arrêté, en la Chambre du Conseil Supérieur, à Pondichéry, les dits jour et an que dessus.

Signé : DUMAS, DULAURENS, LEGOU, SIGNARD, DIROIS, INGRAND, MIRAN.

Du dix-neuf février 1738.

En conséquence des privilèges accordéz à la Compagnie par Sa Majesté par son édit de création du mois d'aoust 1664, de nommer et présenter aux cures qui sont et seront établies dans les pays de ses concessions, le Conseil ayant présenté, au nom de la dite Compagnie à Monsieur l'Evêque de Saint-Thomé, le révérend Père Dominique de Valence, supérieur des révérends pères Capucins, pour remplir la place de Curé de Pondichéry et dépendances, vacante par le décès du Père Esprit de Tours arrivé le 2 janvier dernier, le dit Seigneur Evêque nous en a remis en conséquence les provisions dont en suit la tenneur:

Josephus Dei et Apostolicæ Sedis gratiâ Episcopus Maylapurensis, a regiis Conciliis Serenissime Majestatis Lusitanæ, has nostras litteras patentes institutionis ac confirmationis inspecturis, pax et gratia Domini nostri Jesu Christi, qui omnium salus est et remedium. Cum Supremum Concilium Pondicheriense nomine gallicæ societatis, quæ ratione tam fundationis quam dotis competentis jure patronatus gaudet in ecclesiâ parochiali Pondicheriensi erecta, sub titulo sancti Ludovici intra aram subsistente, intra tempus a jure statutum nobis peræsentaverit R. Patrem Fr. Dominicum de Valenca, religiosum Capucinum ac superiorem cœterorum R. R. P. P. Capucinorum commorantium in civitate Pondicheriensi; et quamvis juxta sacr. Tre. conc. sess. 25 de regular. cap. 11 sess. 24: de reform. cap. 18 pravium requiratur examen, quia tamen aliunde nobis satis superque constat de sufficientiâ et cœteris dotibus necessariis quibus præfatus R. P. Fr. Dominicus de Valenca, religiosus capucinus instructus, existit ad bene administrandam, regendamque prædictam Ecclesiam Parochialem, eundem per has nostras litteras patentes instituimus et colamus Parochum prædictæ Ecclesiæ sub titulo sancti Ludovici, nec non ecclesiæ ssæ Virginis dicte Angelorum eidem annexæ ac subordinatæ, eumque Parochiœ præficimus cum omni potestate, quœ de jure Parochis competere dignoscitur, mandamusque ut omnes nostri subditi eundem R. P. Fr. Dominicum de Valenca agnoscant et recognoscant ut verum Parochum, ei que in res quæ sui muneris erunt, reverentiam ac obedientiam præstent, idemque R. P. F. Dominicus de Valenca, tanquam legitimus parochus emolumenta proventura tam ex dote quam ex jure parochiali juxta laudabilem consuetudinem habebit ac recipiet, ut prædeccanus suus habebat ac recipiebat. Datum sub nostra subscriptione ac sigillo, Maylapuræ 13: februarii 1738: Josephus Episcopus Maylapurensis. Registada no livro dos registos as foleas sincoenda.

Fait et enregistré, en la Chambre du Conseil Supérieur, à Pondichéry, les dits jour et an que dessus.

Signé : DUMAS, DULAURENS, LEGOU, SIGNARD, DIROIS, INGRAND, MIRAN.

Du vingt mars 1738.

La mort du sieur Miraillet, capitaine, arrivée à Goa le vingt-neuf janvier et la retraite du sieur Salvan, lieutenant, donnant occasion de faire une promotion dans le militaire, le Conseil a délibéré et arrêté, en suivant l'ordre du tableau, de faire reconnoître, pour capitaine de la quatrième compagnie, le sieur Jean Baptiste Roussel et les sieur Pierçon, Dulude et Bailleul pour sous-lieutenants.

Fait et arrêté, en la Chambre du Conseil Supérieur, à Pondichéry, les dits jour et an que dessus.

Signé : DUMAS, DIROIS, LEGOU, INGRAND SIGNARD, MIRAN.

Du vingt-deux mars 1738.

Par les comptes des blanchisseurs fournis par Pedro Canacarayen, courtier de la Compagnie, il appert que depuis le premier janvier 1736 jusques à la fin de la ditte année, il a été payé en argent, par les anciens marchands de la Compagnie, aux blanchisseurs, mille huit cent quatre-vingt-trois pagodes soixante caches et que la quantité de riz employé dans la ditte année pour le cange des toilles est de vingt-sept mille six cent vingt mesures trois quarts, qui reviennent l'une dans l'autre à une mesure trois quarts au fanon et à six cent cinquante-sept pagodes quinze fanons seize caches, ces dittes deux sommes faisant ensemble celle de deux mille cinq cent quarante pagodes, seize fanons douze caches.

Sur quoy la Compagnie a fait bon aux dits marchands ce qui suit, scavoir :

Pour 739 courges 1/2 de guinées de 18 coujons passées à 1 p. 13 fs. la courge prix ancien et ordinaire pagodes...........................	1.140 1 32
Pour 498 courges guinées de 24 coujons à 1 pagode 20 fs. la courge.......	913 // //
Pagodes.......	2.053 1 32

Ces deux sommes ne faisant ensemble que celle de deux mille cinquante-trois pagodes un fanon trente-deux caches, il se trouve que les dits marchands ont fourni aux blanchisseurs, tant en argent qu'en riz pour la courge, la somme de quatre cent quatre-vingt-sept pagodes quatorze fanons quarante-quatre caches d'excédent de ce qu'il leur a été payé par la Compagnie.

Depuis le premier janvier 1737 jusques à la solde du compte que nous venons d'arrêter avec les dits anciens marchands, il appert, par le compte fourni par le dit Pedro, qu'il a été payé en argent aux blanchisseurs, quatre mille deux cent dix pagodes treize fanons ving-quatre caches, et que la quantité de riz employé pour le cange des toilles est de soixante-sept mille six cent quarante-neuf mesures, qui reviennent l'une dans l'autre à une mesure un huitième au fanon, faisant deux mille cinq cent cinq pagodes douze fanons cinquante-deux caches, lesquelles deux sommes font celles de six mille sept cent seize pagodes deux fanons douze caches, sur quoy la compagnie a fait bon aux dits marchands ce qui suit.

Pour 1.641 courges de guinées de 18 : coujons à 1 pag. 13 fs. la courge cy pag.......... 2.529 21

Pour 1449 courges guinées de 24 coujons à 1 pag 20 fs. la courge cy pag... 2.656 12

Ces deux sommes faisant ensemble celles de pag...................... 5.186 9

Partant, il se trouve que les dits marchands sont en avance pour le blanchissage, pendant l'année 1737, de quinze cent vingt-neuf pagodes dix-sept fanons douze caches, la dite somme jointe avec celle de quatre cent quatre-vingt-sept pagodes, quatorze fanons, quarante-quatre caches avancée pendant l'année 1637, font ensemble deux mille dix-sept pagodes sept fanons cinquante-six caches, dont la compagnie se trouve reliquataire envers les dits anciens marchands.

Le nommé Soukourama se trouve pareillement avoir fourny aux blanchisseurs, pendant l'année 1736.

En argent Pag....... .... 1.895 22 16

27.223 mesures 3/4 de riz pour le cange à 1 mesure 3/4 au fanon............. 648 4 32

Ces dittes deux sommes faisant ensemble celle de pag................. 2.544 2 48

Sur quoy la compagnie a fait bon au dit marchand, scavoir :

Pour 726 courges guinées tant de dix-huit coujons

que de sortes hollandoises dont le blanchissage luy a été passé en compte à 1 pagode 13 fs. la courge pag........................ 1.119 6

60 courges salempouris de 18 coujons à 18 ps. 1/2 fs. a la courge........... 46 6

480 courges guinées de 18 coujons à 22 fs. 32 caches la courge............ 450

pag.... 1.615 12

Partant, il résulte de ce compte que le dit marchand est en avance, pendant la ditte année, de neuf cent vingt-huit pagodes quatorze fanons quarante-huit caches.

Depuis le premier janvier 1737 jusques à la solde au compte arrêté avec le dit Soukourama, il a fourni aux blanchisseurs.

En argent pag........................ 2.642 19

36.601 1/2 mesures de riz à 1 m. 1/8 au fanon, faist.......................... 1.355 14 48

Les dittes deux sommes faisant ensemble celle de pag................. 3.998 9 48

Surquoy la compaguie luy a tenu compte de :

1.461 courges guinées tant de 18 coujons que de sortes hollandoises à 1 pag. 13 fanons. 2.252 9

200 courges salempouris de 18 coujons à 18 1/2 fanon......................... 154 1

760 courges salempouris de 24 à 22 1/2. 712 12

Le tout fait ensemble : pagodes..... 3.119 1

Partant, il résulte que le dit Soukourama est en avance, pour la ditte année 1737, de huit cent soixante-dix-neuf pagodes huit fanons quarante-huit caches, qui jointe à la somme de neuf cent vingt-huit pagodes quatorze fanons quarante-huit caches qu'il a avancées pendant l'année 1736, font ensemble la somme de dix-huit cent sept pagodes vingt-trois fanons trente-deux caches, dont la compagnie est redevable au dit Soukourama.

En conséquence, il a été délibéré et arrêté que le teneur de livres créditera le compte des anciens marchands de deux mille dix-sept pagodes sept fanons cinquante-six caches et celuy de Soukourama de mille huit cent sept pagodes vingt-trois fanons trente-deux caches pour excédent des frais de blanchissage pendant les années 1736 et 1737.

Fait et arrêté, en la Chambre du Conseil supérieur, à Pondichéry, les dits jour et an que dessus.

Signé: DUMAS, LEGOU, SIGNARD, DIROIS, GOLARD, INGRANDE.

Du vingt-deux mars 1738.

Ayant travaillé depuis le départ de la «Reine» à régler les comptes avec nos marchands, nous nous sommes apperçus que depuis deux mois il ne vient presque plus de marchandises et qu'ils ont discontinué à nous demander de l'argent malgré les fortes et continuelles sollicitations que nous leur faisons de ne pas cesser un instant la fabrique des marchandises dans les terres, sans quoy il nous sera impossible d'exécuter l'intention dans laquelle nous sommes de charger, dans le mois d'octobre, plusieurs des vaisseaux que nous attendons à la prochaine mousson; et ayant voulu approfondir les raisons de ce retardement, les marchands nous ont représentez qu'ils nous avoient fourni, suivant le dit compte arrêté avec le teneur de livres le quinze mars 1738, pour plus de cinq cent mille pagodes de marchandises, malgré la cherté des cotons et la misère extrême où tout le pays a été réduit par la famine et la sécheresse, que ces contre temps fâcheux leur avoient causé des pertes et non valeurs considérables et occasionné des dépenses extraordinaires, que les bénéfices qu'ils faisoient n'étoient pas assez forts pour pouvoir supporter et qu'enfin si nous n'avions égard à la justice de leurs représentations, ils étoient ruinés et dans l'impossibilité de continuer notre commerce et de nous fournir les marchandises dont nous avions besoin pour l'année prochaine, que nous devions nous souvenir que le coton ayant enchéry considérablement il y a près de quinze mois, les tisserands avoient diminué la quantité des marchandises, surtout celle des guinées de 18 coujons, qu'après en avoir rebuté plusieurs parties considérables, nous leur avons ordonné pour faire revenir la marchandise, dans la quantité ordinaire, d'en augmenter le prix dans les terres, les assurant que, s'ils nous en fournissent la quantité dont nous avions besoin, nous leur tiendrons compte de cette augmentation, en arrestant de compte avec eux, qu'en conséquence de cette promesse ils avoient augmenté dans les terres le prix de plusieurs sortes de marchandises, que par ce moyen ils nous en auroient fourni les quantitez dont nous avions besoin et qui ont été bien plus fortes que les années précédentes, que les pertes et dépenses occasionnées par les malheurs du temps montoient à plus de douze mille pagodes, suivant l'état qu'il nous en ont fourni, qu'ils attendoient pareillement à cet égard la justice qui leur étoit düe.

Après avoir examiné et discuté les comptes qu'ils nous ont présentéz, convaincus par nous mêmes de la vérité de la plus grande partie de leur représentation, étant dans une nécessité indispensable de faire continuer, sans relache, par ces mêmes marchands la fabrique des marchandises, qu'il seroit très contraire au bien du commerce et au véritable intérêst de la Compagnie de ruiner ou dégouter ces marchands en n'ayant aucun égard à leur représentation, il a été, d'une voix unanime, délibéré et arrêté de leur alloüer en compte les sommes suivantes, scavoir : aux anciens marchands, une pagode six fanons d'augmentation par courge sur 2.193 courges de guinées de 18 coujons par eux fournies en 1736 et 1737 faisant en tout :

Pagodes..... 2.741 6 »

Pour dédommagement, tant à l'occasion de la perte qu'ils ont fait sur les pagodes d'Alemparvé, dans le Tanjaour et à Cœilan que pour les dépenses extraordinaires qu'ils ont été obligés de faire pour le transport des toilles, la sécheresse ayant fait périr la plus part des bêtes de charge qu'ils ont été obligez de payer plus cher, il leur sera alloüée.......... 1.000 » »

Pagodes..... 3.741 6 »

Laquelle somme de trois mille sept cent quarante-une pagodes six fanons sera portée au crédit de leur compte par le teneur de livres.

Au marchand Soukourama.

Sera alloüée une pagode six fanons par courge sur neuf cent six courges guinées de 18 : conjons par luy fourni en 1736 et 1737 pagodes........ 1.132 12

Pour dédommagement tant de la perte qu'il a faitte sur les pagodes d'Alemparvé que sur les frais de transport de la marchandise.............................. 787 12

Pagodes..... 1.920

Et, attendu que le dit Soukourama en fournissant, pendant l'année, 1.737,900 courges guinées sorte hollandoise a rempli les conditions de la délibération du 17 juillet 1737, il lui sera alloué sur les dittes neuf cent courges une pagode six fanons par courge à luy promise par la susdite délibération faisant..... 1.125 pagodes.

Les dittes trois sommes faisant ensemble celle de trois mille quarante-cinq pagodes, qui sera portée par le teneur de livres au crédit de son compte.

Fait et arrêté, dans la Chambre du Conseil Supérieur, à Pondichéry, les dits jour et an que dessus.

Signé : DUMAS, LEGOU, SIGNARD, DIROIS, INGRAND, GOLARD.

Du vingt-trois mars 1738.

L'endroit où l'on a battu jusques à présent les toilles de la Compagnie n'étant pas assez grand et les marchandises des anciens marchands se meslant, fort souvent, avec celles du nommé Soukourama, ce dernier auroit demandé, il y a environ quinze mois, la permission de construire une nouvelle batterie sur un emplacement qui est derrière l'ancienne, ce qui luy auroit été accordé à condition que la Compagnie pouroit prendre ce bâtiment pour elle, en luy remboursant ce qu'il auroit déboursé pour la construction, dont nous n'avons laissé le soin à ce malabar qu'afiin de ne point déranger les autres travaux et faire moins de dépense ; mais cependant comme il ne convient pas que la propriété de ce bâtiment reste à ce marchand, le Conseil a délibéré et arrêté de luy rembourser la somme de mille trois cent pagodes, qu'il a déboursée pour la construction d'yceluy, suivant les comptes en détail par luy fournis.

Fait et arrêté, en la Chambre du Conseil Supérieur, à Pondichéry, les dits jour et an que dessus.

Signé : DUMAS, LEGOU, SIGNARD, DIROIS, INGRAND, GOLARD.

Du vingt-un avril 1738.

Ayant besoin de quantité de bois de tèque tant pour les ouvrages de charpente et de menuiserie du nouvel hôpital, qui en consommera beaucoup, que pour le Gouvernement et autres ouvrages de la compagnie, il a été délibéré et arrêté d'achetter, pour la somme de trois mille pagodes, une partie de huit cent quatre vingt-quinze pièces de bois poutres et bordages, venus du Pegu, en janvier dernier, par le vaisseau le « Pondichéry », lesquelles huit cent quatre-vingt-quinze pièces ont été estimées par Le Bosecq, maître constructeur, la somme de trois mille sept cent soixante-onze pagodes, et que nous avons réduit de convention avec les propriétaires à celles de trois mille, laquelle somme sera payée par le caissier de la Compagnie.

Fait et arresté, en la Chambre du Conseil supérieur, à Pondichéry, les dits jour et an que dessus.

Signé: DUMAS, DULAURENS, LEGOU, SIGNARD, DIROIS, INGRAND, MIRAN, GOLARD.

Du deux may 1738.

En conséquence des privilèges accordés à la Compagnie par Sa Majesté, par son édit de création du mois d'aoust 1664, de nommer et présenter aux cures qui sont et seront établies dans les pays de ses concessions, le Conseil ayant présenté, au nom de la dite Compagnie, à Monsieur l'Evêque de Saint Thomé le R. P. Charles Montalembert de la Société de Jésus pour remplir la place de curé de Chandernagor et dépendances vacante par la retraitte volontaire du Révérend Père Deschamps, le dit seigneur Evêque nous en a remis en conséquence les provisions, dont en suit la teneur:

Josephus Dei et Sedis Apostolicae gràtia Episcopus Maylapurensis, a regiis Conciliis serenissime Majestatis Lusitane, has nostras litteras patentes institutionis ac confirmationis inspecturis, pax et gratia Dei nostri Jesu Christi, qui omnium salus est et remedium. Cum Supremum Concilium Pondicheriense, per volontariam desistentiam R. Patris Deschamps societatis Jesu per nos a bienno confirmati in parochum ecclesiae parochialis St. Ludovici erectae intra muros magnae facturiae Chandernagorensis in Regno Bengalensi, enim *(sic)* nostrae diaecesis Maylapurensis, nobis exposuerit dictam ecclesiam esse vacantem et nomine gallicae societatis que ratione tam fundationis dictae ecclesiae parochialis quam dotis competentis jure patronatus gaudet in tali Ecclesia parochiali erecta sub titulo St[i]. Ludovici, statuto de jure tempore nobis praesentaverit R. P. Carolum Montalembert Societatis Jesu destinatum a suo superiori generali juxta formam in articulis contentam, ut illum confirmaremus in Parochum dictae eclesiae sancti Ludovici parochialis, et quamvis juxta sacr. conc. Triv. sess. 25 de regular cap. 11 et sess. 24 de reformatione cap. 18 : pravium requiratur examen, quia tamen nobis satis superque constat de sufficientià et caeteris dotibus necessariis, quibus R. P. Carolus Montalembert religiosus Societatis Jesu instructus, existit ad bene administrandam, regendam que praedictam Ecclesiam parochialem Sancti Ludovici, eundem per has nostras litteras patentes instituimus, confirmamus et colamus in Parochum praedictae eclesiae sancti Ludovici erectae Chandernagor, eum que parochiae praeficimus cum omni potestate, quae de jure parochis competere dignoscitur, mandamusque ut omnes nostri subditi eundem R. P. Montalembert Societatis Jesu agnoscant et regnoscant ut verum Parochum, eique in res, quae sui muneris erunt, reverentiam ac obedientiam praestent, idemque R. P. Montalembert, tanquam legitimus parochus emolumenta proventura tam ex dote quam ex jure parochiali juxta laudabilem consuetudinem habebit ac recipiet. Datum sub nostra subscriptione ac sigillo, Maylapurae 25 : aprilis 1738. Josephus Epicopus Maylapurensis. Fica registada no liuro dos registos, F°. 50 : Valle.

Fait et arrêté, en la Chambre du Conseil Supérieur, à Pondichéry, les dit jour et an que dessus.

Signé : DUMAS, DULAURENS, LEGOU, SIGNARD, DIROIS, INGRAND, MIRAN, GOLARD.

Du six may 1738.

Les chefs de la monnoye d'Alemparvé s'étant mis, depuis quelque temps, sur le pied d'altérer, de jour en jour, le titre des espèces d'or et d'argent qui se fabriquent à leur monnoye, de sorte que les pagodes d'or, qui étoient anciennement de huit toques trois huitièmes, sont tombées à huit toques un quart, huit toques un huitième, et enfin à huit toques un seizième, titre auquel elles sont restées pendant quelques années, mais depuis quelques mois il paroit à Pondichéry des pagodes, qui ne sont plus que de sept toques sept huitièmes qui sont, à ce que l'on nous a assuré, fabriquées à Alemparvé ; comme il est de la dernière conséquence de remédier à un abus si préjudiciable à la Compagnie et au public et qui ne feroit qu'augmenter de jour en jour, de sorte que les pagodes d'Alemparvé deviendroient si inférieures en titre qu'elles n'auroient plus aucun cours dans les terres, hors de la domination d'Arcatte, qu'à une perte considérable ; tout ce que dessus bien et mûrement considéré, il a été délibéré et arrêté de rendre l'ordonnance dont en suit la teneur :

DE PAR LE ROY

ET LE CONSEIL SUPÉRIEUR.

Ayant paru depuis quelque temps dans le commerce des fausses pagodes, beaucoup inférieures en titre aux pagodes d'or qui se sont fabriquées jusqu'à présent dans les monnoyes d'Alemparvé et de Pondichéry et qui doivent être du titre de huit toques un seizième et du poids de quatre-vingt-une pagodes trois quarts à la serre ;

Etant nécessaire de remédier promptement à un abus aussi contraire à l'équité que préjudiciable au public et au commerce ; ouy sur ce le procureur général du Roy, le Conseil a fait très expresses inhibitions et déffenses à tous marchands et négotians, habitans de Pondichéry ou autres qui viendront de dehors pour y négotier et à touttes persones de quelque qualité et condition que ce puisse être, blancs et noirs, de recevoir ou donner en payement, le délay cy-après accordé expiré, aucunes pagodes au-dessous du titre de huit toques un seizième et du poids de quatre-vingt-une pagodes trois quarts à la serre, et ce à peine contre les blancs de confiscation des dittes fausses pagodes, d'être procédé contre eux dans toutte la rigueur des ordonnances du Roy, et contre les noirs de mille pagodes d'amende et de cinquante coups de chabonc, sans que la ditte punition puisse être diminuée pour quelque cause et raison que ce soit; et attendu qu'il peut s'être répandu dans la ville une certaine quantité de ces fausses pagodes, le Conseil enjoint à tous ceux qui s'en trouveront chargés de les porter, sous deux mois à compter de la publication du present arrest, à la monnoye pour y être refondües, pendant lequel temps elles pourront encore être reçues dans le commerce à trois pour cent d'escompte contre les pagodes de huit toques un seizième, lequel temps expiré elles seront confiscables au proffit de la Compagnie, et les propriétaires auront encouru les peines portées en la présente ordonnance.

Enjoint le Conseil, sous la même peine, à tous les changeurs de la ville et autre personnes faisant le commerce des matières d'or et d'argent, de tenir la main à l'exécution de la présente ordonnance, et, le delay cy-dessus expiré, de saisir et arrêter touttes les pagodes, qui leur seront présentées et se trouveront inférieures au titre marqué cy-dessus, de quoy les changeurs et marchands seront tenus d'avertir sur le champ le juge de la chaudrie et le conseiller préposé à la direction de la monnoye, laquelle présente ordonnance sera lue, publiée et affichée par tous les quartiers de la ville pour que personne n'en prétende cause d'ignorance.

Fait et arrêté, en la Chambre du Conseil Supérieur, à Pondichéry, le dix may 1738.

Signé : DUMAS, DULAURENS, LEGOU, SIGNARD, DIROIS, INGRAND, GOLARD.

Du treize may 1738.

Le Nabab Aly Dostalikan, en partant pair Golconde, ayant remis le gouvernement entre les mains de Sabder Alykan, son fils aîné, il étoit d'usage de l'envoyer visitter, ce que nous avons différé jusqu'à présent pour épargner la dépense, mais nous trouvant dans la nécessité d'envoyer complimenter Sandasaheb, gendre du Nabab, et Barasaeb son frère qui à leur retour de l'armée de Trichenapaly ont envoyé un serpeau et un cheval à Monsieur le Gouverneur, nous aurions lieu de craindre d'indisposer Sabderalikan si nous l'oublions dans cette occasion, qui d'ailleurs est un esprit remuant et inquiet, peu disposé en faveur des Européens, qu'il convient de ménager. Il a été délibéré et arrêté d'envoyer complimenter par un Brame ces trois seigneurs et d'y joindre un présent d'environ cinq cents pagodes pour Sabderalikan, un autre de la valeur de quatre cent cinquante pour Sandasaheb et un troisième de la valeur de deux cent cinquante pagodes pour Barasaheb, son frère.

Fait et arrêté, en la Chambre du Conseil Supérieur, à Pondichéry, les dits jour et an que dessus.

Signé : DUMAS, LEGOU, DULAURENS, DIROIS, GOLARD, INGRAND.

Du treize may 1738.

Les armateurs du vaisseau la « Notre Dame de la Santé », destiné pour le voyage des Philippines, nous ayant demandé du fer pour leur service de leste, lequel a été assez bien vendu à Manilles le dernier voyage, mais ne nous en trouvant plus en magasin, il a été délibéré et arrêté d'embarquer sur ce vaisseau, pour le compte de la Compagnie, pour environ deux mille pagodes de plomb et canons, sçavoir : cinq cents pagodes en plomb et quinze cents pagodes partie en vieux canons, presque hors de service, et partie en petit canons neufs depuis une livre de balle jusqu'à trois, et attendu que le tout servira de leste au vaisseau et occupera beaucoup moins de place que des pierres ou du sable que les armateurs auroient été obligés de prendre, il a été convenu avec les dits armateurs qu'il ne sera payé aucun frêt pour les dits effets.

Fait et arresté, en la Chambre du Conseil Supérieur, à Pondichéry, les dits jour et an que dessus.

Signé : DUMAS, DULAURENS, LEGOU, DIROIS, INGRAND, GOLARD.

Du quatorze may 1738.

Étant de la dernière conséquence pour la Compagnie de soutenir le cours des roupies Arcatte, tant par rapport au commerce de Bengalle que pour le prix des matières d'argent à cette coste, qui diminuera considérablement si les particuliers n'achetoient plus de roupies pour les porter dans le Gange, comme ils ont pratiqué jusqu'à présent; plusieurs négociants faisant déjà difficulté d'en prendre, dans la crainte que le traité que l'on a fait à Bengalle pour porter nos matières d'argent à la monnoye de Moxoudabad n'engage le Nabab de cet endroit à faire naître de nouveaux obstacles au cours de ces roupies, désirant apporter de nôtre costé à cette malheureuse affaire tout le remède qui dépend de nous; nous avons délibéré et arrêté ce qui suit, de sacrifier pour quelque temps une partie du bénéfice que la Compagnie faisoit sur la fabrication des roupies, pour les faire plus facilement recevoir dans le commerce, pour cet effet d'augmenter le titre des roupies, qui se fabriquent à Pondichéry, d'un seizième de toque, c'est-à-dire qu'elles seront à l'avenir de neuf toques vingt-un trente-deuxièmes, au lieu de neuf toques dix-neuf trente-deuxièmes qu'elles étoient cy-devant, sans rien changer à leur poids qui sera toujours de vingt-quatre à la serre.

Par la délibération du Conseil en date du 6 avril 1737, il a été délibéré qu'il seroit donné aux particuliers vingt-deux roupies huit anas par serre, ou deux mille deux cent cinquante roupies de 9 toques 19/32 pour cent serres de piastres, qu'ils remettroient à la monnoye; nos roupies étant aujourd'huy de 9 toques 21/32, il s'en suivra nécessairement et, avec justice, qu'il faudroit diminuer la quantité de roupies à fournir aux particuliers par cent serres; cependant pour continuer à engager le particulier à prendre des roupies à notre monnoye, et luy en faciliter le cours à Bengalle, il a été délibéré et arrêté de continuer, pendant quelque temps, à donner à ceux qui porteront de l'argent à la monnoye, vingt-deux roupies huit anas par serre ou deux mille deux cent cinquante roupies de 9 toques 21/32 pour cent serres de piastres.

Fait et arrêté, en la chambre du Conseil Supérieur, à Pondichéry, les jour et an que dessus.

Signé : DUMAS, DULAURENS, LEGOU, DIROIS, INGRAND, GOLARD.

Du quatorze may 1738.

Les anciens marchands nous ayant représenté que ce n'étoit qu'au moyen des peines et soins extraordinaires qu'ils s'étoient donnés, qu'ils sont parvenus, malgré la famine et la cherté du coton, à nous fournir l'année dernière une aussi grande quantité de marchandises que celle que nous avons envoyée en France par les derniers vaisseaux, que nous en demandions une partie aussy forte pour le mois d'octobre prochain, en considération de quoy ils prioient le Conseil de leur faire, lors de la signature du contract, le même honneur qu'il leur a été fait en 1733, suivant la délibération du douze mars, c'est-à-dire de donner en présent au nom de la compagnie, au courtier et aux douze chefs des marchands une chaîne d'or, outre l'écarlatte suivant la coutume. Voulant encourager ces marchands et leur donner des marques de notre bonne volonté pour eux, il a été délibéré et arrêté d'achetter treize chaînes d'or, qui ont coûté trois cent vingt-une pagodes, lesquelles seront distribuées comme suit :

A Pedremodéliar une chaîne d'or de la valeur de pagodes	36
Viraquachetty	35
Chitambala	35
A divers chettys	35
Chankaraya	20
Chelambrachetty	20
Moutouquichena	20
Colendé	20
Calastry	20
Nellachetty	20
Aregy Manananen	20
Cheneramachetty	20
Ragapachetty	20
	321

Fait et arrêsté, en la Chambre du Conseil supérieur, à Pondichéry, les dits jour et an que dessus.

Signé : DUMAS, DULAURENS, LEGOU, DIROIS, GOLARD, INGRAND.

Du quinze may 1738.

Nous ayant été envoyé, de la monnoye d'Alemparvé, quatre-vingt-six mille pagodes, à compte des cent mille pagodes matières d'argent que nous devons leur livrer pour deux vaisseaux, à sept pagodes deux fanons la serre, en conséquence de notre traitté fait avec Iman Saheb en date du 10 septembre 1736, parmy lesquelles il s'en est trouvé soixante-dix mille inférieures en titre d'environ trois et demy pour cent, ne s'étant trouvé à l'essay que du titre de sept toques onze seizièmes au lieu de huit toques un trente-deuxième qu'elles devroient être, nous n'avons pas voulu livrer notre argent aux gens de la monnoye de Jorbandel et leur avons demandé de nous apporter des pagodes de l'ancien titre, à quoy ils nous ont répondu qu'ils n'auraient point d'autres pagodes et que celles qu'ils nous présentoient étoient du titre et du poids que le Nabab et Iman Saheb leur avoit ordonné de les fabriquer; qu'au surplus si nous ne voulions pas de ces pagodes, nous pouvions les leur rendre et garder notre argent. Cette alternative, à laquelle nous n'avons pas grand chose à répliquer, nous jette dans un embarras infini; nous avons un besoin pressant de pagodes pour fournir à nos marchands; un mois ou deux de retardement peut nous faire manquer notre expédition pour France au mois d'octobre prochain; nous sommes informez qu'à touttes les monnoyes du Nabab on a refondu une grande quantité d'anciennes pagodes pour en frapper de neuves de moindre titre, qu'il y en a déjà un grand nombre répandu dans le commerce; nous avons, d'un autre costé, lieu de craindre que la conduitte que nous tenons au sujet de ces nouvelles pagodes dont nous avons déffendu le cours dans Pondichéry n'indispose le Nabab et Iman Saheb contre nous; si cependant nous recevons aujourd'huy ces pagodes inférieures, les Maures ne s'en tiendront pas là et en diminueront chaque année le titre, ce qui ruinera le commerce de cette coste; de les renvoyer à la Monnoye d'Alemparvé, nôtre commerce sera suspendu, ce qui portera un grand préjudice à la Compagnie. Une affaire aussy délicate ayant été mûrement considérée, il a été délibéré et arresté ce qui suit, de garder les quatre-vingt-six mille pagodes, qui nous sont venües d'Alemparvé, de faire refondre les soixante-dix mille, qui sont d'un bas titre, et de les réduire et fixer au titre de huit toques, ce qui nous donnera en peu de jours des pagodes pour fournir à nos marchands, de ne point laisser enlever par les gens d'Alemparvé les cent mille pagodes de matières d'argent que nous leur avons délivré, lesquelles demeureront saisies et en dépost à notre mannoye, jusqu'à ce qu'ils nous ayent apporté en bonnes pagodes les quatorze mille restantes pour parfaire la somme de cent mille, montant des matières d'argent livrées, et en outre celle de trois mille huit cent, à quoy nous faisons monter la différence et perte qu'il pourra y avoir sur ces soixante-dix mille pagodes de bas titre, sauf à prendre par la suitte tel tempérament que le temps et les circonstances pourront exiger.

Fait et arrêté, en la Chambre du Conseil Supérieur, à Pondichéry, les dits jour et an que dessus.

Signé : DUMAS, DULAURENS, LEGOU, DIROIS, INGRAND, MIRAN, GOLARD.

Du trois juin 1738.

Le nommé Chekmira, Moulla de Conjimer, nous ayant demandé la permission de s'établir sur un terrain aride et abandonné, ayant vingt-trois toises de largeur de l'est à l'ouest et vingt-sept toises du nord au sud, qui est vis-à-vis l'hôpital, que le Conseil avoit donné et concédé, il y a environ vingt ans, à Cheramodély Marequan, marchand de Portenove, à condition qu'il y feroit bâtir une maison et magasins et viendroit s'y établir, le dit Cheramodély Marequan ne s'étant pas mis en devoir, depuis tant d'années, d'accomplir aucune de ces conditions, quoy qu'on l'ait fait avertir plusieurs fois et spécialement il y a quatre mois par ordre de Monsieur le Gouverneur, il a été délibéré et arrêté d'annuler le titre que le Conseil luy a donné pour le rendre propriétaire de ce terrain, laquelle propriété a été transportée par la présente concession à Chekmira, Moulla de Conjimer, aux conditions que sous six mois il y fera bâtir une maison, à faute de quoy le dit terrain retournera de plein droit à la Compagnie.

Fait et arrêté, en la Chambre du Conseil Supérieur, à Pondichéry, les dits jour et an que dessus.

Signé : DUMAS, DULAURENS, LEGOU, DIROIS, MIRAN, INGRAND, GOLARD.

Du neuf juin 1738.

Etant nécessaire de faire passer des fonds à Mazulipatam et Yanaon, pour mettre ces deux comptoirs en état de nous fournir, dans le temps, toutes les marchandises que nous leur avons demandées et qui doivent entrer dans le chargement de nos vaisseaux d'Europe, il a été délibéré et arrêté de charger, sur le brigantin l' «Aventurier » que nous expédions pour ces deux comptoirs, trente mille pagodes à trois figures.

Fait et arrêté, dans la Chambre du Conseil Supérieur, à Pondichéry, les jour et an que dessus.

Signé : DUMAS, DULAURENS, LEGOU, DIROIS, INGRAND, MIRAN, GOLARD.

Du neuf juin 1738.

Messieurs du Conseil de Chandernagor, en conséquence du traitté qu'ils ont fait avec le Nabab de Moxoudabad pour porter les matières d'argent à sa monnoye et fabriquer des roupies sica, nous ayant marqué de leur envoyer la moitié ou du moins le tiers des fonds que nous avons à leur remettre, en matières d'argent, il a été délibéré et arrêté d'embarquer sur le « Saint-Joseph», qui est prest à faire voile pour le Gange, quinze mille marcs de piastres pour être remis à Messieurs du Conseil de Chandernagor.

Fait et arrêté, en la Chambre du Conseil Supérieur, à Pondichéry, les dits jour et an que dessus.

Signé : DUMAS, DULAURENS, LEGOU, DIROIS, INGRAND, GOLARD.

Du dit jour.

Ayant beaucoup de peine, cette année, à vendre nos matières d'argent à cette coste et ayant besoin d'or pour faire fabriquer des pagodes à trois figures pour Yanaon et Mazulipatam, il a été délibéré et arrêté d'embarquer, pour le compte de la Compagnie, sur le «Saint-Benoist» prest à partir pour Chine, trente mille piastres pour y être converties en or, lesquelles seront à la consignation de Monsieur Signard, l'un de nous, qui s'embarquera en qualité de subrécarge sur le dit vaisseau, conjointement avec Monsieur de Saint-Sauveur.

Fait et arrêté, en la Chambre du Conseil Supérieur, à Pondichéry, les dits jour et an que dessus.

Signé : DUMAS, DULAURENS, LEGOU, DIROIS, INGRAND, GOLARD.

Du neuf juin 1738.

Messieurs Dubois de la Bousselière et Mahé de la Villebague, de retour de Manilles au mois d'avril dernier, ayant dessein de faire un nouvel armement pour le mois de février prochain, il a été délibéré et arrêté d'y intéresser la Compagnie de vingt mille pagodes, lesquelles seront payées par Monsieur Legou, garde-magasin des matières d'or et l'argent.

Fait et arrêté, en la Chambre du Conseil Supérieur, à Pondichéry, les dits jour et an que dessus.

Signé : Dumas, Dulaurens, Legou, Dirois, Ingrand, Golard.

Du quinze juillet 1738.

Le Roy d'Achem ayant écrit plusieurs lettres à Monsieur le Gouverneur pour le prier d'envoyer des vaisseaux pour faire le commerce dans son pays, pour lesquels il promet d'avoir touttes sortes d'égards et de les favoriser dans leur commerce, ne nous étant pas possible d'expédier, au mois d'octobre prochain, la quantité de vaisseaux que nous attendons de France ; indépendamment du «Duc de Bourbon», qui nous viendra de Moka, il a été délibéré et arrêté d'envoyer hyverner à Achem, un des vaisseaux qui nous resteront à expédier pour le mois de janvier, et pour tacher de faire gagner à la Compagnie les frais d'hyvernage de ce vaisseau, il a été aussi délibéré de donner, pour le compte de la Compagnie, quinze mille pagodes à la grosse à des marchands de Portenove, à raison de seize pour cent, et pour sûreté desquelles quinze mille pagodes et de la grosse, il sera embarqué par eux à frêt pour la valeur de vingt-deux mille pagodes de marchandises dont ils payeront le frêt à sept pour cent, et nous chargerons, en outre, sur le vaisseau, pour le compte de la Compagnie, pour environ six mille pagodes de marchandises, lesquelles seront à la consignation du sieur Lenoir De Ballay, sous marchand et du sieur Pathelin, subrécargue du vaisseau la

«Ressource», actuellement à Achem, lesquels auront ordre de rapporter ces marchandises, s'ils ne trouvent pas à les vendre comptant, et d'expédier le vaisseau, vers la fin de décembre, affin qu'il puisse arriver ici dans les premiers jours de janvier.

Fait et arrêté, en la Chambre du Conseil Supérieur, à Pondichéry, les dits jour et an que dessus.

Signé: DUMAS, DULAURENS, LEGOU, DIROIS, INGRAND, MIRAN, GOLARD.

Du dix-huit juillet 1738.

Le Roy de Tanjaour ayant envoyé, depuis environ deux mois, deux personnes de sa part et écrit à Monsieur le Gouverneur pour offrir à la nation française, un établissement sur ses terres scitué entre Négapatam et Tranquebar, dans un endroit appelé Karikal, offrant de nous livrer une vieille forteresse, appelée Karacangery, avec cinq aldées qui en dépendent, moyennant vingt-cinq mille pagodes, dont dix-huit à dix-neuf mille luy seront payées pour le prix de la dite forteresse de la ville de Karikal et des cinq aldées qui en dépendent et six à sept mille pour luy être distribué en présent et à ses officiers ; comme la situation où se trouve ce prince, qui a eû une longue guerre à soutenir avec son oncle, l'a seulle déterminé à nous faire l'offre de cet établissement que nous n'aurions pas obtenu, dans un autre temps pour cent mille pagodes, étant d'ailleurs assuré que si nous pouvons former un établissement solide en cet endroit, il en résultera des avantages considérables pour la Compagnie et pour la ville de Pondichéry : pour la Compagnie, par la quantité de marchandises qu'elle poura tirer du Royaume de Tanjaour et l'étendue qu'elle poura donner, de ce côté là, à son commerce qui devient si considérable que nous ne pouvons plus tirer de Pondichéry la quantité de marchandises qu'elle nous demande annuellement, et, enfin, pour la ville de Pondichéry, par la quantité de riz et autres denrées, qu'à l'exemple des Hollandois, nous tirerons de ces cantons. Les aldées que le Roy de Tanjaour nous donne paroissent d'un revenu assez considérable pour dédommager, en partie, la Compagnie des dépenses annuelles que l'on sera obligé de faire pour la garde et l'entretien annuel de ce comptoir. Toutes ces raisons et plusieurs autres dont nous informerons la Compagnie par la lettre que nous aurons l'honneur de luy écrire, nous ont, après une mûre délibération, déterminé à accepter les offres du Roy de Tanjaour. En conséquence il a été arresté que nous enverrions le plus tôt que possible deux vaisseaux de la Compagnie prendre, au nom du Roy et de la Compagnie de France, possession de cet endroit, qu'il sera embarqué dessus les employéz, officiers et soldats, munitions de guerre et de bouche à cet effet ; qu'après que nous en aurons été mis en possession et que nous y aurons arboré le pavillon françois, il sera payé au Roy de Tanjaour et à ses officiers la somme de vingt-cinq mille pagodes par luy demandées, suivant l'accord signé de sa main et scellé de son scel et de celuy de son divan, qu'il a envoyé à Monsieur le Gouverneur, qui est déposé au Secrétariat et dont la traduction est transcrite à la suitte de la présente délibération ; mais attendu qu'il convient de nous ménager les favorables dispositions de ce Roy et prévenir les intrigues et les ressorts que nous sommes certains que les Hollandois feront jouer pour nous traverser, il a été délibéré et arrêté de luy envoyer incessamment un présent de douze à quinze cents pagodes et qui feront partie des vingt-cinq mille pagodes que nous comptons dépenser pour cette acquisition.

Traitté fait avec le Roy de Tanjaour au mois de juillet 1738 pour l'Etablissement de Karikal.

Le vingt-cinq du mois d'ady de l'an Calaouty.

Sahagymarajou, Roy de Tanjaour, a passé le contract de vente de différentes aldées à Monsieur Dumas, envoyé par le Roy et la Compagnie pour Gouverneur aux Indes, et à Messieurs de son Conseil, aux conditions suivantes :

Les fonds me manquant pour lever des troupes pour combattre mon ennemy, Sidogy, j'ay envoyé auprès de mon dit sieur le Gouverneur, Rama Quichenaya et Moutou Caderayrou ; la dernière fois qu'ils eûrent l'honneur de luy parler, étant accompagnés de Quichenagy Poutalou, ils luy offrirent de ma part Karikal, la forteresse de Karkalangery et cinq aldées pour quarante mille chacras, et comme mon dit sieur le Gouverneur a parû content d'acheter lesdites terres et aldées pour le prix, j'y consens aussi et, pour cet effet, j'en ai passé le contract de vente comme suit, avec vous, Monsieur le Gouverneur ; vous pouvez, donc, dès à présent, y envoyer vos vaisseaux et vos gens ; quand je vous les aurez remises, il vous sera libre d'y mettre votre pavillon, vous en joüirez et vos successeurs paisiblement, tant que le monde durera ; vous en retirerez les revenus, y ferez justice, établirez monnoye, en recueillerez les fruits, jouïrez des trésors cachés s'il s'y en trouve, en un mot en disposerez comme d'un bien qui vous appartient en propre ; vous serez seulement obligé, une fois l'an, de m'envoyer visiter avec un présent, ainsi que font les Hollandois et Danois, et, au cas que quelqu'ennemy veüille m'inquiétter, vous m'aiderez de vos gens et munitions de guerre pour le détruire, et nous promettons d'en user de la même manière à votre égard, et si, après en avoir pris possession, vous vous trouviez inquiettez dans votre commerce de la part des Hollandois ou Danois ou de quelqu'autre manière que ce puisse être, je consens, en place de ces terres, de vous remettre Tirinelevour et cinq aldées de sa dépendance ou celles qui vous conviendront, mais si les premières vous conviennent, vous les pourrez garder. C'est ainsy que j'ai passé ce contract avec vous, de mon propre consentement et de celuy de tous mes officiers, et pour témoins d'iceluy sont Mahmoudkan Sahib et Soukouchegealouchety.

Fait et arresté, en la Chambre du Conseil Supérieur, à Pondichéry, les jour et an que dessus.

Signé : Dumas, Dulaurens, Legou, Dirois, Ingrand, Miran, Golard.

Du douze aoust 1738.

Etant convenus avec les chefs de la Monnoye de Jorbandel que pour la perte qu'il y auroit sur les soixante-dix mille pagodes de bas titre qu'ils nous avoient apportées, et que, pour les raisons portées dans notre délibération du quinze may dernier, nous avons fait refondre, ils laisseraient en dépost, à nôtre Monnoye, pour la valeur de trois mille huit cent pagodes de matières d'argent, lesquelles y resteroient jusqu'au retour d'Iman Saheb de Golconde, auquel nous sommes convenus de nous en rapporter. Pour décider sur qui devoit tomber cette perte, ce seigneur qui depuis peu de jours est arrivé à Arcatte et auprès duquel nous avons fait faire touttes les démarches et représentations nécessaires pour luy faire sentir le tort qu'il faisoit à notre commerce, s'il soutenoit le cours de ces fausses pagodes, séduit par les discours que luy ont sans doute fait les gens de sa Monnoye ou bien déterminé par le bénéfice que luy procure cette fabrication, qui, suivant touttes les apparences, ne se fait que de son consentement et par son ordre, ayant écrit une lettre assez vive à Monsieur le Gouverneur, par laquelle il se plaint de ce que nous avons fait au sujet de ces pagodes, que nous ne nous sommes pas contentez de refuser, mais dont nous avons déffendu le cours par une ordonnance qui a été affichée et publiée, ajoutant que les trois mille huit cent pagodes de matières que nous avons gardées étant des deniers royaux, nous ne devions pas les retenir. Touttes ces considérations et le besoin continuel que nous avons de l'amitié d'Iman Saheb, qui ne pourroit que nous scavoir mauvais gré, si nous nous obstinions davantage sur cette affaire, dans laquelle il paroit être intéressé, nous ont déterminez à rendre aux chefs de la Monnoye d'Alemparvé, ces trois mille huit cent pagodes de matières, sauf, par la suitte, à apporter auprès de luy et du Nabab tel remède que le temps et les circonstances pourront nous permettre, pour rétablir les pagodes sur l'ancien titre ou du moins empêcher qu'elles ne baissent davantage.

Fait et arrêté, en la Chambre du Conseil Supérieur, à Pondichéry, les dits jour et an que dessus.

Signé : DUMAS, DULAURENS, LEGOU, INGRAND, MIRAN, GOLARD.

Du seize aoust 1738.

Ne nous restant plus de vaisseaux de la Compagnie pour porter à Bengalle les fonds qui y sont destinez, que le vaisseau la « Thétis », qui, suivant une lettre du sieur Penelan à Monsieur le Gouverneur, dattée de Saint Yago, ne pourra être icy que dans les premiers jours du mois prochain et aussy ne partir pour Bengalle que du 15 au 20 septembre, qui est une saison avancée, tant pour les risques du Gange que pour les avances à faire aux marchands, et ayant actuellement en rade le vaisseau la « Précaution », de retour de Jedda, qui est prest à faire voile pour Chandernagor, il a été délibéré et arrêté de charger sur ce vaisseau cinq mille marcs de matières d'argent.

Fait et arrêté en la Chambre du Conseil Supérieur, à Pondichéry, les dits jour et an que dessus.

Signé : DUMAS, DULAURENS, LEGOU, INGRAND, MIRAN, GOLARD.

Du dix-huit aoust 1738.

Etant nécessaire de faire passer des fonds à Mazulipatam et Yanaon, pour mettre les chefs de ces Comptoirs en état de remplir les contracts qu'ils ont faits cette année, lesquels se montent à plus de cinquante mille pagodes et pour l'exécution desquels nous ne leur avons encore remis que trente mille pagodes à trois figures, il a été délibéré et arrêté de charger sur le brigantin l'« Indien » que nous ferons toucher à Mazulipatam, en allant au Pegou, douze mille pagodes courantes et vingt-quatre mille roupies.

Fait et arrêté, en la Chambre du Conseil Supérieur, à Pondichéry, les dits jour et an que dessus.

Signé : DUMAS, DULAURENS, LEGOU, INGRAND, MIRAN, GOLARD.

Du dit.

Nous trouvant, par la perte du vaisseau le « Fort Loüis » et par la destination du « Saint-Joseph », que nous avons envoyé à Chandernagor pour y servir de ponton, sans aucun vaisseau à la Compagnie convenable pour nous apporter, dans la saison, les provisions que nous tirons de Bengalle et aller charger à Mahé l'annuel des poivres, qui nous sont nécessaires pour les carguaisons d'Europe, il a été délibéré et arrêté d'envoyer, au Pegu, le sieur Puel, ancien capitaine des vaisseaux de la Compagnie dans l'Inde, pour y faire travailler à la construction d'un vaisseau de cinq cent cinquante tonneaux pour remplacer le « Fort Loüis », suivant l'ordre que nous en avions déjà donné le 11e octobre dernier au sieur de la Noë, que nous avons eü avis être parti du Pegu au mois de février dernier pour venir à la coste et dont nous n'avons cependant eu jusqu'à présent aucune nouvelle ; il a été aussi convenu d'envoyer, à cet effet, au Pegu, quinze mille piastres, lesquelles seront chargées sur le brigantin l'« Indien », sur lequel le dit sieur Puel s'embarquera, pour passer au Pegu, avec les sieurs Leblanc et Bizot que nous envoyons avec luy pour l'aider et même le remplacer en cas d'accident ; il sera de plus embarqué sur l'« Indien », une partie des agrez et apparaux nécessaires pour le grément de ce navire.

Fait et arrêté, en la Chambre du Conseil Supérieur, à Pondichéry, les dits jour et an que dessus.

Signé : DUMAS, DULAURENS, LEGOU, INGRAND, MIRAN, GOLARD.

Du premier septembre 1738.

Ayant trouvé parmy les papiers de feu Monsieur Martin, cy-devant Gouverneur de cette place, une traduction en assez mauvais état du *Paravana*, donné au sieur Martin en 1688, par Maha Raja, Roy de Tanjaour, par lequel il luy cède, en son nom à la Compagnie, Caboulpatnam, scitué à deux lieus au nord de Trinquebar, avec permission d'y former un établissement, dont l'original signé de la main de ce prince se trouve égaré ; comme il est notoire dans toutes les Indes que nous avons été en possession de cet établissement jusques en 1708, que les malheurs de l'ancienne Compagnie nous ont forcé de négliger, il a été délibéré d'en enregistrer la susditte traduction, crainte ou qu'elle ne se perde ou que les vers n'achèvent de les manger tout à fait.

Fait et arrêsté en la Chambre du Conseil Supérieur, les dits jour et an que dessus, à Pondichéry.

Copie d'une traduction trouvée dans les papiers de feu Monsieur Martin, intitulée firman de Maha Raja. N° 32.

Le quinze juillet mil six cent quatre-vingt-huit, le très puissant Monsieur Martin, Directeur général de la Royale Compagnie de France, ayant envoyé le nommé Colandé à Maha Raja Raje Shryghagy Raja Saheb, pour luy demander la permission de s'établir pour la Compagnie au port de Caboulpatnam, le dit Maha Raja a donné ce port aux conditions cy-dessous :

Premièrement, qu'il sera payé deux pour cent de droits de sortie de toutes les toilles et autres machandises, qui seront embarquées au dit lieu.

Que les officiers de la Compagnie pourront faire emballer et embarquer leurs marchandises, sans que les officiers des doüanes puissent rien faire ouvrir sous prétexte de les visiter, mais seulement les dits officiers de la Compagnie seront obligez de donner une déclaration de la valeur des dites marchandises et suivant laquelle il sera payé les 2 p. 0/0 de droits.

Que les marchands qui seront employez par la Compagnie pour luy fournir des marchandises les pourront tirer de toute l'étendue de son Gouvernement et ne seront obligés de payer que la moitié des péages qui sont établis, le Prince les exemptant de l'autre moitié en considération de la Compagnie.

Qu'à l'arrivée des vaisseaux, il sera payé aussi deux pour cent de touttes les marchandises que la Compagnie fera débarquer et qu'elle vendra aux marchands qui la serviront au dit lieu.

Que si les dits marchands servant la Compagnie envoyent dans les terres quelques marchandises de celles que la Compagnie leur aura vendües, ils ne payeront aussi que la moitié des péages qui se payent ordinairement dans les terres.

Si la Compagnie a quelques parties de marchandises qu'elle ayt fait venir de dehors et qu'elle ne puisse pas vendre au dit lieu, elle pourra les faire embarquer pour un autre endroit sans payer aucun droit.

S'il arrive quelque naufrage soit de navires, champans, chelingues ou autres barques et que le débris en vint aux quatre ports suivants, sçavoir : Caracal, Trimelivasse, Caboulpatnam et Trimele Raja Patnam, la Compagnie retirera tout ce qui luy pourra appartenir, soit vaisseaux et marchandises, sans que le seigneur de la terre y puisse rien prétendre.

Si les marchands auxquels la Compagnie remettra son argent ne lui fournissoient pas les marchandises auxquelle ils se seroient engagez ou qu'ils fissent quelqu'autres friponneries, les officiers de la Compagnie pourront s'en saisir et en faire justice et, s'il est nécessaire, les officiers du Prince leur prêteront la main, et s'il arrive quelque vol particulier dans la loge, les Paligars ou gardes des chemins seront tenus d'en répondre.

Les marchands, soldats, serviteurs et généralement tous ceux qui sont engagés au service de la Compagnie, seront exempts des tribus, qui sont payés par les autres habitants de la terre.

On ne fera point embarquer d'esclaves.

Quand la Compagnie fera débarquer des marchandises, les officiers des doüannes prendront le compte des balles et caisses, sans en faire ouvrir aucunes, mais seulement lors de la vente des dittes marchandises, il en sera payé 2 p. 0/0 par les acheteurs.

Si la Compagnie fait venir quelques chevaux, éléphants, quelques pièces d'étoffes qui soient pour l'usage de ses officiers, il n'en sera payé aucuns droits, mais, en cas que ce fût pour vendre, il en sera payé les deux pour cent et c'est à cette condition que le prince a concédé le lieu de Caboulpatnam.

Et, comme la Compagnie pourra avoir besoin de quelque tems pour faire bastir une maison, il a été accordé qu'elle pourra s'établir à Caracal ou à Trimelivasse, dans une maison qu'elle prendra à louage et y faire son négoce, aux mêmes conditions qui sont concédées pour Caboulpatnam, et ce, pendant le temps de six mois.

Et, après que la Compagnie se sera établie à Caboulpatnam, si les officiers trouvent à propos de faire quelque négoce à Caracal ou Trimelivasse, ce sera aux mêmes conditions cy-dessus.

Il sera payé 2 p. 0/0 d'entrée et de sortie pendant l'espace de cinq années et, ensuite, il sera payé 2 1/2 p. 0/0 sans pouvoir rien être augmenté.

Qu'il ne se pourra établir aucune nation à Caboulpatnam sans la permission de la Compagnie.

La loge pourra être de quatre cents pieds de terre d'étendüe.

Et, à ces conditions, on a accordé Caboulpatnam et personne n'en doit douter et que vous avez permission d'y bastir une loge, des magasins et autres maisons à votre satisfaction, car ainsi le Roy même vous le permet.

Signé : Narsingue Ray, Cangara Pandida, Ragogy Pandida, Conery Pandida, Manegy Pandida.

Fait et arresté, à Pondichéry, en la Chambre du Conseil Supérieur, les dits jour et an que dessus.

Signé : Dumas, Dulaurens, Legou, Dirois, Ingrand, Miran, Golard.

Du 14 septembre 1738.

La Compagnie voulant être intéressée dans tous les armements particuliers qui se feront aux Indes, tant à Pondichéry qu'à Chandernagor et Mahé, nous mar quant, par sa lettre du 7 décembre 1737, de fixer et statuer une fois pour toutes l'intérest qu'elle y aura, il a été délibéré et arresté qu'elle sera intéressée dans tous les vaisseaux particuliers, grands comme petits, du quart du montant de la mise dehors, de laquelle délibération il sera fait part aux Conseils de Chandernagor et Mahé, afin qu'ils s'y conforment et suivent ce que la Compagnie leur a marqué.

Fait et délibéré, en la Chambre du Conseil Supérieur, à Pondichéry, les dits jour et an que dessus.

Signé : Dumas, Dulaurens, Legou, Dirois, Ingrand. Miran, Golard.

Du 14 septembre 1738.

Le sieur Cardon, lieutenant des troupes, qui depuis longtemps nous donne de justes sujets de plaintes, par une conduite des plus irrégulières, tant ici qu'à Mahé, ayant, par diverses sottises réïtérées et par son dérangement continuel, forcé Messieurs de Mahé, où il étoit en garnison, de nous le renvoyer ; comme de pareils sujets ne conviennent nullement dans ces pays ci et que l'impunité pourroit attirer de plus grands désordres, le Conseil a délibéré et arresté de congédier du service de la Compagnie le dit sieur Cardon et il luy est accordé la moitié de ses appointemens pour luy tenir lieu de subsistance jusqu'à son embarquement pour France, qui sera sur un des vaisseaux qui partiront le mois prochain.

Fait et arrêté, en la Chambre du Conseil supérieur, à Pondichéry, les dits jour et an que dessus.

Signé : DUMAS, DULAURENS, LEGOU, DIROIS, INGRAND, MIRAN, GOLARD.

Du 15 septembre 1738.

Par le tableau général que nous avons arresté ce jour de tous les officiers actuellement au service de la Compagnie aux Indes, ayant trouvé par la retraitte ou mort de divers officiers plusieurs places à remplir, le Conseil a délibéré et arrêsté, en suivant l'ordre du tableau, de faire reconnoître pour troisième capitaine, à Chandernagor, le sieur Dupuis Planchard, et les sieurs Duquesne et Duperron pour lieutenants et les sieurs Destimonville, Pochovin, Charpentier, Coquelin, Briengne et Floissac pour sous-lieutenants.

Fait et arrêté, à Pondichéry, en la Chambre du Conseil supérieur, les dits jour et an que dessus.

Signé : DUMAS, DULAURENS, LEGOU, DIROIS, INGRAND, MIRAN, GOLARD.

Du 15 septembre 1738.

Les nommés Chariapa et consorts, habitants de cette colonie, nous ayant fait proposer de leur affermer pendant cinq années, pour la somme de sept cents pagodes par an, les arraques de Goa, Colombo et Batavia (dont la ferme n'avoit jamais monté à plus de cin cent trente-six pagodes, et avoit été interrompüe depuis le mois de novembre 1736 par le déffaut de ses sortes de liqueurs), aux conditions, en outre que nous leur accorderions le privilège exclusif de vendre en détail les eaux de vie, vin blanc, vin rouge et autres boissons d'Europe, le Conseil a délibéré et arresté d'accepter la proposition du dit Chariapa, dont il sera passé un bail, et qu'en conséquence il soit rendu une ordonnance, par laquelle il sera déffendu à tout particulier de quelque condition qu'il soit de vendre ou faire vendre en détail aucune des boissons susdites, à peine contre les contrevenants de confiscation de leurs boissons et de 100 pagodes d'amende, dont un tiers au profit de la Compagnie, un tiers à l'hôpital et l'autre tiers au dénonciateur, et il a été aussi délibéré d'appliquer à la maison des religieuses Ursulines le revenu de cette ferme.

Fait et arresté, à Pondichéry, en la Chambre du Conseil supérieur, les dits jour et an que dessus.

Signé : DUMAS, DULAURENS, LEGOU, DIROIS, INGRAND, MIRAN, GOLARD.

Du 15 septembre 1738.

La place d'huissier audiencier du Conseil se trouvant vacante par le départ pour Bengale, du sieur François Le Clercq, qui en faisoit cy-devant les fonctions, il a été délibéré et arrêsté de nommer et établir, en son lieu et place, le sieur Laurain, qui nous a paru un sujet propre et capable de remplir ce poste, aux appointemens de quatre cents livres.

Fait et arresté, en la Chambre du Conseil supérieur, à Pondichéry, les dits jour et an que dessus.

Signé : DUMAS, DULAURENS, LEGOU, DIROIS, INGRAND, MIRAN, GOLARD.

Du 16 septembre 1738.

Quoique pour engager les armateurs du «Pondichéry» à retarder le départ de leur vaisseau de Moka jusqu'à une saison convenable pour venir à Mahé y prendre une cargaison de poivre, nous leur en eussions assuré le frêt de mille candils, Messieurs de Mahé n'y ayant cependant chargé que quatre cent soixante et onze candils, nous avons engagé les armateurs à se contenter de douze cents pagodes pour le frêt des dits; à quoi ils ont consenti; en conséquence, il a été délibéré et arrêsté que les dites douze cents pagodes leur seroient payées par M. Legou, garde magasin des matières d'or et d'argent.

Fait et arrêsté, en la Chambre du Conseil supérieur, à Pondichéry, les dits jour et an que dessus.

Signé : Dumas, Dulaurens, Legou, Dirois, Ingrand, Miran, Golard,

---

Du 20 septembre 1738.

Quoique notre garnison se trouve aujourd'huy très faible, tant par le dernier détachement de cinquante hommes que nous avons envoyé à Bengale par le vaisseau la «Thétis» que par la quantité de gens âgés et infirmes dont elle est remplie et qui sont hors de service, cependant sur les demandes réitérées de Messieurs du Conseil de Chandernagor, qui nous pressent, par toutes leurs lettres, de leur faire passer au moins cent hommes pour les mettre en état de se soutenir et de se déffendre contre les incursions qu'ils craignent de la part des Marattes, le Conseil a délibéré de leur envoyer, par le vaisseau de la Compagnie, le «Pondichéry», prest à partir pour le Gange, encore quarante hommes et d'en donner le commandement au sieur Coquelin, sous-lieutenant, et il a été aussy arrêsté de charger sur ce vaisseau les diverses munitions de guerre que Messieurs de Bengalle nous demandent par leur lettre du 6 may dernier.

Fait et arresté, en la Chambre du Conseil supérieur, à Pondichéry, les dits jour et an que dessus.

Signé : Dumas, Dulaurens, Legou, Dirois, Ingrand, Miran, Golard.

Du vingt septembre 1738.

N'ayant actuellement, par la perte du « Fort-Loüis » et la condamnation du « Saint-Joseph », qui sert actuellement de ponton à Chandernagor, d'autre vaisseau appartenant à la Compagnie que le petit navire le « Saint-Pierre », et étant nécessaire de tirer de Bengale, au mois de janvier prochain, les emballages et provisions nécessaires pour cette colonie, et ensuitte d'envoyer à Mahé chercher une partie du poivre dont nous avons besoin, nous avons délibéré et arrêsté d'acheter pour la somme de quatorze mille pagodes le vaisseau le « Pondichéry », du port de cinq cents tonneaux, appartenant à des particuliers, qui l'ont fait bastir l'année dernière au Pégou, où il leur a cousté la somme de 15.871 pagodes, suivant le compte rendu par le sieur La Noë et qu'ils ont remis, laquelle somme de quatorze mille pagodes leur sera payée, aux propriétaires du dit vaisseau, par Monsieur Legou, garde magasin des matières d'or et d'argent.

Fait et arrêsté, en la Chambre du Conseil Supérieur, les dits jour et an que dessus.

Signé : Dumas, Dulaurens, Legou, Dirois, Ingrand, Miran, Golard.

Du vingt-un septembre 1738.

Messieurs du Conseil de Chandernagor par leur lettre du 14 juin dernier (que nous avons reçue hier) nous marquant que si nous retenons, sur les fonds que la Compagnie leur destine cette année, les avances que nous leur avions faites, l'année passée, pour les mettre en état de travailler de bonne heure et qu'ils ont absorbées par les envoys considérables qu'ils ont faits à la Compagnie et le chargement du vaisseau le « Lys », il se trouveroient hors d'état de satisfaire aux engagements qu'ils ont pris pour les carguaisons de cette année, et nous priant, en même temps, de leur faire une remise plus forte que celle que la compagnie leur destine, bien loin d'en rien retrancher, nous avons délibéré et arrêsté, quoi que nous soyons nous mêmes très courts de fonds et en avances avec le Conseil de Chandernagor de plus de trois cents mille R. A., de leur envoyer encore cent vingt huit mille R. A., lesquelles seront chargées sur le vaisseau de la Compagnie le « Pondichéry », commandé par le sieur Desjardins, que nous nous disposons à faire partir incessamment pour le Gange.

Fait et arrêsté en la Chambre du Conseil Supérieur, à Pondichéry, les dits jour et an que dessus.

Signé : DUMAS, DULAURENS, LEGOU, DIROIS, INGRAND, MIRAN, GOLARD.

Du trente septembre 1738.

En conséquence des privilèges accordés à la Compagnie, par Sa Majesté, par son édit de création du mois d'aoust 1664, de nommer et présenter aux cures, qui sont et seront établies dans les pays de ses concessions, le Conseil ayant présenté, au nom de la dite Compagnie, à Monsieur l'Evêque de Saint-Thomé, le Révérend Père Claude Stanislas Boudier, de la Société de Jésus, pour remplir la place de curé de Chandernagor et dépendances, vacante par la retraitte volontaire du Révérend Père Charles Montalembert, le dit Seigneur Evêque nous en a remis, en conséquence, les provisions dont en suit la teneur:

Josephus Dei et Apostolicae Sedis gratià Episcopus Maylapurensis, a regiis Consiliis serenissimi Regis Lusitaniæ, omnibus has nostras litteras patentes collationis et confirmationis inspecturis, gratia et pax in Xpo. Jesu domino nostro, qui omnium est salus et remedium. Cum Supremum Ponticherii Concilium, nomine gallicæ societatis commercii in Indiis, nobis proposuerit R. P. Carolum Montalambert Societatis Jesu, qui fuerat per dictum Supremum Concilium nobis præsentatus, jure quo gaudet patronatus super ecclesia sancti Ludovici parochiali cita in Chandernagor, ob infirmatem qua laborat indispositum, sponte renuntiasse collationi ejusdem Ecclesiœ parochialis a nobis factæ et per præsentem vacationem ejusdem Ecclesiœ jus iterum præsentandi eidem Supremo Concilio sit devolutum et unanimis votis præsentaverit R. P. Claudium Stanislaum Boudier ejusdem Societatis Jesu ut a nobis sit collatus in Parochum ejusdem ecclesiæ parochialis sancti Ludovici vacantis, non attentis jure patronatus gallicœ societatis super dicta ecclesia, libera demissione ob infirmitatem facta a R. P. Montalembert et vacatione dictæ ecclesiæ, confirmamus dictum R. P. Claudium Stanislaum Boudier Societatis Jesu in Parochum dictæ ecclesiæ parochialis sancti Ludovici cite in Chandernagor, ut illam tanquam Parochus regat ac administret cum omnibus juribus a jure parochis concessis ac proventibus, si quos habuerit, parochialibus, mandamus que omnibus Parochianis ejusdem Chandernagor et annexis, ut illum tanquam verum ac legitimum

Parochum recognoscant, eumque reveantur et in res quæ ad Parochum ex jure spectant, obediant. Datum Mailapuræ sub nostra subscriptione ac sigillo 26 septembris 1738.

Joseplus Episcopus Mailapurensis.

Fait et arrêté, en la Chambre du Conseil supérieur, à Pondichéry, les dits jour et an que dessus.

Signé : Dumas, Dulaurens, Legou, Dirois, Ingrand, Miran, Golard.

Du 3 octobre 1738.

Etant nécessaire de donner une destination aux vaisseaux l'«Apollon» et le «Dauphin», qui ne font que d'arriver, et ce dernier ayant besoin, au rapport du sieur Desplanches, capitaine, d'une carêne considérable et peut être même de radoub, il a été délibéré et arrêsté de l'expédier incessamment pour le Gange où il trouvera plus aisèment et plus promptement qu'en aucun autre endroit de l'Inde, tout ce qui luy sera nécessaire pour se mettre en état de retourner en France en janvier prochain ; et, pour l'«Apollon», il a été arresté de l'envoyer à Merguy pour nous en rapporter les bois et riz que Monsieur Aumont doit y avoir en magasin pour le remboursement du fer que le sieur Puel y a vendu, l'année passée, à crédit ; il a en même temps été délibéré de charger sur ce vaisseau quinze mille piastres que nous adressons à M. Aumont et que nous le prions de nous employer en riz en la plus grande quantité qu'il luy sera possible et en calin, pour l'armement de Chine de l'année prochaine.

Fait et arrêté, en la Chambre du Conseil supérieur, à Pondichéry, les dits jour et an que dessus.

Signé : Dumas, Dulaurens, Legou, Dirois, Ingrand, Miran, Golard.

Du 4 octobre 1738.

Quoiqu'en vertu de nos délibérations des 9 juin et 18 aoust, nous ayons desjà fait passer aux comptoirs de Mazulipatam et Yanaon, cinquante mille pagodes ou environ, ces fonds (dont il y en a trente mille pagodes à trois figures qui ne leur sont d'aucun usage, les faussedars et sarafs de ces cantons refusant de les recevoir sauf à une perte considérable) n'étant pas, tout compris, suffisans pour remplir les contracts que les chefs de ces deux comptoirs ont fait avec leurs marchands, en vertu des ordres que nous leur en avons donnés, et qui se monteront par estimation à plus de soixante et dix mille pagodes, il a été délibéré et arresté de leur faire passer encore, par le brigantin l'«Aventurier» que nous nous disposons d'y renvoyer, trente-six mille roupies Arcattes et dix mille pagodes courantes.

Fait et arrêsté, en la Chambre du Conseil Supérieur, à Pondichéry, les dits jour et an que dessus

Signé : Dumas, Dulaurens, Legou, Dirois, Ingrand, Miran, Golard.

Du quatre octobre 1738.

Ayant reçu, cette année, de la coste malabar, une si petite quantité de poivre qu'après l'expédition des vaisseaux, qui sont actuellement en chargement pour France, il ne nous en restera point ou que très peu pour les vaisseaux qui nous resteront à expédier en janvier, et en ayant trouvé chez un particulier une partie de soixante-cinq bards dont il nous demande trente-sept pagodes du bard, le Conseil, faisant refléxion au préjudice qui en pouroit résulter à la Compagnie, tant sur ses carguaisons, si on luy en renvoyoit sans poivre, ce qui concerne les marchandises sèches et les préserve de l'humidité de la calle, que sur sa vente qui pourroit en souffrir un discrédit, si elle n'étoit pas suffisamment fournie de cette marchandise si commune et si nécessaire, a délibéré et arresté d'acheter cette partie de poivres de soixante-cinq bards au prix qui nous en a été demandé qui est le prix convenu de la place.

Fait et arrêté, en la Chambre du Conseil Supérieur, à Pondichéry, les dits jour et an que dessus.

Signé : DUMAS, DULAURENS, LEGOU, DIROIS, INGRAND, MIRAN, GOLARD.

Du trois novembre 1738.

Les marchands coraillers du sud nous ayant proposé de leur vendre, sous le cautionnement de Rangapa, marchand de la Compagnie et habitant de cette ville, vingt-cinq caisses de corail, sçavoir ; dix caisses de la marque A, dix de la marque M et cinq de la marque B., payable à un an de terme et à l'escompte ordinaire de douze pour cent par an, les prix en ont été arrêtés avec eux, sçavoir : celuy de la marque A à cent huit pagodes le man de vingt-quatre livres, celuy de la marque M à soixante-quatre pagodes, et celuy de la marque B à cent soixante-dix pagodes aussi le man et, en conséquence, il a été délibéré et arresté que les dits vingt-cinq caisses de corail leur seront délivrées par Monsieur Dulaurens, conseiller, garde magasin, aux conditions cy-dessus.

Fait et arresté, en la Chambre du Conseil Supérieur, les dits jour et an que dessus.

Signé : DUMAS, DULAURENS, LEGOU, DIROIS, INGRAND, MIRAN, GOLARD.

Du quatre novembre 1738.

La Compagnie ayant permis à Monsieur Dumas, par sa lettre du 30 octobre 1737, de donner à Monsieur de la Boixière Dubois Rolland, l'inspection des magasins de la marine à Chandernagor, avec le titre de conseiller surnuméraire au conseil du dit lieu, aux appointements de douze cents livres par an, le dit sieur Dubois Rolland ayant passé icy, depuis un an, avec sa famille, ne convenant point de le renvoyer pour le présent à Chandernagor, le Conseil désirant cependant attacher au service de la Compagnie, un sujet dont la probité est parfaitement reconnüe et qui, par l'expériance qu'il a acquise dans ces pays, est en état de la bien servir, à délibéré et arresté de donner, à Pondichéry, au dit sieur Dubois Rolland, la conduitte et direction des magasins de la marine dont il se chargera, avec le titre de conseiller surnuméraire, et aux appointements de douze cents livres, à condition que le dit sieur se rendra, à Chandernagor, pour occuper l'employ que la Compagnie luy a destiné aussitôt qu'il sera jugé à propos.

Fait et arresté, en la Chambre du Conseil Supérieur, les dits jour et an que dessus.

Signé: Dumas, Dulaurens, Legou, Ingrand, Golard, Miran.

Du quatre novembre 1738.

Les envoys que nous avons faits à Bengale et à Mahé, bien plus forts que ceux qui nous étoient prescrits par la Compagnie, et les retours considérables que nous luy faisons cette année absorbant tous nos fonds, il a été délibéré et arresté d'emprunter, s'il est possible, jusques à la concurrence de cent à cent cinquante mille pagodes, à six mois ou un an de terme, à la volonté du prêteur, à raison de 8 pour cent par an, et pour lesquels emprunts le conseil a autorisé Monsieur Legou, garde magasin des matières d'or et d'argent, à passer des billets à ceux qui fourniront de l'argent à la compagnie, payables dans les termes et conditions cy-dessu.

Fait et arrêté, en la Chambre du Conseil supérieur, les dits jour et an que dessus.

Signé : DUMAS, DULAURENS, LEGOU, INGRAND, MIRAN, GOLARD.

Du quatre novembre 1738.

Etant nécessaire de trouver les moyens d'assurer la subsistance et entretien des dames religieuses Ursulines, actuellement établies à Pondichéry, et de celles qui pourroient y passer par la suitte, d'une façon que cette dépense ne soit pas trop à la charge à la Colonie, le Conseil a réglé et décidé ce qui suit :

Qu'il sera établi un droit de quatre fanons de Pondichéry ou de demie roupie Arcatte ou Suratte, par tonneau, sur tous les vaisseaux particuliers, qui armeront à Pondichéry, Bengale, Mahé et Surate, à l'effet de quoi il ne sera délivré aucun passeport ni commission à Pondichéry, Chandernagor, Mahé et Suratte qu'en rapportant, par le propriétaire du vaisseau, une quittance du caissier de la Compagnie comme il aura payé entre ses mains quatre fanons de Pondichéry ou demie roupie Arcatte, par chaque tonneau de port dont sera le vaisseau qu'il désireroit expédier, et les sommes qui proviendront de cette imposition, seront remises à Pondichéry, aux Administrateurs des biens et revenus attachez à la ditte communauté des religieuses Ursulines ; la ditte imposition n'aura pas lieu pour les voyages de Pondichéry à Bengale et Merguy ou les vaisseaux vont ordinairement hyverner et se carenner au retour de leur voyage.

Et, attendu que la susditte imposition n'est pas, quant à présent, suffisante pour l'entretien et subsistance de la ditte communauté, il a été délibéré et arresté qu'à commencer au premier janvier 1739, il sera perçu, outre les droits ordinaires, demi pour cent d'entrée sur toutes les marchandises de commerce et denrées comestibles (à l'exception de celles destinées pour la carguaison des vaisseaux d'Europe), qui entreront par terre ou par mer dans la ville de Pondichéry, le produit de laquelle imposition sera pareillement remis, mois par mois, aux Administrateurs des biens de la ditte communauté ; si il arrivoit par la suitte que les impositions, présentement établies, devinssent trop considérables et plus que suffisantes pour l'entretien de la ditte communauté, ils seront modérés et réduits par le Conseil, sans que cela puisse faire la moindre difficulté ni que les dames religieuses ou autres puissent être en droit de s'y opposer.

Et, attendu qu'il est nécessaire que les revenus attachés à la ditte communauté soient déposés entre les mains des personnes recommandables par leur probité et leur piété, qui veilleront sur la recette et décideront des dépenses qu'il conviendra de faire pour former et entretenir cet établissement ; il a été délibéré et arrêté qu'il seroit nommé, tous les trois ans, par le Conseil, deux Administrateurs, qui seront choisis d'entre les plus notables habitants mariés de la ville, employés, officiers et autres, lesquels seront chargés de toutes les affaires, biens et revenus attachez à la ditte communauté dont ils auront la conduitte et administration, conjontement avec le Supérieur écclésiastique, sous l'autorité du Gouverneur et l'inspection particulière du second du fort, qui assistera à toutes les délibérations et signera toutes les dépenses. Le Conseil a fait choix du Révérend Père Norbert, capucin, pour Supérieur majeur de la ditte communauté, et de Monsieur Miran, Conseiller au Conseil Supérieur, et Elyas Isaac, marchand particulier pour administrateur des revenus attachez à la communauté des dames Ursulines de Pondichéry, pendant les années 1739, 1740, 1741, lequel temps expiré, ils rendront leurs comptes, en présence du second du fort, du Procureur général et des nouveaux administrateurs, qui seront nommés par le Conseil, lesquels comptes seront visés par le Gouverneur.

Fait et arresté, en la Chambre du Conseil Supérieur, à Pondichéry, les dits jour et an que dessus.

Signé: Dumas, Dulaurens, Legou, Dirois, Ingrand, Miran, Golard.

Du vingt-neuf novembre 1738.

Le nommé Rangapapoullé, caution des coraillers du sud, qui ont achetez, en 1734, les 48 caisses de corail, mentionnées au compte fourny par Monsieur Pilavoine, teneur de livres, ayant représenté au Conseil que la famine, qui règne dans le pays depuis dix ans, ayant été un obstacle à la déffaitte de cette marchandise, ils auroient beaucoup perdu sur cette partie de corail, que le pays de Trichenapaly et de Tanjaour ayant ensuite été ravagé, depuis plusieurs années, par les armées du Nabab, plusieurs de leur débiteurs étoient devenus insolvables, de sorte que quoique luy Rangapa ait entièrement payé la compagnie du montant des dittes quarante-huit caisses de corail, il lui étoit du plus de trois mille pagodes de principal dont il offroit de représenter les olles et obligations, que ce seroit le ruiner entièrement si on luy faisoit payer les intérests, à raison d'un pour cent par mois, pour le retardement du payement au terme convenu, qu'il n'y avoit point d'exemple que la compagnie eût jamais fait payer aucun intérêst pour le retardement du payement des sommes qui luy étoient dues, c'étoit dans l'espérance de n'être point traittté à toute rigueur sur cet article, que la compagnie avoit vendu malgré la misère du tems plusieurs parties considérables de coraux et de draps, qu'il s'étoit dans cette idée encore rendu caution, depuis un mois, d'une somme de 10.814 pagodes pour le montant de vingt caisses de corail ; sur ces considérations, le conseil a délibéré et décidé, d'une commune voix, de faire remise au dit Rangapapoullé et aux dits coraillers, des intérêsts que la compagnie pouroit prétendre pour le retardement du payement au terme limité du montant des quarante-huit caisses de corail à eux vendu le 18 décembre 1734 et dont la solde du principal n'a été payé que le 1er septembre dernier, sans que néanmoins cette grâce puisse tirer à conséquence pour l'avenir.

Fait et délibéré, en la Chambre du Conseil supérieur, à Pondichéry, les dits jour et an que dessus.

Signé : Dumas, Dulaurens, Legou, Dirois, Ingrand, Miran, Golard.

Du quinze décembre 1738.

Les armateurs pour Moka se trouvant dépourvus pour y envoyer, cette année, par la vente qu'ils ont faite à la compagnie de leur vaisseau le « Pondichéry », dont elle a absolument besoin pour rapporter de Mahé les poivres qu'il faut nécessairement envoyer à Bengale, en juin prochain, et ayant proposé au Conseil de leur vendre pour ce voyage la « Marie Joseph », du port de deux cent trente tonneaux ou environ, et qui est actuellement à Mahé où il est arrivé des Isles le 1er octobre, saison trop avancée pour se rendre à Pondichéry, le Conseil a délibéré de vendre aux armateurs pour Moka le dit vaisseau la « Marie Gertrude », pour la somme de trois mille cinq cents pagodes, à condition de le prendre au retour pour trois mille.

Fait et arrêté, en la Chambre du Conseil Supérieur, les dits jour et an que dessus.

Signé : Dumas, Dulaurens, Legou, Dirois, Ingrand, Miran, Golard.

Du quinze décembre 1738.

Etant nécessaire de destiner un terrain pour y bâtir la maison des dames religieuses Ursulines, qui soit située dans un endroit convenable et assez à portée pour que les écolières puissent s'y rendre commodément en tous temps, le Conseil a fait choix du terrain, qui est au bout de la rüe des François, vis-à-vis la maison du sieur Le Noutre de la Morandière, lequel terrain commence au nord à la rue du Bazar du sud, et pourra s'étendre au sud en ligne droite, tirant vers le corps de garde du fort Saint-Laurent, lequel sera borné, du costé du bord de la mer, du chemin des rondes qui doit avoir huit toises, et quand aux maisons, paillotes, jardins, etc. qui sont sur le dit terrain, le tout sera remboursé aux propriétaires par les administrateurs de la communauté sur l'estimation qui en sera faite par le sieur Gerbault, employé sur les travaux de la Compagnie, conjointement avec le maître charpentier et les maîtres maçons de la Compagnie

Fait et arrêté, en la Chambre du Conseil Supérieur, les dits jour et an que dessus.

Signé : DUMAS, DULAURENS, LEGOU, DIROIS, INGRAND, MIRAN, GOLARD.

Du quinze janvier 1739.

Nous restant dans nos magasins pour environ cinquante mille pagodes de matières d'argent, et l'agent de Chankarabary en cette ville, nous ayant offert de prendre toute cette partie à raison de 7 pagodes cinq fanons la serre, il a été délibéré et arresté d'accepter cette proposition, ayant besoin de pagodes pour donner aux marchands et dans l'appréhension que l'arrivée des vaisseaux de Manilles ne fasse baisser le prix.

Fait à Pondichéry, en la Chambre du Conseil Supérieur, les dits jour et an que dessus.

Signé : DUMAS, DULAURENS, LEGOU, DIROIS, INGRAND, MIRAN.

Du quinze janvier 1739.

Le sieur Jagues de Martinville, qui se dispose à partir incessamment pour aller occuper le poste de consul à Bassora, nous ayant représenté que les appointements que la Compagnie lui accorde et le droit d'un pour cent que nous luy avons alloué sur toutes les marchandises que les Français vendront à Bassora, ne sont pas suffisants pour qu'il puisse, suivant l'intention même de la Compagnie, remplir cette place avec honneur, il a été délibéré et arrêté de passer au dit sieur de Martinville, outre ses appointements et le droit consulaire, le loyer de sa maison, la paye d'un garde janissaire et d'un interprètte et les présents aux Bachas suivant l'usage du pays, et il a encore été délibéré de luy donner le sieur Delarche, employé de la Compagnie, pour faire les fonctions de son chancellier, et il a été convenû, en même temps, de luy remettre mille pagodes pour subvenir à ses appointements et aux dépenses indispensables, desquelles il aura ordre de nous rendre compte de l'employ.

Fait à Pondichéry, en la Chambre du Conseil, les dits jour et an que dessus.

Signé : DUMAS, DULAURENS, LEGOU, DIROIS, INGRAND, MIRAN.

Du 8 février 1739.

Le sieur Moreau que nous avons, par délibération du 9 février 1737, nommé pour remplir le poste de greffier en chef du Conseil supérieur et, depuis, à l'employ de notaire, ayant été choisi pour aller à Mahé, il a été délibéré et arrêsté d'établir le sieur Boyelleau au lieu et place du dit sieur Moreau, auquel il remettra, par inventaire, tous les registres, minuttes et papiers du greffe et du notariat, ainsi que les sommes de deniers qui y sont en dépost, lequel inventaire sera visé du Conseil et sera suffisant pour la décharge du dit sieur Moreau, et à l'instant, le dit sieur Boyelleau étant entré dans la chambre, a presté le serment requis, et comme le dit sieur Boyelleau est aussi chargé du secrétariat dont les occupations pourroient, en certains tems de l'année, empêcher de vacquer aux fonctions des susdits employs, il a été délibéré de nommer, pour commis juré à l'exercice du greffe, le sieur Desmarests, lequel signera, conjointement avec le sieur Boyelleau, l'inventaire tant des papiers du greffe que ceux du notariat, et le dit sieur Desmarests ayant été mandé a presté le serment accoutumé.

Fait à Pondichéry, en la Chambre du Conseil supérieur, les dits jour et an que dessus.

Signé : DUMAS, DULAURENS, LEGOU, DIROIS, INGRAND, MIRAN.

Du 9 février 1739.

Le Nabab Chandasaheb, général de l'armée de l'Empereur Mogol dans le pays de Tanjaour, qui, dès le mois de juin, avoit promis à Monsieur le Gouverneur de le mettre en possession de la forteresse de Karkangery, Karikal et dix aldées en dépendances, et dont il luy avoit même, dès ce tems là, envoyé le *Paravana*, proposition dont nous avions éludé et reculé l'acceptation sans cependant la refuser entièrement, parce que nous étions, pour lors, en traitté d'accommodement à ce sujet avec le Roy de Tanjaour, contre lequel le dit Chandasaheb faisoit la guerre et dont la réüssite paroissoit encore fort incertaine, nous ayant envoyé le sieur Francisque Pereire, qui a jusqu'à présent été son agent dans toutes les négociations qu'il a eû avec nous, pour nous dire qu'il étoit maître de la Forteresse de Karcangery, Karikal et dépendances et que, suivant la promesse qu'il en avoit faite à Monsieur le Gouverneur, il étoit le maître, s'il vouloit, d'envoyer prendre actuellement possession de ces terres, mais que s'il ne les acceptoit pas, qu'il luy envoyat un écrit par lequel il seroit dégagé de la parole qu'il en avoit donnée; le Conseil, sentant l'utilité de cet établissement, tant pour les grains que nous en pouvons tirer pour le soulagement de la colonie, qui depuis un têms infini est dans une grande disette, que pour le commerce de la Compagnie par les différentes sortes de marchandises qui se fabriquent dans ces quartiers, et qui pourront entrer dans ses carguaisons d'Europe, a délibéré et arrêsté, d'une voix unanime, d'accepter l'offre du dit Seigneur Chandasaeb, et d'envoyer sans retardement Monsieur Golard, l'un de nous, avec un détachement de cinquante hommes des Européens, pour en prendre possession, et de lui faire passer aussy incessamment les troupes, ouvriers, munitions etc. qui seront nécessaires pour mettre cet établissement en sûreté, autant qu'il est en nôtre pouvoir. Le Conseil prend d'autant plus volontiers ce parti que Sandasaeb nous a donné sa parole que, quand même il feroit un traitté de paix avec le Roy de Tanjaour, ce ne sera qu'aux conditions de nous laisser paisibles possesseurs de l'établissement dont il nous met aujourd'huy en possession, et qu'à tout évènement nous avons lieu de penser qu'il nous sera possible d'engager, au moyen de quelques sommes d'argent, le Roy de Tanjaour et ses ministres à ratiffier l'acte de vente qu'il nous a passé, au mois de juillet, de Karikal et ses dépendances.

Fait et arrêté, en la Chambre du Conseil supérieur, à Pondichéry, les dits jour et an que dessus.

Signé : DUMAS, DULAURENS, LEGOU, DIROIS, INGRAND, MIRAN.

Du 11 février 1739.

La Compagnie nous marquant, par sa lettre en chiffre du 27 juin dernier et plus particulièrement encore à Monsieur le Gouverneur par celle qu'elle luy a écrite et qu'il nous a communiquée, de relever entièrement le Conseil de Mahé et d'en composer un autre et pour, ensuite, faire des informations au sujet de plusieurs plaintes et griefs qu'elle a contre les employez, qui le composent ; il a ésté délibéré et arresté de nommer au poste de directeur et commandant à Mahé, M. Dirois, l'un de nous, qui sera chargé par ses instructions de remettre toutes les affaires et écritures sur le pied qu'elles doivent être et de faire les informations que le Compagnie demande dont il nous rendra le compte ; nous avons, de plus, nommé le sieur Moulineau, conseiller et garde magasin à Mahé, le sieur Bourquenou en qualité de conseiller, teneur de livres, et le sieur Moreau pour dernier conseiller et caissier, sans que cette nomination que le tems et les circonstances nous forcent de faire, sans aucun retardement, donne aux dits sieurs aucun droit de prétendre être au-dessus des sous-marchands plus anciens qu'eux et qui sont dans les autres comptoirs et nommément à l'égard du sieur Boyelleau qui est actuellement ici, dont nous sommes contents, ce qui nous auroit déterminé à l'envoyer conseiller à Mahé si cela avoit pu se faire sans déranger nos expéditions pour la Compagnie et toutes les affaires du secrétariat dont il est chargé.

Fait et arrêsté, en la Chambre du Conseil Supérieur, à Pondichéry, les dits jour et an que dessus.

Signé : DUMAS, DULAURENS, LEGOU, INGRAND, MIRAN.

Du 18 février 1739.

Le riz continuant d'être cher et rare, ne venant du tout point de nesly des terres, les seigneurs maures s'en rendant maîtres sous prétexte de substanter leur armée, qui est répandue dans toute la partie du sud de cette cote, et en ayant besoin d'une provision considérable, tant pour la garnison que pour donner aux blanchisseurs le cange des toiles, il a été délibéré et arrêté d'achetter la carguaison du vaisseau le « Neptune », montant à environ cent garces, qui arrive de Bengalle, à raison de cinquante-deux pagodes la garce de riz.

Fait et arresté, en la Chambre du Conseil supérieur, à Pondichéry, les dits jour et an que dessus.

Signé: DUMAS, DULAURENS, LEGOU, INGRAND, MIRAN,

Du 20 février 1739.

La saison étant dorénavant trop avancée pour espérer que nous puissions envoyer à la côte malabar le vaisseau le « Pondichéry » que nous attendons de Bengale, et qui n'est point encore arrivé, et n'y ayant point à Mahé un nombre de vaisseaux suffisant pour nous en rapporter tous les poivres, qui nous sont nécessaires pour nos carguaisons d'Europe, indépendamment des bois, kaire, etc. que le Conseil aura à nous remettre, il a été délibéré et arrêté de fretter, pour aller à Mahé y prendre son chargement entier de poivres, un vaisseau anglois nommé le « Stakhouste », du port de 450 tonneaux ou environ, qui est actuellement en rade, pour lequel on nous avoit demandé deux mille cinq cent pagodes et que nous avons arrêté à deux mille pagodes, à condition de le rendre à son propriétaire, qui est à Madras, dans tout le courant de may prochain.

Fait et arrêté, en la Chambre du Conseil supérieur, à Pondichéry, les dits jour et an que dessus.

Signé : DUMAS, DULAURENS, LEGOU, INGRAND, MIRAN.

Du vingt-deux février 1739.

Le Conseil, pour prévenir et empêcher qu'il n'arrive à l'acte de prise de possession de l'établissement de Karikal et dépendances ce qui est arrivé à presque tous les anciens titres et *paravanas* de la Compagnie, qui sont ou égarés ou perdus ou presque entièrement mangés de vers, a délibéré d'enregistrer, sur ce présent registre des délibérations, le dit acte de prise de possession, ainsy qu'il se comporte.

Au nom de Dieu Tout-Puissant;

L'an mil sept cent trente-neuf, le quatorzième jour de février, de la vingt-cinquième année du règne de Louis Quinze, Roy de France; En vertu de la vente, qui a été faite, au mois de juillet mil sept cent trente-huit, à la nation Françoise par Sahagy Marajou, Roy de Tanjaour, Feudataire de l'Empereur Mogol, des terres de Karikal, de la forteresse de Karkangéry et des aldées qui en dépendent, laquelle vente nous a été confirmée et les dittes terres concédées de nouveau par le puissant seigneur Chandarsaëb, général de l'armée de l'Empereur Mogol et Nabab des terres du Tanjaour et de Trichenapoly dont il est actuellement en possesion, lesquels actes et confirmation sont cy-après transcrits; Nous Gratien Golard, conseiller du Conseil Supérieur de Pondichéry, envoyé à cet effet par Monsieur Dumas, Ecuyer, Chevalier de l'ordre de Saint Michel, commandant général de tous les Etablissements françois aux Indes, Gouverneur des villes et forts de Pondichéry et Président du Conseil supérieur y étably, et par Messieurs du Conseil Supérieur du dit lieu, j'ay ce jourdhuy, au nom du Roy de France et de la Compagnie des Indes, pris possession de Karikal, de la forteresse de Karkangery, et des dix aldées qui en dépendent, sçavoir: Tiroumalérayenpatanam, Quiléour, Méléour, Poudoutoré, Cottypattou, Tenelan, Kalicarou, Maratapoury, Arigapatou, Oulgueray; et sur lesquelles terres j'ay arboré le pavillon de Sa Majesté ; laquelle forteresse de Karcangery, Karikal et ses dépendances m'ont été remis ce jour, sans aucun trouble ny empêchement, pour dorénavant appartenir en toute propriété et à perpétuité à la Compagnie des Indes et à la Nation Françoise. De quoy nous avons dressé le présent procès-verbal, en présence de Navaouskan, officier de l'armée de Sandarsaeb, du seigneur Francisque Pereira, médecin et agent du Nabab, de Monsieur de la Tour, capitaine des troupes françaises et autres personnes soussignez.

Fait, à Karikal, le quatorze février mil cept cent trente-neuf.

Traitté fait avec le Roy de Tanjaour, au mois de juillet 1738, pour l'Aldée de Karikal.

Le vingt-cinq du mois d'ady de l'an Calaouty.

Sahagy Marajou, Roy de Tanjaour, a passé le contract de vente de différentes aldées à Monsieur Dumas, envoyé par le Roy et la Compagnie pour Gouverneur aux Indes, et à Messieurs de son Conseil, aux conditions suivantes :

Les fonds me manquant pour lever des trouppes pour combattre mon ennemy Sidogy, j'ay envoyé, auprès de mon dit sieur le Gouverneur, Rama Quichenaya et Moutou Cadérayrou ; la dernière fois qu'ils eurent l'honneur de luy parler, étant accompagné de Quichenagy Pantoulou, ils luy offrirent de ma part

Karikal, la forteresse de Karcangery et cinq aldées, pour quarante mille chacras, et comme mon dit sieur le Gouverneur a paru content d'acheter les dittes terres et aldées pour le prix, j'y consens aussy, et pour cet effet j'en ay passé le contract de vente comme suit avec vous.

Monsieur le Gouverneur, vous pouvez donc dès à présent y envoyer vos vaisseaux et vos gens ; quand je vous les aurai remises, il vous sera libre d'y mettre votre pavillon ; vous en jouirez et vos successeurs paisiblement tant que le nom durera ; vous en retirerez les revenus, y ferez justice, établirez monnaye, et receüillerez les fruits, jouirez des trésors cachés, s'il s'y en trouve, en un mot en disposerez comme d'un bien qui vous appartient en propre ; vous serez seulement obligé, une fois l'an, de m'envoyer visiter avec un présent, ainsi que font les Hollandois et Danois, et au cas que quelqu'ennemy veuille m'inquietter, vous m'aiderez de vos gens et de vos munitions de guerre pour le détruire, et nous vous promettons d'en user de la même manière à votre égard ; et si, après en avoir pris possession, vous vous trouviez inquiéttés dans votre commerce, de la part des Hollandais ou Danois ou de quelqu'autre manière que ce puisse êstre, je consens, en place de ces terres, de vous remettre Trimelevour et cinq aldées de sa dépendance ou celles qui vous conviendront, mais si les premières vous conviennent, vous pourez les garder ; c'est ainsi que j'ai passé ce contract avec vous, de mon propre consentement et de celui de tous mes officiers, et pour témoins d'iceluy sont Mahmoud Kan, Saheb et Soukouchegé-atouchety.

Paravana du Seigneur Chandersaeb, Général de l'armée de l'Empereur Mogol.

A Monsieur le Gouverneur de Pondichéry, Général de la Nation Françoise aux Indes, fidèle et constant amy des amys, salut :

En faveur de votre amitié et suivant votre désir, je vous fais présent de la ville de Karikal, de Karcangery et des aldées de leur dépendance, qui sont du domaine de Tanjaour ; ces terres appartiendront désormais au Gouverneur françois de Pondichéry et vous en pourrez jouir pendant votre vie.

Je vous souhaite toute sorte de bonheur et prospérité. Le 22 de la lune du mois de Sumady avel et du règne du mogol l'an vingt unième.

Fait à Karikal le quatorze février mil sept cent trente-neuf.

Signé : Francisque Pereira, Navaouskan, Golard, de la Tour, Roussel, G. Martin, Dufresnoy et Nicolas.

Fait et registré en la Chambre du Conseil Supérieur de Pondichéry, le dit jour vingt-deux février mil sept cent trente-neuf.

Signé : DUMAS, DULAURENS, LEGOU, INGRAND, MIRAN.

Du vingt-cinq février 1739.

Iman Saeb, étant arrivé en cette ville le jour d'hier, se seroit informé si la Compagnie n'avoit pas joint à la lettre qu'elle luy a écrit en réponse de la sienne, un présent proportionné à la grandeur du service qu'il luy avoit rendu, en luy obtenant du Nabab la permission de battre des roupies à Pondichéry, et avoit demandé au courtier une notte de ce que Monsieur le Gouverneur devoit luy présenter lorsqu'il luy rendroit sa visitte, que le courtier ayant rendu compte de cette conversation à Monsieur le Gouverneur, il luy auroit fait remettre par le garde magasin, un état des effets que la Compagnie a envoyés par les derniers vaisseaux, lequel ayant été communiqué à Iman Saheb, il n'auroit pas parû satisfait, sur quoy le Conseil s'étant assemblé pour délibérer sur ce qu'il convenoit de faire pour contenter ce seigneur, qui, en toute occasion, nous a rendu des services considérables et auquel Monsieur le Gouverneur se propose d'en demander plusieurs, dans l'entrevüe qu'il doit avoir demain avec luy, et dont les principaux sont de le prier de continuer à travailler à l'obtention d'un *firman* de l'Empereur pour le cours de nos roupies dans le Bengale et à Mazulipatam, un emprunt de cinquante à soixante mille pagodes qui nous mettra en état d'expédier plusieurs vaisseaux en octobre prochain, en continuant la fabrique des marchandises et enfin de tacher d'obtenir de luy, s'il est possible, de fixer sans variation le poids et le titre des pagodes courantes. Sur ces considérations, il a été délibéré et arresté de faire, au nom de la Compagnie à Iman Saheb un présent en draps, bijoux et étoffes d'or, de la somme de trois mille cinq cents pagodes ou environ, y compris les effets envoyés de France par la Compagnie.

Sandarsaeb, général de l'armée du Tanjaour et Barasaheb, son frère, ayant reçu le titre de Nabab, dont le premier a informé Monsieur le Gouverneur, par une lettre qu'il luy a écrite pour luy en donner avis, étant d'usage d'envoyer, dans de pareilles occasions, visitter et complimenter ces seigneurs avec un présent et Sandarsaeb méritant autant que qui que ce soit cette attention de notre part, par l'amitié qu'il a toujours témoigné pour la nation françoise et surtout par les services considérables qu'il vient de nous rendre dans notre affaire de Karikal, dont il vient de nous mettre en possession aussi que de la forteresse de Karcangery qu'il a prise d'assaut, dans laquelle action il a eu quelques cavaliers de tuez et blessez.

Il a été délibéré et arrêsté d'envoyer complimenter Sandersaheb sur la nouvelle dignité de Nabab sous le nom d'Houssendoukan Bahadour, et Barasaheb son frère maintenant appelé Zein Elabadinkan, et d'accompagner nostre lettre d'un présent montant a environ deux mille deux cents pagodes, dont quatorze cents pour Sandersaheb, six cents pour Barasaheb, et deux cents pour être distribuées à quelques officiers de Sandarsaheb, lequel présent leur sera présenté de la part de la Compagnie par Monsieur Francisque Pereire et par Tirevangoudou, interprette de la chaudrie.

Fait et arrêsté, en la Chambre du Conseil supérieur, à Pondichéry, les dits jour et an que dessus.

Signé : DUMAS, DULAURENS, LEGOU, INGRAND, MIRAN.

Du premier mars 1739.

Sur les représentations qui nous ont été faites par les propriétaires du vaisseau le « Neptune », que Monsieur Dupleix ayant ordonné au sieur Ducasse, capitaine, d'aller prendre au comptoir de Mazulipatam les marchandises de la Compagnie, ce navire y seroit arrivé le six janvier et auroit été obligé d'y rester jusqu'au vingt-huit, de sorte qu'il n'auroit pû arriver icy que le douze février, ce qui leur auroit fait un grand tort et une différence considérable sur le prix de la carguaison du dit vaisseau, consistant en cent garces de riz, qui auroit été vendu au moins soixante pagodes chaque garce si ce navire étoit arrivé à la my janvier, comme il l'auroit fait indubitablement si il n'avoit été retardé par son voyage de Mazulipatam et y attendre le sieur Verrier, qui devait se rendre à Pondichéry; qu'il a même essuyé les 22 et 23 janvier un coup de vent en rade de Mazulipatam, qui l'a mis en danger; qu'aussitôt que le dit vaisseau le « Neptune » a été arrivé à Pondichéry, le Conseil s'en est encore emparé et l'a fait partir pour Karikal y porter quantités d'effets, de troupes, ouvriers, et autres munitions de guerre, pour raison de quoy les dits propriétaires demandent au Conseil un dédommagement raisonnable; sur quoy, ayant égard à ces justes représentations, il a été délibéré et arrêsté qu'il seroit payé par Monsieur Legou, caissier, la somme de mille pagodes tant pour raison du voyage que le dit vaisseau « Le Neptume », a fait à Mazulipatam, le frêt des marchandises qu'il en a rapporté, le dédommagement sur la vente de son riz, qui n'a été vendu que cinquante-deux pagodes la garce, prix courant lors de son arrivée, que pour le voyage qu'il a fait à Karikal, ayant employé plus de deux mois en ces deux opérations.

Fait et arrêsté, en la Chambre du Conseil supérieur, à Pondichéry, les dits jour et an que dessus.

Signé : Dumas, Dulaurens, Legou, Ingrand, Miran.

Du dit jour.

Le sieur Gosse sous marchand, qui, depuis longtemps, s'acquitte à nostre satisfaction, de l'employ de sous garde magasin, nous ayant exposé ses longs services et que ses appointements ne sont pas suffisants pour le faire subsister luy et sa famille, le Conseil ayant égard à ses représentations, qui sont d'autant plus justes que le dit sieur Gosse se trouve fixé à cet employ de sous garde magasin, le Conseil a délibéré et arresté, sous le bon plaisir de la Compagnie, d'accorder au dit sieur Gosse une augmentation de trois cents livres par an, à compter de ce jour.

Fait et arrêté, en la Chambre du Conseil Supérieur, à Pondichéry, les dits jour et an que dessus.

Signé : Dumas, Dulaurens, Legou, Ingrand, Miran.

Du deux mars 1739.

Le Conseil ayant jugé à propos, par sa délibération du 14 may 1738, de mettre les roupies qui se fabriquent à Pondichéry au titre de 9 toques 21/32, au lieu de neuf toques dix-neuf trente deuxièmes, titre auquel sont les roupies que les Maures font frapper à Arcatte et Allampravé, et ce pour les raisons énoncées dans la dite délibération, mais comme cette augmentation de titre diminüe le bénéfice que la Compagnie fait sur la dite fabrication, que les roupies Arcattes continuent d'avoir cours sans aucune difficulté à Bengalle, Mazulipatam et à cette coste, que l'on ne fait aucune différence des roupies frappées à Pondichéry, il a été délibéré et arresté que le titre des roupies de Pondichéry demeurera fixé à neuf toques cinq huitièmes, ce qui les rendra supérieures en titre d'un trente deuxième de roupie aux roupies Arcatte.

Fait au Conseil Supérieur, à Pondichéry, les dits jour et an que dessus.

Signé: DUMAS, DULAURENS, LEGOU, INGRAND, MIRAN.

Du deux mars 1739.

Monsieur le Gouverneur ayant toujours continué sa négociation avec le Roy de Tanjaour, quoiqu'avec beaucoup de travail et de difficulté, afin que ce prince nous confirmat la vente qu'il nous a faite, au mois de juillet 1738, du fort de Karcangery, de la ville de Karikal et des aldées qui en dépendent, auroit fait assembler le Conseil pour l'informer que, malgré les intrigues des Hollandois et les oppositions de divers

Seigneurs de la cour de ce Prince, il étoit enfin parvenu à faire consentir ce Roy, ainsy que son oncle et ses principaux ministres, à nous confirmer, par un nouveau *Paravana*, la vente de la forteresse de Karcangery, de Karikal et dépendances, mais que ce Prince demandoit, pour prix de la ditte forteresse et de Karikal, cinquante mille chacras, le chacras de dix fanons de Tanjaour, ce qui fait, à vingt-un fanons 5/8 pour une pagode, vingt-trois mille cent vingt-une pagodes neuf fanons, qu'il étoit de plus indispensable pour réussir de dépenser une somme de 31.100 chacras faisant 14,381 Pag. 12 fanons pour distribuer en présents à l'oncle du Roy de Tanjaour, son premier ministre, et à plusieurs officiers. pour nous les rendre favorables; lesquelles deux sommes font ensemble celle de 37.502 pagodes 21 fanons, quoique cette somme paroisse forte, elle est cependant fort au-dessous de la valeur des ville et aldées dont nous sommes en possession, ayant même reconnu, avec certitude, par les recensements exacts que nous avons fait faire, que cette acquisition rend actuellement huit mille cinq cent pagodes par an, quoique le pays soit presque ruiné par les armées, qui y sont sur pied depuis trois à quatre ans, qu'on peut compter avec certitude que ces revenus doubleront lorsque la Compagnie y sera solidement établie, qu'il y a encore deux autres objets plus considérables, qui rendent cet établissement important à la nation en général et à la Compagnie en particulier, que le premier est la qualité des marchandises qu'on en pourra tirer annuellement pour le chargement des vaisseaux de la Compagnie, le second que cet établissement est une porte pour trouver le débouché de plusieurs marchandises de France, principalement des draps, coraux, fers et plomb, dont avant la guerre la plus grande consommation se faisoit en ces cantons, que Karikal seroit en tout temps une ressource pour fournir des grains à la ville de Pondichéry, qu'enfin ce nouveau *Paravana* du Roy de Tanjaour nous assuroit une propriété incontestable de Karikal et de ses dépendances ; que par ce moyen toutes les objections des Hollandois ne pouvaient plus avec justice subsister, ce pays nous étant vendu par le Roy qu'ils en reconnoissent pour le seigneur souv erain qui, assis sur son trône, nous en transporte la propriété, par un acte de vente en forme, scellé de son sceau et de celuy de tous ses principaux ministres ; les grandes opérations demandant de grands moyens, et étant très honorable pour notre nation d'avoir surmonté les intrigues des Hollandois, fait rejetter les offres considérables qu'ils ont faites au Roy de Tanjaour et au Nabab, dont nous avons des preuves originales entre nos mains, il a été délibéré et arresté, d'une voix unanime, d'accepter le *Paravana* du Roy de Tanjaour ; qu'il sera payé par Monsieur Legou la somme de trente-sept mille cinq cent deux pagodes vingt-un fanons, lesquelles seront envoyées à Tanjaour à Samoudas fils de Chanquerborique, un des plus grands négotians de cette coste, pour estre par luy payées au Roy de Tanjaour et à ses officiers.

Fait et arresté, en la Chambre du Conseil Supérieur, à Pondichéry, les dits jour et an que dessus.

Signé : DUMAS, DULAURENS, LEGOU, INGRAND, MIRAN.

Du 2 mars 1739.

Quelques marchands de cette ville nous ayant proposé de leur vendre la partie de draps qui nous a été envoyée de l'Isle de France, par les derniers vaisseaux, scavoir les draps fins de Carcassonne, qui sont portés sur la facture à 7 l. 18 s. 5 d. l'aune, à raison de 1 pagode 6 fanons, et les draps mi-fins de Carcassonne portés à 6 l. 8 s. 3 d. l'aune à raison de 1 pagode 4 fanons et le tout à 4 et 6 mois de crédit, qui est le terme ordinaire que nous accordons à tous ceux qui nous achètent quelques parties de draps, trouvant un bénéfice honneste et raisonnable sur ceux qu'on nous demande aujourd'huy, il a été délibéré et arresté, d'une voix unanime, d'accepter la proposition des dits marchands et qu'en conséquence tous ces draps leur seront délivrés par Monsieur Dulaurens, garde magasin, aux prix et conditions cy-dessus.

Fait en la Chambre du Conseil Supérieur, à Pondichéry, les dits jour et an que dessus.

Signé : DUMAS, DULAURENS, LEGOU, INGRAND, MIRAN.

Du 3 mars 1739.

Le sieur Le Noir que nous avons envoyé à Achem pour y vendre une partie de toilles bleues et écrües, que nous avions chargées, pour le compte de la Compagnie, sur le vaisseau la « Paix », ayant été obligé de nous les renvoyer, faute non seulement d'en trouver le prix coûtant, mais encore étant obligé, quoique les vendant à perte, de les donner à crédit et à des gens peu sûrs, et n'y ayant pas d'apparence que le commerce de ces sortes de marchandises se rétablisse si tôt dans ce pays, qui est tout en combustion, et ces marchandises ne pouvant que dépérir et souffrir une grande altération à rester en magasin et étant propres pour les Manilles, il a été délibéré de les charger à frêt sur le vaisseau le « Noussencha » prest à partir pour ce dernier endroit.

Fait et arresté, en la Chambre du Conseil supérieur, à Pondichéry, les dits jour et an que dessus.

Signé : DUMAS, DULAURENS, LEGOU, INGRAND, MIRAN.

Du 10 mars 1739.

Nous proposant de faire cette année, avec un des vaisseaux que nous attendons de France, la même opération que nous avons faite l'année dernière avec le vaisseau la « Paix, » que nous avons envoyé à Achem, ce qui donnera à la Compagnie un bénéfice de pres de cinq à six mille pagodes, et trouvant à achetter une partie de vingt-cinq coffres d'opium à un prix raisonnable, il a été délibéré de la prendre, pour le compte de la Compagnie, pour l'envoyer à Achem par le vaisseau que nous y envoyerons hiverner, ce qui, à ce que nous espérons, augmentera le bénéfice que procure cette opération à la Compagnie, l'opium ayant toujours été à Achem d'une bonne et prompte déffaite, et, en conséquence il a été arresté que cet opium sera payé au propriétaire par Monsieur Légou, garde magasin des matières, sur le pied de quinze pour cent de bénéfice du prix de la facture envoyée et signée par Monsieur Dupleix, lorsqu'il aura été reçu dans les magasins de la Compagnie.

Fait et arresté, en la Chambre du Conseil Supérieur, à Pondichéry, les dits jour et an que dessus.

Signé : Dumas, Dulaurens, Legou, Ingrand, Miran.

Du 15 mars 1739.

Le sieur Le Faucheur, employé de la Compagnie depuis trente ans, étant décédé le 2 de ce mois et ayant laissé une veuve avec trois enfants, qui ne subsistoient journellement qu'avec la paye du déffunt, la ditte veuve auroit présenté ce jour une requeste au

Conseil pour exposer la triste situation, dans laquelle elle se trouve réduite, elle et ses trois enfants, à quoy le Conseil ayant égard, il a été délibéré et arrêsté qu'il luy sera payé, par forme de subsistance, la moitié des appointements dont son mary jouissoit, et ce, seulement jusqu'au départ des premiers vaisseaux pour France, sur l'un desquels son passage luy sera offert gratis pour elle et ses enfants.

Fait et arrêsté, à Pondichéry, en la Chambre du Conseil Supérieur, les dits jour et an que dessus.

Signé : Dumas, Dulaurens, Legou, Ingrand, Miran.

Du 25 mars 1739.

En conséquence des privilèges accordés à la Compagnie par Sa Majesté, par son édit de création du mois d'aoust 1664, de nommer et présenter aux cures, vicariats etc, qui sont et seront établies dans le pays de ses concessions, le Conseil ayant présenté au nom de la dite Compagnie à Monseigneur l'Evêque de Saint-Thomé, le révérend Père Jacques Saignes de la Société de Jésus pour remplir la place de vicaire à Chandernagor et dépendances, vacante par la mort du Révérend Père Jousselin, le dit Seigneur Evêque nous en a, en conséquence, remis les provisions dont en suit la teneur :

Josephus Dei et Sanctæ Sedis Apostolicæ gratiâ Episcopus Maylapurensis, a Conciliis Serenissimi regis Portugaliæ etc. universis has nostras litteras institutionis et confirmationis inspecturis, gratia et pax in Jesu Christo domino nostro, qui est omnium salus et remedium nostrum. Per proesentes facimus universis quod, morte R. P. Jousselin Societatis Jesu vicarii eclesiæ parochialis sancti Ludovici citæ Chandernagor in Bengalla, vacaverit dicta vicaria quœ eum sic de nominatione ac présentatione gallicæ societatis Indiarum, ex jure patronatus quo gaudet ob fundationem ac dotationem competentem Consilium Superius Pondicheriense, nomine dictae gallicaè societatis nobis praesentavit, nominavitque R. P. Jacquium Saignes ejusdem Societatis Jesu illum in vicarium dictae eclesiae confirmemus ; nos attentis sufficientia et dotibus ejusdem R. P. ac nominatione de jure patronatus nobis facta, praedictum R. P. Saignes confirmamus, ac instituimus in vicarium dictae eclesiae Sancti Ludovici citae Chandernagor nostrae jurisdictionis, illique omnes facultates de jure et consuetudine constanti competentes concedimus et elargimur cum eâdem prorsus juris dictione qua praedessor fungebatur, habebitque emolumenta tam ex dotatione quam ex jure et consuetudine legitimi introducta proventura, omnesque subditi nostri in spiritualibus illum recognescant tanquam vicarium dictae eclesiae Sancti Ludovici rite et canonice institutum ac confirmatum illique debitam reddant reverentiam. Datum Maylapurae sub nostri signo et sigillo, vigesimo primo Martis, anno Domini 1739.

Fait et arrèsté, au Conseil Supérieur, à Pondichéry, les dits jour et an que dessus.

Signé : Dumas, Dulaurens, Legou, Ingrand, Miran.

Du 17 avril 1739.

Le Sieur Polo, lieutenant des troupes de cette garnison, qui, depuis longtemps, mène une vie des plus dérangée, étant adonné à une ivrognerie crasse et crapuleuse, de laquelle il n'est pas possible de le corriger, malgré les réprimandes vives qui luy ont été faites par Monsieur le Gouverneur et les punitions réitérées qu'il en a essuyé, continuant toujours de s'enyvrer avec toute sorte de gens, quelquefois même le jour qu'il est de garde ; ayant, la nuit du 14 au 15 de ce mois, obligé le sergent de la porte Goudelour, où le dit Polo commandoit, d'ouvrir la porte à une heure après minuit, en étoit sorti abandonnant le poste qui luy avoit été confié et avoit emmené avec luy un soldat, avec ses armes, et n'y étant rentré que le 15, à 4 à 5 heures du soir, qu'il revint yvre après avoir couru, avec le soldat qu'il avait emmené avec luy, toutes les aldées, qui sont aux environs de Pondichéry et hors des limites, le Conseil, considérant les inconvénients qu'il y auroit à garder plus longtemps un pareil officier au service et le mauvais exemple que sa mauvaise conduite pourroit occasionner si on la laissoit impunie, a délibéré et arrêsté d'une voix unanime, de casser le sieur Polo et de le garder aux arrêsts au fort jusqu'au départ du premier vaisseau pour Europe sur lequel il s'embarquera.

Fait et arrêsté, en la Chambre du Conseil Supérieur, à Pondichéry, les dits jour et an que dessus.

Signé : Dumas, Dulaurens, Legou, Ingrand, Miran.

Du 21 avril 1739.

Se trouvant, par le départ de Monsieur Dirois pour Mahé et celuy de Monsieur Golard pour Karikal, une place vacante dans le Conseil et nous étant fait représenter le tableau des employés, arresté à Paris, le 30 octobre 1736, pour voir à qui cette place étoit due et ayant trouvé que c'étoit à Monsieur Guillard, qui est actuellement chef à Mazulipatam, à la remplir, il a été délibéré et arresté de nommer le sieur Guillard, quoique absent, conseiller en ce Conseil et, en conséquence, de luy en envoyer la commission, et le sieur Guillard nous ayant fait représenter que, lorsque Monsieur Le Verrier est parti pour Suratte, nous luy avons donné une commission de Conseiller au Conseil de Pondichéry et que cette commission qui se trouve précédente à la sienne, quoique Monsieur Le Verrier soit moins ancien que luy au service, pourroit peut-être, par la suite, luy être préjudiciable, le Conseil pour prévenir tout le tort que cela pouroit faire au dit sieur Guillard des services duquel il a lieu d'être satisfait, est convenu et arresté que la commission de Monsieur Le Verrier ne pourroit luy donner aucun rang avant Monsieur Guillard, lequel conservera toujours son ancienneté avant le dit sieur Le Verrier.

Fait et arrêté, en la Chambre du Conseil Supérieur, à Pondichéry, les dits jour et an que dessus.

Signé : Dumas, Dulaurens, Legou, Ingrand, Miran.

Du 21 du dit.

Etant nécessaire de faire passer des fonds à Mazulipatam et Yanaon d'où les chefs de ces comptoirs, à qui nous avons recommandé de nous procurer le plus de marchandises qu'ils pourroient, nous marquent, le premier, avoir contracté pour trente à trente-cinq mille pagodes de marchandises, et, le second, pour plus de 100 mille pagodes, et étant de conséquence pour que les marchands de ces quartiers puissent fournir une si grande quantité de marchandises que les chefs ayent des fonds de bonne heure pour en fournir à leurs marchands, au fur et à mesure qu'ils leur en demanderont et qu'ils leur fourniront de la marchandise, il a été délibéré et arresté de charger, sur le brigantin l'Aventurier que nous expédions pour ces deux comptoirs, quarante mille pagodes courantes, dont vingt-quatre mille pour Mazulipatam et seize mille pour Yanaon.

Fait et arresté, en la Chambre du Conseil Supérieur, à Pondichéry, les dits jour et an que dessus.

Signé : DUMAS, DULAURENS, LEGOU, INGRAND, MIRAN.

Du 21 avril 1739.

Ayant reçu hier un nouveau *Paravana* du Roy de Tanjaour pour la forteresse de Karkangery, la ville de Karikal et dépendances, le Conseil pour prévenir et empêcher que cette pièce, qui est de conséquence, ne s'égare ou ne soit mangée des vers, a délibéré et arresté d'en faire enregistrer la traduction sur le registre des délibérations, quoique le Roy de Tanjaour ait fait insérer dans ce *Paravana* deux conditions auxquelles nous n'avons jamais consenti, qui est de luy donner annuellement un présent de trois mille pagodes et de le secourir dans l'occasion contre ses ennemys, desquelles conditions nous ferons en sorte de nous faire décharger; il a pareillement esté délibéré de faire aussi enregistrer la lettre du Roy, qui accompagnoit ce *Paravana*, celle de Gatique, son oncle et son premier Ministre, et une ordonnance que le Ministre a envoyé, par ordre du Roy, au *Sobédar* où chef de Mayavaron, de reconnoître les François pour maîtres de la forteresse de Karkangery, de la ville de Karikal et dépendances.

Fait et arrêsté, en la Chambre du Conseil Supérieur, à Pondichéry, les dits jour et an que dessus.

TRADUCTION du contract de vente de la forteresse de Karkangéry et de la ville de Karikal, et de cinq aldées de leurs dépendances, envoyé par le Raja de Tanjaour à Monsieur le Gouverneur.

Sa Majesté Sahagy Maharajou à la teste de ses troupes fait savoir à Monsieur Dumas, Gouverneur de Pondichéry : voici l'accord comme je vous ay vendu l'an mil sept cent trente-neuf le fort de Karkangéry et la ville de Karikal.

Nous vous avons vendu, pour cinquante mille chaceras de fanons de Tanjaour, la ville de Karikal et le fort.

Aux joncans de dehors, nous mettrons de nos gens et percevrons les droits.

Si vous faites frapper de la monnoye, vous payerez au trésor royal les mêmes droits qu'on luy paye à Négapatam pour la même fabrique.

Quand il arrivera quelque trouble, vous nous prêterez assistance en toute occasion.

Si quelqu'un de nos gens se réfugie dans votre ville, vous ne luy accorderez point d'azile et nous le rendrez, afin que nous le fassions chatier à proportion de ce qu'il aura mérité.

Pour les cinq aldées de la dépendance de Karikal, appelées Quiléour, Méléour, Tiroumalérajoupatenam, Poudoutoré et Coylepattou que nous vous avons accordées, vous nous donnerez à commencer de l'année prochaine trois mille pagodes par an, à titre de présent.

Dans la ville de Karikal et les aldées de la dépendance, il y a quelques pagodes; vous payerez pour leurs fêtes et cérémonies accoutumées ce qu'on leur a payé cy-devant et leur ferez avoir les droits qu'il est d'usage qu'on leur donne; il faut aussi empêcher qu'on ne fasse aucun dommage dans les rues occupées par les Brames, et que les blancs n'aillent point ny dans les pagodes, ny aux estangs où les Brames ont coutume de se baigner.

Notre accord est aux conditions cy-dessus; vous devez jouir de la ville de Karikal, du fort et de leurs dépendances et continuer à en joüir suivant ce traité, avec toutes sortes de prospérités.

Signé: NARSINGRAOU, PECHOUVAYANADRAOU, OUSOURENIVISSE, SOURNIVISSE, SAMOTE SARQUEL ET SAMOTE PADANGANIVISSE, le 19 du mois de Gilère. De plus signé: BARE.

TRADUCTION d'une lettre du Roy de Tanjaour à Monsieur le Gouverneur de Pondichéry, reçue avec le Paravana pour Karikal le 20 avril 1739.

Que Monsieur Dumas, Gouverneur de Pondichéry, qui est un Seigneur bienfaisant et ami de ses amis, soit en parfaite santé.

Sahagy Maharajou vous fait salam.

Je suis très content, je souhaite que vous le soyez aussi. J'ay reçu les deux lettres que vous m'avez écrites et j'ay fait attention à ce que vous m'y marquez, vous m'avez écrit touchant Karikal, je vous estime comme moy même et pour vous donner satisfaction j'ay terminé cette affaire et vous ay donné cette ville; c'est pourquoi vous devez protéger cette cour, vous devez dans toutes les occasions qui se présenteront, luy prêter assistance afin de réjouir mon cœur; vous apprendrez le reste par les lettres de Mahamed Saheb. Je n'ay plus rien à vous mander (au bas la chape du Roy).

TRADUCTION d'une lettre de Gatique, oncle du Roy de Tanjaour, reçue le 20 avril 1739.

Monsieur Dumas, Gouverneur de Pondichéry, est un Seigneur bienfaisant et qui favorise ses amis. Je souhaite qu'il soit en bonne santé; votre amy Coçagy Rajé Gatique vous fait salam. Je suis très content, je désire que vous le soyez aussi; j'ay reçu la lettre que vous m'avez écrite, laquelle m'a beaucoup réjoüi; vous me marquez de vous envoyer le *Paravana* du Roy concernant la vente de la ville de Karikal et sa réponse à votre lettre pour la satisfaction de votre cœur; j'ay conformément à ce que vous souhaitez obtenu du Roy un *Paravana* avec sa chape et une réponse à votre lettre, qui ont été remis, par la voye de votre vaquil Quichena Agy Pantoulou, au marchand Sambou-dasse. Il faut envoyer au plus-tôt l'argent dont vous êtes convenu pour le Roy ainsi que celuy que vous avez promis de luy prêster, afin de vous concilier son amitié; vous apprendrez le reste par les lettres de Jaguénade Raou. Il faut continuer de m'écrire, afin que notre amitié augmente de plus en plus; il n'est pas nécessaire de vous écrire plus au long.

TRADUCTION de l'ordonnance de Coyagy Rajé Gatique, expédiée par ordre du Roy de Tanjaour à Queisceva Cassi, Sobeadare de Mayavaron, de reconnoître et faire reconnoître pas tous ceux qui sont sous ses ordres les François pour maîtres et propriétaires de la ville de Karikal et dépendances, reçue le 20 avril 1739.

Le Raja a donné à Monsieur Dumas, Gouverneur de Pondichéry, la ville de Karikal et la forteresse de Karkangery avec les aldées de leurs dépendances, Tiroumoularajoupatenam, Quiléour, Méléour, Covillepattou et Poudoutoré. Les gens de Monsieur le Gouverneur sont venus et demeurent dans la forteresse; il y a ordre du Raja d'ordonner aux marchands et habitants de ces endroits de leur obéir; vous devez en conformité envoyer de votre part ordre aux dits marchands et habitants de leur être soumis; il faut prendre une copie de cette ordonnance que vous garderez par devers vous et l'original vous le remettrez à Monsieur Golard, qui est l'homme de Monsieur le Gouverneur, et à Pragaxe Modely, qui est celuy de Monsieur Golard. Le 15 de gilère.

Fait et arrêsté, en la Chambre du Conseil Supérieur, à Pondichéry, les dits jour et an que dessus.

Signé : DUMAS, DULAURENS, LEGOU, INGRAND, MIRAN.

Du 11 may 1739.

Quoîque, par notre délibération et notre ordonnance du 6 may 1738, nous eussions fixé le titre des pagodes à huit toques 1/16 et déffendu le cours de toutes autres pagodes de titre inférieur, nous avons été obligés, pour les raisons énoncées dans nos délibérations des 15 du même mois et 12 aoust suivant, d'attendre un temps plus favorable à tenir exactement la main à l'exécution de la ditte ordonnance, et nous nous flations que du moins elle empêcheroit les chefs des monnoyes des Maures d'altérer d'avantage le titre des pagodes; mais comme le mal loin de diminuer n'a fait qu'augmenter de jour en jour et que le Conseil de Madras, que nous avions invité à proscrire comme nous ces fausses pagodes, vient enfin de rendre une ordonnance par laquelle il fixe le titre des pagodes à huit toques, permettant néanmoins le cours des pagodes de plus bas titre à 4 p 0/0 de perte, nous n'avons pas crû devoir différer davantage à établir une règle certaine, en suivant son exemple, d'autant plus que Madras étant la première place de commerce à la coste, c'est elle qui sert ordinairement de règle et que, si le Gouverneur se plaint, il doit naturellement s'adresser aux Anglois plutôt qu'à nous; en conséquence, il a été délibéré et arresté de rendre l'ordonnance dont ensuit la teneur.

De par le Roy et le Conseil supérieur:

Pour prévenir l'abus qui se commettoit dans les monnoyes étrangères sur la fabrication des pagodes, dont l'altération causoit un préjudice notable au public et au commerce, le Conseil auroit été obligé de faire publier, le 6 may 1738, une ordonnance, qui fixoit le titre des pagodes à 8 toques 1/16 et défendoit le cours de toutes autres pagodes de titre inférieur; mais bien loin que cette ordonnance ait eû l'effet qu'en attendoit le public, il s'est depuis répandu dans le commerce une quantité prodigieuse de pagodes d'un titre encore inférieur au titre de celles qui se fabriquoient alors dans les monnoyes étrangères, ce qui dérange considérablement le commerce et est tout à fait contraire au bien public, à quoi désirant pourvoir et faciliter le commerce autant que les conjonctures présentes le permettent, le Conseil a ordonné et ordonne qu'à compter de ce jour toutes les pagodes, qui se fabriqueront à la monnoye, seront du titre de 8 toques et du poids de quatre-vingt-une un quart à la serre, que tous les payements se feront en pagodes de huit toques, permet néanmoins le cours dans le commerce des pagodes d'un titre inférieur à huit toques, jusqu'à sept toques trois quarts seulement à 4 p 0/0 d'escompte, fait très expresses inhibitions et déffenses à tous marchands et négociants, habitants de Pondichéry ou autres, qui viendront pour y négocier et à toutes personnes de quelque qualité et condition qu'elles soient, tant blancs que noirs, de recevoir ou donner en payement aucunes pagodes au-dessous du titre de sept toques trois quarts, enjoint sous les peines portées par son ordonnance du 6 may 1738, à tous ceux qui se trouveront chargés de ces fausses pagodes, de les porter à la monnoye où elles seront brisées et la valeur payée aux propriétaires.

Enjoint le Conseil, sous les mêmes peines, à tous les changeurs de la ville et autres personnes faisant le commerce des matières d'or et d'argent, de tenir la main à l'exécution de la présente ordonnance, de saisir et arrester toutes les pagodes qui leur seront présentées et se trouveront inférieures au titre de sept toques trois quarts, de quoi les dits changeurs et marchands seront tenus d'avertir sur le champ le juge de la chaudrie et le conseiller préposé à la direction de la monnoye; laquelle présente ordonnance sera lue, publiée et affichée par tous les quartiers de la ville, afin que personne n'en prétende cause d'ignorance.

Fait et arrêté, en la Chambre du Conseil supérieur, à Pondichéry, les dits jour et an que dessus.

Signé : DUMAS, DULAURENS, LEGOU, SIGNARD, INGRAND, MIRAN.

Du 12 may 1739.

Les chaudries des blanchisseurs, qui sont à la porte de Madras au nombre de six, qui leur servent à serrer leur toile la nuit et dans les mauvais temps, étant presque toutes tombées en ruine et en si mauvais état qu'il n'est pas possible de s'en servir, sans exposer les toiles à y être gâtées, soit par les carias dont elles sont remplies et qui mangent la toile, soit par l'eau de la pluye qui tombe dedans les couvertures, étant toutes délabrées, il a été délibéré et arresté de rebâtir à neuf ces six chaudries et d'y mettre des ouvriers sans différer.

Fait et arrêté, en la Chambre du Conseil Supérieur, à Pondichéry, les dits jour et an que dessus.

Signé : DUMAS, DULAURENS, LEGOU, SIGNARD, INGRAND, MIRAN.

Du 19 may 1739.

Etant nécessaire de pourvoir au poste de Procureur général du Roy, vacant par la destination de Monsieur Golard pour commandant à Karikal, et les autres personnes du Conseil étant chargées d'employs, qui les empêchent de pouvoir exercer la dite charge, il a été délibéré et arresté de confier, par intérim, les fonctions de Procureur général à Monsieur de La Noë, un des premiers sous-marchands, lequel se chargera, par un inventaire par devant notaire et qui sera visé du Conseil, de tous les papiers concernant cet employ, qui nous ont été remis par mondit sieur Golard dans une caisse ficelée et cachetée qu'il nous a envoyée ce jourd'huy par le bot le « Midy » et à l'instant le dit sieur de La Noë, étant entré dans la Chambre du Conseil, a presté le serment en tel cas requis.

Fait et arrêté, en la Chambre du Conseil Supérieur, à Pondichéry, les dits jour et an que dessus.

Signé: Dumas, Dulaurens, Legou, Signard, Ingrand, Miran.

Du 22 may 1739.

La situation présente de cet empire nous donnant de justes raisons d'appréhender qu'il ne survienne, même dans ces quartiers cy, quelques révolutions fâcheuses, et que les Nababs et autres Seigneurs voisins, incertains, dans un changement de Souverain, de conserver leur poste, ne se mettent à ravager le pays et n'en viennent même jusqu'à vouloir surprendre quelque place forte au bord de la mer, pour y renfermer leurs richesses et nous inquiéter jusque dans notre ville, ce que nous serions en quelque façon dans l'impossibilité d'empêcher, la ville n'étant point du tout fermée du costé de la mer, ce que nous n'avons pû et ne pouvons faire pour le présent, tant par le défaut de matériaux que d'ouvriers, presque tous ceux qui étoient dans la ville ayant passé aux Isles ou ayant été envoyés depuis peu à Karikal, envisageant tous les inconvénients qu'il y auroit dans les circonstances présentes à laisser une si grande et si libre entrée à la ville, il a été délibéré et arresté de faire exécuter aux deux bouts de la ville, au sud et au nord du costé de la mer, un projet de peu de dépense pour boucher ces deux passages que nous avoit communiqué Monsieur Dumas il y a déjà plusieurs mois, mais dont nous avions remis l'exécution jusqu'à l'arrivée de Monsieur Paradis que nous avions demandé à Mahé et qui vient d'arriver, lequel, ayant approuvé ce projet, sera chargé de la conduite et de l'exécution de l'ouvrage et d'en dresser un plan et devis pour remettre à la Compagnie par les premiers vaisseaux.

Fait, en la Chambre du Conseil Supérieur, les dits jour et an que dessus.

Signé : DUMAS, DULAURENS, LEGOU, SIGNARD, INGRAND, MIRAN.

Du 31 may 1739.

Le poste de capitaine de port se trouvant vacant par la mort de Monsieur de La Touche et Monsieur Desjardins, qui depuis plusieurs années navigue dans la mer de l'Inde, en qualité de capitaine, tant au service de la Compagnie qu'à celuy des particuliers, dont il s'est toujours acquitté avec honneur et à la satisfaction de ceux qui l'ont employé, et étant même actuellement capitaine du vaisseau de la Compagnie « Le Pondichéry », nous ayant fait demander ce poste, le Conseil a délibéré, d'une voix unanime, de le luy accorder, étant un des sujets qu'il y ait dans l'Inde des plus capables de le remplir, et des plus en état de donner des instructions justes et sures aux capitaines des vaisseaux sur les différents voyages qu'ils pourroient faire aux Indes.

Fait et arresté, en la Chambre du Conseil Supérieur, à Pondichéry, les dits jour et an que dessus.

Signé : DUMAS, DULAURENS, LEGOU, SIGNARD, INGRAND, MIRAN.

Du 8 juin 1739.

Le nommé Gatique, oncle du Roy de Tanjaour, actuellement régnant, et qui nous a beaucoup servi dans l'obtention du dernier *Paravana* que nous avons reçu de ce prince pour la jouissance et propriété de Karikal et dépendance, ayant demandé à Monsieur le Gouverneur de luy envoyer deux pendules et vingt aunes de Moëres d'argent, le Conseil pour reconnoître en partie toutes les peines et soins que ce Seigneur s'est donné pendant tout le temps de notre négociation dans le Tanjaour et la bonne volonté qu'il nous a témoignée dans cette occasion, il a été délibéré et arrêsté de luy envoyer ce qu'il a demandé, et comme il ne se trouve point de pendule icy à acheter, de donner les ordres nécessaires pour en faire venir de Madras.

Fait et arresté, en la Chambre du Conseil Supérieur, à Pondichéry, les dits jour et an que dessus.

Signé : DUMAS, DULAURENS, LEGOU, SIGNARD, INGRAND, MIRAN.

Du 25 juin 1739.

Monsieur Legou, second du fort, ayant représenté au Conseil qu'étant chef de la visite des toilles, il étoit obligé d'y assister tous les jours, qu'il étoit juge de la chaudrie et de la ville, ce qui ne laissoit pas de luy fournir beaucoup d'occupation et de détail, qu'il étoit de plus obligé de se rendre tous les jours au Conseil, ce qui le mettoit dans l'impossibilité de continuer la fonction de garde magasin des matières d'or et d'agent qu'il exerce depuis treize ans, dont il prioit qu'on voulut bien charger quelqu'autre, le Conseil connoissant par luy même de la justice de ces représentations et du travail continuel dont mondit sieur Legou est accablé et qu'il s'efforce cependant de remplir avec une assiduité infatigable, a délibéré et arresté de charger Monsieur Dulaurens du magasin des matières d'or et d'argent et Monsieur Signard du magasin général dont le dit sieur Dulaurens étoit chargé.

Fait et arresté, en la Chambre du Conseil Supérieur, à Pondichéry, les dits jour et an que dessus.

Signé : Dumas, Dulaurens, Legou, Signard, Ingrand, Miran.

Du 26 juin 1739.

Messieurs du Conseil de Chandernagor nous demandant, par leur lettre du 9 avril dernier, des ordres précis au sujet de ce qu'ils auroient à faire si Nadercha, qui vient de se rendre maître de l'empire du Mogol, vouloit les inquiéter, et le Conseil étant bien aise de constater les réponses et ordres qu'il luy a donnés en conséquence et de faire voir qu'ils n'ont été donnés que d'une voix unanime et après une meure délibération, a délibéré de les faire enregistrer sur le présent registre a my marge de la lettre du Conseil de Chandernagor:

Réponse du Conseil Supérieur de Pondichéry aux articles ci-contre.

A Pondichéry, le 26 juin 1739.

Messieurs,

Nous avons reçu cette empreinte à la nouvelle roupie frappée au coin de Nadercha ; il est étonnant que cette révolution se soit faite avec tant de rapidité, rien n'a encore remué icy ; à en juger par les nouvelles que nous recevons de Mazulipatam, nous aurions lieu de penser que le Nabab de Golconde n'auroit pas dessein de se soumettre au nouveau conquérant.

Il n'y a aucune raison qui puisse nous faire penser que le nouvel Empereur veuille nous oster nos privilèges ; nous croyons que la place ne seroit pas tenable à Bengale, si cet Empereur temoignoit de la mauvaise volonté pour les Européens ; que n'aurions nous pas à craindre de l'insolence et de l'avarice des Maures ? notre avis est que si on nous ôtoit les privilèges dont nous joüissons dans le Bengale et qu'on nous fit qu'insulte ou avanie considérable, il n'y aurait point d'autre parti à prendre que de sus-

Messieurs du Conseil Supérieur de de Pondichéry.

A Chandernagor le 9 avril 1739

Messieurs,

Nous avons reçu il y a deux jours l'empreinte cy-jointe des nouvelles roupies frappées à Moxhoudabat au nom du nouveau conquérant, Nadercha ; il n'a pu être possible à Monsieur Burat d'avoir de ces nouvelles espèces, il n'en a été frappé que 101 d'argent et 30 d'or, dont partie a été envoyée au nouveau Roy. Voilà donc son autorité reconnüe à l'extrémité de sa nouvelle conqueste du costé de l'est ; elle le sera sans doute si elle ne l'est déjà dans toute l'étendue de l'Inde.

Cette révolution subite et facile ne laisse pas que de nous inquiéter infiniment ; nous ignorons quels seront les desseins de ce conquérant sur le chapitre des nations d'Europe; nous laissera-t-il jouir de nos privilèges tranquillement ou cherchera-t-il à nous les oster? Nous ne pouvons vous rien dire absolument à ce sujet, mais nous serons fort embarassés s'il veut nous les oster ou même les diminuer ; c'est pourquoy nous vous prions instamment de nous prescrire la conduite que nous devons tenir.

pendre le commerce, qui en ce cas deviendroit plus dispendieux que profitable, de vous renfermer dans votre loge, de garder deux vaisseaux d'Europe, qui, à tout événement, pouroient vous servir de retraite et interrompre, lorsqu'on le jugeroit à propos, tout le commerce que les Maures font dans le Gange; vous pourriez même y rembarquer vos fonds et meilleurs effets, si vous ne les croyez pas en sureté dans la loge; il faudroit, le commerce étant suspendu, nous faire repasser les fonds qui vous deviendroient inutiles que nous employerons ici pour augmenter les retours en France et dont le déffaut pouroit déranger la Compagnie. Nous devons penser que si l'Empereur donnoit des ordres pour nous oster nos privilèges, ces ordres seroient communs avec les Anglais et Hollandois; en ce cas il seroit très avantageux que les trois nations voulussent se liguer de bonne foy pour faire teste aux Maures, il seroit même de la prudence que nous ne prissions un parti violent qu'après avoir vu celuy que prendroient les Anglois et Hollandois.

C'est à quoi il ne faut jamais consentir, ce seroit nous laisser arracher les dens et les ongles, nous

Supposé, par exemple, qu'il voulut nous obliger d'abattre les quatre bastions de notre loge et la

mettre entièrement hors de déffense et fournir aux Maures les moyens de nous opprimer plus facilement.	batterie qui est devant, s'il vouloit mettre un *Faussedar* ou Gouverneur dans les aldées dépendantes de la Colonie, se saisir de leurs revenus et nous soumettre à leur juridiction, s'il prétendoit faire ouvrir à la doüane toutes les balles de marchandises et nous faire payer les droits sur le pied de l'estimation de ses doüanes et augmenter le droit de 2 1/2 p. 0/0, s'il vouloit que nos *Dastocs* ou passeports n'ayent plus de cours.
S'il venoit de la part du nouvel Empereur un nouveau Gouverneur dans la province, qu'il nous confirma tous nos privilèges ou même nous en accorda de nouveaux, il faudrait luy faire un présent fort honneste et proportionné à la façon dont il en agira avec vous ; mais si ce Gouverneur, par pure mauvaise volonté, vouloit, en agissant par force, nous obliger de luy payer une grosse somme, notre avis seroit de la refuser et de prendre le party de luy résister ainsi qu'il est dit ci-dessus.	Si le Gouverneur qu'il enverra dans cette province exigeoit de nous quelques sommes considérables, soit pour la continuation de nos privilèges, soit par pure volonté ou violence.
Monsieur Dupleix ne doit point, pour quelque raison que ce puisse être, abandonner son poste ; quant à une députation vers le nouveau Roy elle ne pouroit produire qu'un très bon effet, à elle étoit composée de gens sages et intel-	Si ce même Gouverneur vouloit obliger Monsieur Dupleix à aller saluer le nouveau Roy ou à lui faire une députation.

ligents, c'est surquoy nous vous dirons pareillement ce que nous pensons, lorsque nous aurons des nouvelles plus certaines de Dely et que nous serons informés de la suite qu'aura ce grand évènement.

Nous ne pouvons pas empêcher l'Empereur d'acheter de gré à gré tant de vaisseaux qu'il voudra, ils ne seront pas redoutables s'ils ne sont armez que de lascards, mais il faut nous opposer de toutes nos facilités à ce qu'il nous en enlève par force.

Voilà, Messieurs, quel est notre sentiment sur les diverses propositions que vous nous faites, au surplus les temps et les circonstances exigent des conduites différentes, nous laissons à votre prudence et à votre sagesse, de vous y conformer.

A Pondichéry, le 26 juin 1739.

S'il avoit enfin dessein d'acheter des vaisseaux ou nous les prendre peut-être de force. Tous ces cas sont ceux qui nous paroissent le plus de conséquence et qui méritent l'attention la plus sérieuse, peut-être qu'ils n'auront pas lieu, ce que nous souhaitons, mais il paroit convenable de vous en prévenir, affin qu'assurez de vos attentions et munis de vos ordres nous puissions agir avec assurance et sans aucune incertitude, sur les partis que nous aurons à prendre, puisque ces mêmes ordres nous serviront de guides fidèles dont nous ne nous éloignerons pas.

Fait et arresté, en la Chambre du Conseil Supérieur, à Pondichéry, les dits jour et an que dessus.

Signé : DUMAS, DULAURENS, LEGOU, SIGNARD, INGRAND, MIRAN.

Du 27 juin 1739.

Nous ayant été proposé par Pedro Canakarayen, notre modéliar, et par Mouteya, habitant de Karikal, de leur affermer tous les revenus généralement quelconques des cinq aldées que nous possédons à Karikal, sçavoir Tiroumelerayenpatnam, Quiléour, Méléour, Covilpatou et Poudoutoré, pour la somme de quatre mille six cent pagodes par an, après avoir pris toutes les informations et connoissances possibles pour être instruit au juste de la valeur des revenus des dittes aldées, dont Monsieur Golard, commandant au dit lieu, nous a envoyé des devis et recensements très exacts et nous en a, en même temps, par son mémoire du 20 du présent, informé des diverses offres qui luy ont été faites au sujet des dites aldées ; il a été délibéré d'accepter les offres faites par les dénommés cy-dessus comme plus avantageuses et convenables à la Compagnie, attendu que Pedro, nostre modéliar, s'engage solidairement avec le dit Mouteya, pour la sureté des payements, que ce modeliar étant entièrement attaché au service de la Compagnie et habitant de Pondichéry, il nous convient pour plusieurs raisons de le préférer à tout autre. En conséquence, il a été arresté qu'il sera passé un bail, pour cinq années, entre le Conseil et le dit Pedro Modeliar et Moutaya, pour tous les revenus des aldées spécifiées cy-dessous, savoir :

	Pagodes.
Tiroumelerayen Patnam	1.100
Quiléour	1.600
Mèlèour	1.000
Covilpatou	400
Poudoutoré	500
	4.600

faisant ensemble la somme de 4.600 pagodes par an, à compter du premier juillet prochain et, en outre, aux autres clauses, charges et conditions insérées dans le dit bail; et à l'égard des droits et revenus de la ville de Karikal, il a été délibéré de ne la point affermer, de la faire régir pour le compte de la Compagnie pendant les premières années, ayant lieu d'espérer qu'ils augmenteront considérablement et que la pluspart des habitants, qui s'en étoient retirés à cause de la guerre et des troubles, qui règnent dans le pays, y reviendront avec leurs familles, ce qui augmentera le commerce et les droits.

Fait et arresté, en la Chambre du Conseil Supérieur, à Pondichéry, les jour et an que dessus.

Signé : DUMAS, DULAURENS, LEGOU, SIGNARD, INGRAND, MIRAN.

Du 1er juillet 1739.

Attendant cette année par les vaisseaux, qui nous viendront de France, une forte partie de fer et de plomb, et étant nécessaire de fixer le prix de ces marchandises de façon qu'on puisse en trouver la deffaite, eu égard aux prix auxquels les étrangers débitent ces marchandises à cette coste il a été délibéré et arresté que le prix des marchandises susdites seroit fixé, sçavoir : le plomb à treize pagodes le bard de quatre cent quatre-vingts livres, en le vendant en gros et en détail à quinze pagodes, et le fer à 10 pagodes le bard en gros et à douze pagodes en détail.

Fait et arresté, en la Chambre du Conseil supérieur, à Pondichéry, les dits jour et an que dessus.

Signé : DUMAS, DULAURENS, LEGOU, SIGNARD, INGRAND, MIRAN.

Du 4 juillet 1739.

Messieurs du Conseil de Mahé nous marquant, par leur lettre du 30 avril dernier, que l'ancienne loge menace ruine et que ce seroit risquer les effets de la Compagnie de la faire servir de magasin, et nous marquant en même tems que les magasins neufs ne sont pas suffisans pour les poivres, riz et autres effets de la Compagnie et nous proposant d'acheter pour son compte les magasins appartenant à Messieurs Louët et société, disant qu'ils sont bons et bien bâtis et que c'est une bonne acquisition à faire pour la Compagnie et qui luy est absolument nécessaire; que d'ailleurs ils seront à bon marché; après avoir conféré avec le sieur Paradis sur la bonté et la solidité de ces magasins et ayant égard aux représentations de Messieurs de Mahé, seuls auxquels nous puissions nous en rapporter pour la nécessité d'avoir une augmentation de magasin pour le commerce de la Compagnie, il a été délibéré d'acheter ces magasins pour le compte de la Compagnie pour la somme de dix mille cinq cents roupies, laquelle somme sera payée au sieur Loüet et consorts par Monsieur Dulaurens, garde magasin des matières, après que l'acte de vente en aura été passé par devant notaire.

Fait et arrêté, en la Chambre du Conseil Supérieur, à Pondichéry, les dits jour et an que dessus.

Signé : Dumas, Dulaurens, Legou, Signard, Ingrand, Miran.

Du 4 juillet 1739.

Le Conseil ayant, suivant les intentions de la Compagnie, fixé par sa délibération du 14 septembre dernier, l'intérest qu'elle auroit dans tous les armements particuliers à un quart et étant nécessaire de statuer l'intérest qu'elle prendra dans l'armement projeté pour la Chine, il a été délibéré et arresté qu'il seroit de vingt mille pagodes, ce qui fait le quart de cet armement, dont le capital sera d'environ quatre-vingts mille pagodes au lieu de quatre-vingt-seize mille pagodes, à quoi il avoit été fixé en premier lieu, ce qui n'a pu avoir son exécution, n'ayant pas été possible d'avoir une assez forte partie de poivre ou autres marchandises, qu'en conséquence les susdites vingt mille pagodes seront payées par Monsieur Legou, garde magasin des matières, aux particuliers chargés du soin de cet armement.

Fait en la Chambre du Conseil Supérieur, à Pondichéry, les dits jour et an que dessus.

Signé : DUMAS, DULAURENS, LEGOU, SIGNARD, INGRAND, MIRAN.

Du 5 juillet 1739.

Le Conseil ayant promis aux armateurs du vaisseau de Chine de leur faire fournir 800 *Candils* de poivres, en auroit demandé, dès le commencement de cette année, à Messieurs du Conseil de Mahé une quantité suffisante pour en fournir aux vaisseaux de la Compagnie ce qu'ils en auront besoin et remplir en même temps cet engagement, mais la petite quantité de poivre que ces Messieurs nous ont envoyé, malgré les gros fonds que nous leur avons remis, nous met quasi dans l'impossibilité de remplir notre engagement, ce qui feroit cependant manquer le voyage de Chine cette année et causeroit une perte considérable aux armateurs, qui resteroient chargez de parties considérables de diverses marchandises, et du vaisseau qu'ils ont acheté dont ils ne pourront faire aucun usage cette année et dont toutes les dépenses leur tomberoient en pure perte : sur ces considérations, il a été délibéré et arresté de fournir à l'armement de Chine six cents *Candils* de poivre aux prix constans de Mahé, avec une augmentation de dix pour cent pour indemniser la Compagnie du frêt et du déchet.

Fait et arresté en la Chambre du Conseil Supérieur, les dits jour et an que dessus.

Signé : DUMAS, DULAURENS, LEGOU, SIGNARD, INGRAND, MIRAN.

Du 7 juillet 1739.

Le corps des marchands de la Compagnie nous ayant représenté que malgré la misère qui continue de régner et les risques qu'il y a de répandre de l'argent dans les aldées, qui sont continuellement exposées à estre pillées par des détachements des armées du Nabab, qui ravagent le pays depuis longtemps, ils nous ont cependant livré, l'année dernière, le double des marchandises qui se fournissoient annuellement, ce qui nous auroit mis en état de renvoyer tous nos vaisseaux bien chargez ; qu'en cette considération ils nous prioient, lors de la signature du nouveau contract, de leur donner publiquement à chacun une chaîne d'or pour marquer que nous étions contents de leurs services, ce qui leur feroit honneur dans le public ; sur quoy le Conseil a délibéré d'accorder à ces marchands leur demande, qui est peu de chose eu égard aux fournitures qu'ils nous ont faites l'année dernière et aux contracts que nous avons faits cette année avec eux, qui montent ensemble à six mille balles et à plus de six cents mille pagodes ; en conséquence il a été arresté qu'il seroit délivré aux dits marchands, lors de la cérémonie publique de la signature des contracts, les chaînes d'or cy-après, montant ensemble à quatre cent quatre-vingt-trois pagodes neuf fanons, lesquelles seront distribuées comme suit :

	Pag.	Fa.	
Au courtier une chaîne d'or coutant.	32	9	//
Une idem pour Soukourama........	100	//	//
Une idem pour son fils............	30	//	//
Au corps des anciens marchands:			
Viragouachetty, une idem.....	35	//	//
Hadyviragouachetty, idem.....	35	//	//
Chittampallachetty, idem.....	35	//	//
Changarayer, idem.....	20	//	//
Kallatyrayer, idem.....	20	//	//
Chittamparachetty, idem.....	20	//	//
Moutapachetty, idem.....	20	//	//
Moutouquichenachetty, idem.....	20	//	//
Nallachetty, idem.....	20	//	//
Chivaramchetty, idem.....	20	//	//
Moutoucomerapachetty, idem.....	20	//	//
Tiagapachetty, idem.....	20	//	//
Au courtier, idem.....	36	//	//
	483	9	//

Fait et arrêté, en la Chambre du Conseil Supérieur, à Pondichéry, les dits jour et an que dessus.

Signé : DUMAS, DULAURENS, LEGOU, SIGNARD, INGRAND, MIRAN.

Du 8 juillet 1739.

Les fonds qui nous restoient en caisse, après le départ des vaisseaux d'Europe, étant consommez depuis longtemps en avances aux marchands et en envoys aux comptoirs de Mazulipatam et Yanaon, nous nous sommes trouvez, par le retardement des vaisseaux d'Europe, que nous espérions de voir arriver dès le mois de mai ou au commencement de juin, dans l'impossibilité de pouvoir continuer à fournir de l'argent aux marchands, sans quoi la fabrique des marchandises auroit été interrompue et les tisserands que nous aurions laissez sans occupation se seroient engagés avec les étrangers dont il auroit été ensuite très difficile de les détacher; cette situation nous a mis dans la nécessité d'avoir recours aux expédients ; nous avons épuisez nos bourses et celles de nos amis tant à Pondichéry qu'à Madras, de sorte qu'au premier de ce mois nous nous trouvons endetez de deux cent quatorze mille neuf cent trente-cinq pagodes quatorze fanons vingt-une caches, suivant l'état qui a été arresté au Conseil. Après avoir longtemps soupirez après l'arrivée des vaisseaux de France, le « Duc d'Orléans », a enfin mouillé en cette rade le 29 de juin au soir, les reproches injustes et mal fondés contenus dans la lettre de Messieurs les directeurs députez pour la vente, dattée à L'Orient le 8 novembre 1738, nous ont, pendant plusieurs jours, jettez dans le découragement et la consternation; on y a prodigué les termes les plus durs et les plus outrageants, dans le temps que nous nous attendions à des louanges et à des remerciments, pour avoir en le bonheur de renvoyer en France en octobre 1737 et janvier 1738, (après des soins et des peines inexprimables) un grand nombre de vaisseaux bien chargez, malgré les difficultés que nous avons eu à combattre dans des temps beaucoup plus fâcheux qu'on ait jamais eu à essuyer aux Indes ; notre zèle et notre attachement pour le service de la Compagnie, ayant quelques temps combattu contre le découragement dans lequel nous étions tombez, a enfin pris le dessus ; nous avons travaillé à vendre des matières d'argent tant pour pouvoir continuer la fabrique des marchandises que pour acquitter nos engagements, surtout à l'égard de diverses sommes prestées sans intérest dans l'espérance de la prochaine arrivée des vaisseaux d'Europe, qui ont cependant tardez beaucoup plus que les presteurs ne comptoient, mais toutes les peines et mouvements que nous nous sommes donnés pour la vente de nos piastres à un prix raisonnable ont été inutiles, nous y avons trouvé deux obstacles invincibles : l'un de la révolution arrivée depuis quelques mois dans cet empire ; un conquérant sorti du fond de la Perse a détroné l'Empereur Mahometcha, l'a pris prisonnier et s'est rendu maître de tous ses trésors ; les Nababs de ces quartiers ont suspendu les envoys qu'ils faisoient en roupies au cazena du Roy ; tout commerce étant interrompu avec l'intérieur du pays et le Bengale, peu de gens ont besoin de roupies d'argent où de matières pour en faire ; le second et le plus fâcheux obstacle est le bas aloy où les Maures réduisent de jour en jour les pagodes qu'ils font fabriquer dans toutes leurs Monnoyes ; ces pagodes qui étoient déjà tombées au commencement de cette année à 7 toques 3/4 ou déjà été toutes refondües, n'étant plus maintenant qu'à 7 toques 5/8 et même quantité à 7 1/2 ; toutes les pagodes fabriquées à notre Monnoye qui sont de 8 toques disparoissant aussitôt qu'elles sont distribuées dans le commerce, elles sont portées dans les Monnoyes des Maures pour y être refondües ; nous avons lieu de craindre presque avec certitude que l'avarice des Maures ne les engage à continuer ce manège et réduire cette monnoye à moitié cuivre et moitié or ; cette crainte est le motif de nostre délibération et ordonnance du 11 may, qui interdit dans Pondichéry le cours de toutes pagodes au-dessous du titre de 8 toques, à laquelle nous avons tenu la main jusqu'à présent ; mais les marchands à qui nous avons voulu vendre des matières d'argent ont déclaré qu'ils ne pouvoient nous payer qu'en pagodes telles qu'ils les recevroient dans les Monnoyes des Maures, sans vouloir même s'engager à aucun titre réglé, condition à laquelle il seroit très dangereux de consentir. Nous comptions sur une ressource pour avoir des pagodes; c'étoit le traité fait avec Iman Saheb, de luy fournir pour cinquante mille pagodes de matières d'argent par chaque vaisseau à sept pagodes deux fanons la serre. Monsieur le Gouverneur aussitôt l'arrivée du vaisseau le «Duc d'Orléans» luy ayant fait écrire pour luy donner avis qu'il luy fourniroit pour cent mille pagodes de piastres, conformément au traité, le priant en même temps d'ordonner qu'il luy soit fourni en payement de bonnes pagodes, la réponse d'Iman Saheb est venue depuis quelques jours;il n'a ni bonnes ni mauvaises pagodes, n'a plus besoin, dit-il, de nostre argent et nous laisse les maîtres de le vendre à qui il nous plaira ; cette réponse à laquelle nous ne nous attendions pas nous a osté notre dernière ressource, et il ne nous reste plus d'autre espérance que du costé de Madras. C'est une ville considérable où il se fait un grand commerce; on peut, peut-être, y vendre comptant ou à huit et quinze jours de terme au plus, quelques parties d'argent ; mais le R. P. Thomas qui nous a l'année dernière si efficacement servy en doit être parti pour se rendre à Pondichéry; sur quoy il a été délibéré et arresté d'y envoyer Monsieur de La Noë, sous marchand, et de luy envoyer par la «Légère», qui est preste à faire voile pour Mazulipatam, quarante-huit mille piastres, qu'il aura ordre de vendre comptant ou au plus à huit et quinze jours de terme et de ne recevoir que des pagodes de huit toques.

Fait en la Chambre du Conseil Supérieur, à Pondichéry, les dits jour et an que dessus.

Signé: DUMAS, DULAURENS, LEGOU, SIGNARD, INGRAND, MIRAN.

Du 11 juillet 1739.

Etant nécessaire de faire passer à Monsieur Puel, au Pégou, des fonds pour le mettre en état d'exécuter la construction du vaisseau et du brigantin dont nous l'avons chargé et ayant actuellement en rade le vaisseau de la Compagnie la «Légère», qui est venu relâcher icy des Isles et nous proposant de l'envoyer au Pégou pour luy faire les réparations dont il peut avoir besoin, il a été délibéré et arresté d'envoyer par ce bâtiment à mondit sieur Puel, huit mille piastres, et comme la saison n'est point encore avancée et qu'il est absolument nécessaire de remettre des fonds à Yanaon pour en pouvoir tirer la quantité de marchandises que nous avons demandée, il a été en même temps convenu de faire encore embarquer sur le dit vaisseau la «Légère» cinquante mille R. A. pour porter à Yanaon où nous l'envoyerons mouiller un pied d'ancre en passant et de continuer sa route en droiture pour le Pegou.

Fait en la Chambre du Conseil Supérieur, à Pondichéry, les dits jour et an que dessus.

Signé : Dumas, Dulaurens, Legou, Signard, Ingrand, Miran.

Du 15 juillet 1739.

Ne pouvant vendre de matières d'argent à quelque prix que ce soit, ni icy ni à Arcatte, par les raisons énoncées dans notre délibération du 8 du courant, les marchands qui font ce commerce demandant un long terme pour le payement et ne voulant s'obliger à nous payer que dans les pagodes qui sortiront des Monnoyes des Maures, à quelques titres qu'elles soyent, à quoi il ne convient nullement de consentir, et le sieur de la Noë nous ayant écrit de Madras que l'on ne luy offroit de l'argent que nous luy avons remis par la «Légère» que 7 pagodes 6 caches par serre à deux mois et demi de terme, afin de pouvoir faire usage dans les circonstances facheuses où nous nous trouvons de la permission que nous avons de fabriquer des roupies à nostre Monnoye et de les pouvoir donner nous mêmes en payement à nos marchands au déffaut de pagodes, à quoi ils ont consenti ; il a été délibéré de rendre une ordonnance par laquelle les roupies fabriquées icy, au titre et coin de celles d'Arcatte, seront reçues dans le commerce sur le pied de trois cent vingt, pour cent pagodes de huit toques et au bazard sur le pied de 7 1/2 fanons la roupie ce qui représente les matières d'argent vendues à raison de sept pagodes 48 caches de huit tocques la serre, et donne de plus par la fabrication à la Monnaye un bénéfice à la Compagnie de 21 roupies 6 annas pour cent serres d'argent sur les piastres même du plus bas titre, espérant par ce moyen que le commerce de la Compagnie ne sera point entièrement interrompu et que celuy de la place se fera avec moins d'inconvénient et que cela pourra peut-être porter à discontinuer d'altérer les pagodes qu'ils verront entièrement décriées à Madras et ici et pour constater la teneur de la susditte ordonnance il a été convenu de l'enregistrer ainsi qu'il suit :

De par le Roy et le Conseil Supérieur.

Les pagodes qui se fabriquent dans les terres continuant de jour en jour à diminuer considérablement de titre, ce qui cause une perte considérable aux négocians et un très grand dérangement dans le commerce, le Conseil pour y remédier autant qu'il est en son pouvoir a délibéré et arresté qu'à commencer du jour de la présente ordonnance les roupies frappées au coin et du titre de celles d'Arcatte auront cours dans le commerce et y seront reçues en payement, à raison de trois cent vingt roupies pour cent pagodes de huit toques, ce qui revient à sept fanons et demy chaque roupie et en conséquence, a ordonné et ordonne à tous *serafs*, changeurs, marchands et négocians de cette ville de telle qualité et condition qu'ils puissent être, de recevoir sans aucune difficulté les susdites roupies et au prix cy-dessus fixé.

Fait et arresté, en la Chambre du Conseil Supérieur, à Pondichéry, les dits jour et an que dessus.

Signé : DUMAS, DULAURENS, LEGOU, SIGNARD, INGRAND, MIRAN.

Du 15 juillet 1739.

Par les lettres que nous avons reçues par le « Duc d'Orléans », la Compagnie nous donne avis qu'elle envoye pour Pondichéry cinq vaisseaux et qu'elle nous destine un fonds de cent seize mille marcs de matières d'argent, ce qui nous donnera environ sept cent mille pagodes ; quoique cette remise soit considérable ainsi que celles qui nous ont été faites les deux années précédentes, ces fonds néanmoins se trouvent absorbez par les envoys considérables que nous avons faits en France, en 1737 et 1738, qui ont montez ensemble à 1 108471 pagodes et ceux que nous comptons faire cette année que nous estimons devoir être d'environ cinq cent soixante mille pagodes; à quoi il faut ajouter les remises que nous avons faites à Bengale beaucoup plus fortes que ce qui nous étoit prescrit ; ce qui nous a déterminé de dresser un tableau de notre situation actuelle pour faire connoître à la Compagnie celle dans laquelle nous serons après le départ des vaisseaux de cette expédition, de quoi il résulte que nous nous trouverons très courts de fonds et dans l'impossibilité de remettre à Mahé, Mazulipatam et Yanaon les fonds nécessaires et de continuer ici la fabrique des marchandises pour l'année prochaine, ainsi qu'il conviendroit; nous trouvant de plus dans une grande disette de pagodes par le retardement des vaisseaux de la Compagnie et l'impossibilité de vendre des matières d'argent, ce qui nous rejette dans un embarras des plus grands dans lequel nous nous soyons jamais trouvez, tant pour continuer la fabrique des marchandises que pour acquitter plus de deux cents mille pagodes que nous nous sommes trouvez devoir à divers particuliers, au premier de ce mois ; cette scituation nous a déterminé à prendre dès à présent des mesures pour emprunter, s'il est possible, d'ici au mois de janvier prochain, jusqu'à la concurrence de cent mille pagodes à intérest, à raison de huit pour cent par an, lorsque l'occasion se présentera de le faire, à quoy Monsieur le Gouverneur sera prié d'employer son crédit et ses soins.

Fait et arresté, en la Chambre du Conseil Supérieur, à Pondichéry, les dits jour et an que dessus.

Signé : DUMAS, DULAURENS, LEGOU, SIGNARD, INGRAND, MIRAN.

Du 20 juillet 1739.

Les nommés Rangapa et consorts nous ayant proposé de leur vendre les cent balles de draps londrins venues par le « Duc d'Orléans », à raison d'une pagode douze fanons l'aune et au terme accoutumé, outre l'avantage qui revient à la Compagnie de trouver l'occasion de se défaire aussi promptement d'une si forte partie de ces draps, trouvant au prix qui nous en est offert un bénéfice raisonnable : Il a été délibéré d'accepter l'offre du dit Rangapa et qu'en conséquence les dites cent balles de draps luy seront délivrées par Monsieur Signard, l'un de nous, garde magasin, payable moitié dans quatre mois et l'autre moitié dans six, à compter du jour de la livraison.

Fait et arresté, en la Chambre du Conseil Supérieur, à Pondichéry, les dits jour et an que dessus.

Signé : DUMAS, DULAURENS, LEGOU, SIGNARD, INGRAND, MIRAN.

Du 24 juillet 1739.

Les difficultés que nous avons eues, l'année dernière, pour la vente de nos matières d'argent continuant et même augmentant de jour en jour et ayant besoin d'or pour les fonds que nous avons à remettre annuellement aux comptoirs de Mazulipatam et Yanaon et pour des opérations de commerce, qui se présentent journellement, qui ne peuvent se faire qu'en pagodes; il a été délibéré et arresté d'embarquer pour le compte de la Compagnie, snr le vaisseau le « Saint Benoist », prest à partir pour la Chine, soixante mille piastres pour y être converties en or, lesquelles seront à la consignation de Monsieur de La Metrie, subrécargue sur le vaisseau.

Fait et arresté, en la Chambre du Conseil Supérieur, à Pondichéry, les dits jour et an que dessus.

Signé : DUMAS, DULAURENS, LEGOU, INGRAND, SIGNARD, MIRAN.

Du 28 juillet 1739.

Ayant en magasin sept cent cinquante *bars*, trois cent quarante-quatre livres de *toutenague*, qui est échue à la Compagnie pour partie du produit de son intérest dans l'armement de Chine, ayant lieu de croire qu'il sera facile à Messieurs de Bengale (qui est l'endroit ou se fait la plus grande consommation de cette marchandise) d'en procurer une déffaite avantageuse à la Compagnie, en donnant à leurs marchands dans les avances qu'ils leur font pour les marchandises qu'ils doivent fournir; il a été délibéré et arresté d'envoyer toute cette *toutenague* au Conseil de Chandernagor, par le vaisseau de la Compagnie le «Saint-Joseph» que nous allons expédier incessamment pour le Gange et il a été, en même temps, convenu de charger encore sur ce vaisseau pour Bengale 70 milliers de poivre, 100 milliers de bois rouge et dix mille pagodes en or pour remettre en passant au comptoir de Mazulipatam où nous donnerons ordre au capitaine d'aller moüiller un pied d'ancre.

Fait et arrêté, en la Chambre du Conseil Supérieur, les dits jour et an que dessus.

Signé : DUMAS, DULAURENS, LEGOU, SIGNARD, INGRAND, MIRAN.

Du 30 juillet 1739.

Les Révérends Pères Jésuittes nous ayant fait proposer de prendre pour le compte de la Compagnie, à constitution de rente à raison de six pour cent par an, vingt-six mille pagodes, sçavoir : vingt mille appartenant à la maison des Révérends Pères Jésuittes de Chine et six mille pour la maison de Pondichéry; il a été délibéré et arresté d'une voix unanime, en conséquence des motifs énoncés dans notre délibération du 15 juillet courant, d'accepter l'offre des dits Révérends Pères et que nous leur passerons deux contracts sous-seing privé et au nom de la Compagnie, dont un de soixante-quatre mille roupies Arcattes faisant vingt mille pagodes à trois cent vingt roupies pour cent pagodes appartenant à la maison de Chine, et l'autre de six mille pagodes appartenant à la maison de Pondichéry.

Fait et arrêté, en la Chambre du Conseil Supérieur, à Pondichéry, les dits jour et an que dessus.

Signé: DUMAS, DULAURENS, LEGOU, SIGNARD, MIRAN, INGRAND.

Du 7 aoust 1739.

Monsieur le Gouverneur s'étant chargé de donner ses peines et soins pour trouver les cent mille pagodes que nous avons délibéré le 15 du même mois dernier d'emprunter, pour les raisons énoncées dans notre délibération du dit jour, nous ayant informé qu'après bien des sollicitations il avoit enfin engagé divers particuliers à nous les prester, scavoir :

Iman Saheb, qui a consenti de nous prester de nouveau les cinquante mille pagodes qu'il nous avoit prestées dès l'année passée et dont le remboursement étoit échu le premier de ce mois et qu'il nous donne à intérest à raison de 8 p. 0/0 payables dans un an cy.. P. 50.000

Le nommé Narenachetty, douze mille pagodes aux mêmes conditions cy....... 12.000

Monsieur Miran deux mille pagodes aux mêmes conditions cy.................. 2.000

Pedre Modéliar, dix mille pagodes à 8 p. 0/0 par an, payable à l'arrivée du premier vaisseau de 1740 cy.............. 10.000

Lesquelles susdittes sommes, avec celles que les Révérends Pères Jésuites nous ont prestées, font ensemble celles de cent mille pagodes qu'il a esté délibéré et arresté, d'une voix unanime, d'accepter et qu'en conséquence il sera passé aux prêteurs par Monsieur Dulaurens, garde-magasin des matières, des billets payables dans les termes susdits.

Fait et arrêté, en la Chambre du Conseil Supérieur, à Pondichéry, les dits jour et an que dessus.

Signé : DUMAS, DULAURENS, LEGOU, SIGNARD, INGRAND, MIRAN.

Du 7 aoust 1739.

L'Eglise des Révérends Pères Capucins, qui sert de Paroisse dans la ville, étant trop petite et menacant ruine de tous les costés, ces Révérends Pères se sont déterminés à en rebatir une autre et même à appliquer à sa construction les deux mille pagodes que la Compagnie leur a fait payer pour le rétablissement de leur hospice, qui tombe pareillement en ruine, se confiant, pour le restant des fonds qui leur sont nécessaires tant pour l'édification de leur Eglise que pour celle de leur maison, dans les libéralités de la Compagnie et autres charités des paroissiens, qui doivent contribuer autant qu'il est en leur pouvoir à la batisse de l'Eglise paroissiale, qui leur est absolument nécessaire, mais ne convenant point que cet édifice soit aussi prest du fort que l'ancienne Eglise qui n'est distante de l'angle du bastion appelé de Bretagne au coté H. que de quatre vingts toises; il a été délibéré et arresté d'achetter la maison du nommé Chevalier, qui fait le coin de la rue dite de l'Archevêque, pour la somme de sept cent quarante-deux pagodes et celle du sieur Bouteville, faisant l'autre coin de la susdite rue, pour la somme de trois cents pagodes, afin de reculer la nouvelle Eglise jusques et joignant le terrain appartenant à Monsieur Elias au moyen de quoi le portail de la dite Eglise que les Révérends Pères Capucins se proposent de faire batir sera distante de l'angle du dit bastion H de cent toises et il sera laissé, vis à vis la dite Eglise, une cour de seize toises de l'est à l'ouest et de quarante une toises du nord au sud et distant de cinquante-neuf toises de l'angle du bastion, laquelle cour ne pourra être entourée que d'une claire voire et sans qu'il puisse être permis aux dits Révérends Pères de construire dans la ditte cour aucun batiment ny édifice. Le terrain sur lequel les dits Révérends Pères prétendent construire leur hospice sera terminé au nord par la ligne prolongée de leur claire voire dont a été fait mention cy-dessus et à l'est par la rue des François; quand au terrain restant, depuis le susdit enclos jusqu'à la contrescarpe du fossé, les batiments qui seront dessus seront démolis et le terrain nettoyé et restera vuide comme faisant partie de la place qui doit être autour du fort, ce qui a été convenu au Conseil avec le Révérend Père Thomas, Supérieur Général des Révérends Pères Capucins des Indes, et le Révérend Père Dominique, Supérieur de l'Hospice de Pondichéry et curé de la ville.

Fait et arrêté, en la Chambre du Conseil Supérieur, à Pondichéry, les jour et an que dessus.

Signé : DUMAS, DULAURENS, LEGOU, SIGNARD, INGRAND, MIRAN.

Du 9 aoust 1739.

Malgré les fonds considérables que nous avons fait passer à Mazulipatam et Yanaon et étant cependant encore nécessaire d'y en envoyer de nouveaux pour mettre les chefs de ces comptoirs en état non seulement de nous envoyer toutes les marchandises que nous leur avons demandées, mais aussi pour continuer dans le tems favorable la recette des marchandises: il a esté délibéré et arresté d'envoyer à ces Comptoirs vingt cinq mille roupies Arcatte et dix mille pagodes par le vaisseau la «Marie Joseph» que nous nous proposons d'expédier incessamment pour le Pégu.

Fait et arresté, en la Chambre du Conseil Supérieur, à Pondichéry, les dits jour et an que dessus.

Signé: Dumas, Dulaurens, Legou, Signard, Ingrand, Miran.

Du 16 aoust 1739.

Le retardement des vaisseaux de la Compagnie, cette année, dont le premier n'a mouïllé en cette rade que le 29 juin et le second le 15 aoust, joint aux difficultés survenües dans le commerce de cette coste, nous ostant toute espérance de pouvoir renvoyer en France au mois d'octobre prochain plus de deux vaisseaux, dont l'un sera le «Fleury» chargé de marchandises de la coste et le second le vaisseau le «Triton» chargé de deux mille cinq cents balles de caffé: le Conseil a délibéré et arresté d'envoyer le vaisseau le «Duc d'Orléans» à Achem tant pour y passer la mauvaise saison que pour tacher de retirer du Roy et gens du pays environ soixante-douze *Catis* d'or qu'ils doivent tant à la Compagnie qu'à plusieurs particuliers de la Nation, qui, en divers temps, y ont été retenus injustement et par force ; comme la voye de la douceur et de la négociation n'a jusqu'à présent rien opéré sur des peuples perfides et de mauvaise foy, il a été délibéré et arresté d'embarquer sur le « Duc d'Orléans » un détachement de quarante blancs et vingt topas, commandés par un capitaine, de donner ordre au sieur de la Chenaye, capitaine du dit vaisseau, d'employer le détachement et les forces et secours qu'il pourra de son vaisseau pour obliger le Roy d'Achem, de gré ou de force, à satisfaire à ce qu'il doit à la Nation et à l'exécution des traittés passez cy-devant en 1729 avec la Compagnie, le tout cependant conformément à ce qui sera décidé sur les lieux par les sieurs Lenoir et Pathelin que le Conseil fait embarquer sur le « Duc d'Orléans » et a chargé de la conduitte de cette opération, relativement aux instructions qui leur ont été données et dont copie sera envoyée à la Compagnie.

Fait et arresté, en la Chambre du Conseil Supérieur, à Pondichéry, les dits jour et an que dessus.

Signé : Dumas, Dulaurens, Legou, Signard, Ingrand, Miran.

Du 20 aoust 1739.

Ayant eu avis, par la lettre qu'Iman Saheb a écrite à Pedro nostre Courtier et dont la traduction est insérée à la suite de la présente, qu'une armée de quarante mille cavaliers Marattes marchoit de ces costés icy pour venir au secours du Roy de Tanjaour, qui se trouve réduit aux dernières extrémités par l'armée du Nabab, et qu'il y avoit lieu d'appréhender que cette armée ne passât par Pondichéry, comme il ne nous est pas permis de négliger un avis de cette importance et qu'il est de nostre devoir et de nostre honneur de faire tout ce qui peut dépendre de nous pour mettre la place en sûreté et en état de se défendre autant qu'il nous est possible : il a esté délibéré et arresté de réduire la garnison que nous avons à Karikal à deux compagnies, composées de soixante blancs et quarante topas chacune et de faire revenir icy le surplus des troupes et officiers que nous avons à Karikal : il a, de plus, été délibéré et arresté que Monsieur le Gouverneur prendra toutes les mesures qu'il jugera les plus convenables, tant pour mettre le fort et les postes qui sont autour de la ville en état de se bien deffendre, que pour rassembler dans la place le plus de vivres et munitions de bouche qu'il sera possible ; il a été, de plus, arresté que le détachement de soixante hommes que nous comptions envoyér sur le « Duc d'Orléans », à Achem, sera réduit à dix blancs et vingt topas.

Fait et arresté, en la Chambre du Conseil Supérieur, à Pondichéry, les dits jour et an que dessus.

Traduction d'une lettre d'Iman Saheb à Pedro Modéliar, reçue le 19 aoust 1739.

Tous les Seigneurs qui sont ici souhaitent bien fort de prendre la ville de Tanjaour, qui est au pouvoir d'un des parents de Saouraja ; ce dernier avoit dessein, depuis deux ans, d'envoyer au secours de son parent le nommé Bagirao et autres Seigneurs ; les troubles survenus à l'occasion de l'arrivée de Nadercha l'en ont empêché ; à l'heure qu'il est, il nous est venu des nouvelles certaines que Saouraja doit, cette année, envoyer ce général et ces Seigneurs dans ces cantons avec une armée de quarante à cinquante mille chevaux, qui est preste à se mettre en marche ; ces nouvelles sont très certaines ; il n'y a point à en douter ; quand cette nation viendra par ici, elle ira jusqu'à Pondichéry.

En considération de l'amitié qu'il y a entre Monsieur le Gouverneur et moy, et parce que je regarde sa place comme m'appartenant à moy même, je luy ay cy-devant écrit cette nouvelle par deux fois ; il est arrivé quelle s'est trouvée fausse, mais pour cette fois il faut compter que ce n'est pas une fausse alarme, comme ça été cy-devant, mais que cette nouvelle est très certaine ; ces sortes de nouvelles, un amy quand il les apprend doit les communiquer à son amy, c'est pourquoi je vous les écris. Cette nouvelle est très véritable, il ne faut pas que vous pensiez qu'elle est fausse, il faut bien faire entendre toute ces nouvelles à Monsieur le Gouverneur. Il faut vous tenir chez vous sur vos gardes, il faut dès à présent tenir toutes choses prestes et en état ; il ne faut point laisser sortir de grains de chez vous ; ils viendront quand on y pensera le moins. Cette nouvelle est très certaine.

Fait et arresté, en la Chambre du Conseil supérieur, à Pondichéry, les dits jour et an que dessus.

Signé : DUMAS, DULAURENS, LEGOU, SIGNARD, INGRAND, MIRAN.

Du 20 aoust 1739.

Le vaisseau le « Duc d'Orléans » étant prest de mettre à la voille pour Achem, Messieurs les capitaines et officiers nous auroient représenté qu'ils trouvoient occasion de donner à la grosse à 10 p 0/0 le port permis qui leur a été accordé par la Compagnie, que cette opération bien loin de luy être préjudiciable luy devenoit avantageuse puisqu'elle procuroit un plus gros fret sur le vaisseau. Il n'y auroit aucune difficulté à consentir à cette proposition, si tous les fonds qui composent le port permis de ces officiers leur appartenaient en propre et qu'ils fussent entre leurs mains, mais la plus grande partie de cet argent leur a été donné à la grosse par la Compagnie, qui l'a adressé au Conseil. Ces officiers objectent qu'ayant pris de l'argent à la grosse pour tout le voyage d'aller et de retour, il doit leur être loisible d'en disposer et de profiter d'un avantage que le hazard leur procure, surtout dans une occasion qui bien loin d'être contraire aux intérests de la Compagnie luy est avantageuse ; quoiqu'il y ait beaucoup de bonnes raisons à objecter à cet exposé, cependant pour favoriser Messieurs les officiers du « Duc d'Orléans », et les engager à apporter tous leurs soins à la réussite de l'opération dont ils sont chargés, a délibéré et arresté, pour cette fois seulement et sans tirer à conséquence, que leur port permis leur sera remis pour être par eux donné à la grosse pour leur compte et risque, sur le vaisseau le « Duc d'Orléans », pour le voyage d'Achem, sur quoy la Compagnie sera priée de nous donner ses ordres pour l'avenir.

Fait et arresté, en la Chambre du Conseil Supérieur, à Pondichéry, les dits jour et an que dessus.

Signé : DUMAS, DULAURENS, LEGOU, SIGNARD, INGRAND, MIRAN.

Du 22 aoust 1739.

Se trouvant à bord du vaisseau « L'Union », venant de Jedda, et de la princesse « Emillie », venant de Mozambique, pour environ douze mille pagodes de sequins et poudre d'or et ayant un extrême besoin de pagodes, il a été délibéré et arresté de demander cet or aux subrécargues des dits vaisseaux, à condition de leur faire payer à Chandernagor sur le pied que le dit or pourroit y être vendu.

Fait et arrêté, dans la Chambre du Conseil Supérieur, à Pondichéry, les dits jour et an que dessus.

Signé : DUMAS, DULAURENS, LEGOU, SIGNARD, INGRAND, MIRAN.

Du 22 aoust 1739.

Les armateurs de vaisseaux « L'Union », et le « Maure », nous ayant prié de régler le frêt des deux mille cinq cents balles de cafés qu'ils ont apportés de Moka, et ceux du vaisseau le « Maure », celui des matières et effets qu'ils ont portés et rapportés, appartenant à la Compagnie, il a été convenu avec les dits armateurs que le frêt des cafés leur seroit payé à raison d'une piastre chaque grande balle, et à l'égard des armateurs du « Maure », il a été de plus convenu qu'il leur sera payé cinq cents piastres tant pour le frêt des vingt-cinq mille piastres qu'ils ont portées et raportées de Moka, appartenant à la Compagnie, que pour celuy des autres effets qu'ils ont portés soit en allant ou en revenant.

Fait et arrêté en la Chambre du Conseil Supérieur, à Pondichéry, les dits jour et an que dessus.

Signé : DUMAS, DULAURENS, LEGOU, SIGNARD, INGRAND, MIRAN.

Du 26 aoust 1739.

La Compagnie, par sa lettre du 29 décembre 1738, improuvant nostre délibération du 20 mars 1737, qui réduit le titre des pagodes, qui se fabriqueront à la monnoye de Pondichéry à 8 toques 1/16, prétendant que les solides raisons que nous y alléguons pour soutenir cette opération ne sont bonnes qu'en apparence, et nous deffendant très expressément d'apporter à l'avenir, sous quelque prétexte que ce puisse être, aucun affoiblissement au titre ni au poids des monnoyes d'or et d'argent, à moins d'un ordre formel de sa part, sera sans doute très surprise lorsqu'elle verra nos délibérations des 6 et 15 mai 1738 et celle du 11 may 1739, qui diminuent encore le titre des pagodes, fabrique de Pondichéry, et les fixe au titre de huit toques ; mais malgré toutes nos ordonnances et tout ce que la Compagnie mal informée ou prévenüe peut nous objecter, les choses sur cet article vont toujours de mal en pire, de sorte que toutes les pagodes qui sont maintenant répandues dans cette province ne sont plus que du titre de sept toques et demy à 7 toques 5/8, à quoi nous ne trouvons aucun remède. Par ce que la Compagnie nous écrit, dans sa lettre du 29 décembre 1738, il sembleroit que nous serions les maîtres de constater et fixer le titre des pagodes, qui ont cours à cette coste, ou que nous serions les seuls qui en ferions fabriquer, pendant qu'il y a, dans la seule province du Carnate, vingt-deux Monnoyes et que sur cent millions de pagodes répandües dans le commerce depuis Portonovo jusques à Paliacatte, à peine s'en est-il fabriqué, depuis deux ans, dans la Monnoye de Pondichéry, cent soixante et dix mille cette petite quantité n'a pas plustost été repandüe dans le commerce qu'elle a disparü et quoiqu'elles fussent d'un titre plus fort que celles des autres Monnoyes, elles n'ont été récües que comme pagodes courantes et l'augmentation de titre que nous leur avons donnée a retombé en pure perte à la Compagnie et aux particuliers qui les ont fait fabriquer, sans qu'il en soit résulté le moindre avantage. Comment la Compagnie peut-elle prétendre que nous fabriquions des pagodes dans Pondichéry et encore d'un titre plus haut que celuy auquel il plait aux Puissances du pays de les réduire? Où prendrons-nous des matières d'or, la Compagnie nous en remet-elle, fait-elle quelque commerce qui luy en produise, et enfin comment le peu d'or que les particuliers de la Colonie apportent de Chine et d'Achem sera-t-il remis à nostre Monnoye si nous leur fournissons en payement moins de pagodes que les Monnoyes voisines? Nos pagodes sont meilleures à la vérité, mais elles ne leur tiennent pas lieu d'une plus forte valeur dans le commerce que les pagodes courantes. Lorsqu'il a été question de vendre des matières d'argent, nous avons voulu imposer la loy de nous payer en pagodes de huit toques; les marchands nous ont demandé où nous voulions qu'ils les prissent, qu'ils nous fourniroient des pagodes telles quelles couroient dans les terres, et qu'on les leur donnoit aux Monnoyes des Maures, nous mettant dans l'alternative ou de recevoir de ces pagodes de bas aloy ou de garder nos matières d'argent; il eût été bien à désirer pour nous que la Compagnie eût été, dans ces circonstances, à notre place; nous ne doutons pas que ses lumieres infiniment supérieures aux nostres ne luy eussent suggéré des moyens efficaces pour remédier à un si grand mal, mais, quand à nous, nous nous sommes trouvés très embarassez et ne sachant quel parti prendre; ne point vendre nos matières d'argent auroit causé une interruption totale du commerce de la Compagnie, quatre vaisseaux aux Indes à rien faire, qu'il auroit fallu renvoyer en France à vuide, nous paroissoit une extrémité fâcheuse; cependant vendre nostre argent en pagodes de bas titre, les recevoir et donner en payement étoit leur accorder un cours déffendu et contrevenir formellement aux ordres de la

Compagnie citez cy-dessus; par quelles nouvelles raisons pourrions-nous, si nous avions pris ce dernier parti, appuyer notre conduite; la Compagnie les scait déjà toutes et les regarde comme fausses et qui n'ont de solidité qu'en apparence, l'ordre de sa part est positif. Nos lumieres, nostre expérience et les circonstances des temps, joints à la perte qui luy en peut résulter, ne sont pas des raisons assez puissantes auprès d'elle pour s'en rapporter à nostre décision; elle nous déffend absolument d'apporter aucun changement à l'exécution de ses ordres, sous quelque prétexte que ce puisse être; il est encore à observer que nous ne sommes pas les seuls dans l'embaras, les Anglois à Madras ont rendu le 2 avril 1739. V. S. une ordonnance dont copie sera envoyée à la Compagnie, par laquelle ils fixèrent dans Madras le titre des pagodes courantes à 80. touches 1/2, ce qui revient à 8 toques de Pondichéry, et interdirent le cours des pagodes inférieures, établissant, sur quelques unes, un escompte ou *Bantam* de 4 p o/o; cette ordonnance quoiqu'affichée et publiée n'a point en son exécution, tout commerce a été, pendant quelques temps, interrompu; il n'a point été fabriqué dans Madras une seule pagode de huit toques et on a toujours reçu et donné en payement des pagodes de 7 toques 3/4, ainsi que nous l'avons vérifié, sur celles que nous avons été forcés de recevoir à Madras pour la vente de quelques matières d'argent. Monsieur le Gouverneur de Madras à qui Monsieur Dumas en a fait porter ses plaintes, a répondu qu'il n'y sçavoit aucun remède. Le Conseil après avoir mûrement délibéré sur ce que dessus, a arresté ce qui suit, d'une voix unanime.

De ne rien changer à ce qui a été fait jusqu'à présent au sujet des pagodes de Pondichéry, de laisser subsister le titre fixé à huit toques, de déffendre d'en donner ou recevoir que de ce titre, que toutes les matières d'or que les particuliers pourront apporter seront converties en pagodes de huit toques, que les matières d'argent ne seront vendues qu'en pagodes de huit toques et comme il n'y en a pas actuellement une seule dans le commerce et qu'il nous est impossible de vendre aucune matière d'argent que payable en pagodes de 7 toques 1/2 et 7 toques 5/8, il a été convenu d'une voix unanime que les dittes pagodes ne seront reçues que comme matières pour être refondües à la monnoye et converties en pagodes de huit toques, que le prix de la vente de l'argent sera réglé sur le pied de huit toques et évalué proportionnellement à la perte qu'il y aura pour convertir les pagodes de 7 toques 1/2 en pagodes de huit toques, lesquelles seules auront cours dans Pondichéry. Le Conseil néanmoins ne peut se dispenser de faire remarquer à la Compagnie qu'il luy résultera de cette opération une perte considérable, elle pouroit vendre ses matières d'argent à raison de sept pagodes 4 fanons la serre en pagodes de 7 toques 5/8 au lieu qu'en pagodes de 8 toques elles ne produiront pas 6 toques 20 fanons, l'argent étant considérablement tombé de prix à cette coste par les raisons énoncées dans nostre délibération du 8 juillet dernier; ces pagodes de huit toques qui luy coûteront bien plus cher que cellès de 7 toques 5/8 ne luy représenteront cependant pas dans son commerce une valeur plus forte que les pagodes inférieures ; ces pagodes de huit toques une fois sorties de notre caisse ne reparoitront plus dans le commerce, elles seront sur le champ refondues et on leur substituera des pagodes de plus bas titre, si nous refusons de recevoir en payement des pagodes de 7 toques 5/8 ou 7 toques 1/2 même inférieures suivant qu'il plaira au Gouvernement Maure de les diminuer encore de titre; il ne faut plus songer à faire de commerce à cette coste, par conséquent plus de vente de matières d'argent, ny de draps, ny de coraux, et quoique les raisons que nous alléguons à la Compagnie ne soient, selon elle, que bonnes en apparence, elle sera cependant priée très instamment d'y faire de sérieuses attentions et de nous donner des ordres bien clairs et bien positifs pour l'avenir. Lorsqu'ils seront aussi exprès et aussi précis que ceux qu'elle nous donne à ce sujet par sa lettre du 29 décembre 1738, elle peut être assurée de l'exécution, mais elle ne pourra avec justice s'en prendre ensuitte à nous si il luy en résulte quelque perte ou dommage considérable.

Fait à Pondichéry, en la Chambre du Conseil Supérieur, les dits jour et an que dessus.

Signé: DUMAS, DULAURENS, LEGOU, SIGNARD, INGRAND, MIRAN.

Du 26 août 1739.

Les difficultés que nous avons à vendre ici nos matières d'argent et qui sont détaillées dans notre délibération du 8 juillet dernier et qui nous avoient déterminé à envoyer à Madras quarante huit mille piastres par le vaisseau la « Légère » avec le sieur de La Noë, pour les y vendre et nous procurer, par ce moyen, des pagodes dont nous avions un pressant besoin, augmentant de jour en jour, de façon que nous n'en vendons que très difficilement et en pagodes de bas titre et encore à des termes extrêmement longs, ce qui nous expose faute de pagodes à ne pas profiter de cette saison qui est la plus convenable pour donner des avances aux marchands, et étant cependant essentiel, pour pouvoir renvoyer tous nos vaisseaux bien chargés, de ne point discontinuer de fournir de l'argent à ces marchands, il a été délibéré d'envoyer encore à Madras, jusqu'à la concurrence de quarante mille pagodes de matières d'argent, lesquelles seront chargées sur les vaisseaux l'« Heureux » et l'« Union » et adressées au Révérend Père Thomas, pour en faire la vente.

Fait et arresté, en la Chambre du Conseil Supérieur, à Pondichéry, les dits jour et an que dessus.

Signé : DUMAS, DULAURENS, LEGOU, SIGNARD, INGRAND, MIRAN.

Du 26 aoust 1739.

Un marchand de cette Compagnie nous ayant proposé de nous vendre une partie de trente-deux coffres d'opium, montant à quatre mille quatre cent cinquante-six pagodes, seize fanons, et qui nous a parû à un prix raisonnable, et nous disposant à faire partir incessamment le vaisseau le « Duc d'Orléans » pour Achem où cette marchandise est ordinairement de bonne déffaite et espérant, par le bénéfice qu'il y aura sur cette marchandise, augmenter celuy que nous avons lieu de croire que fera la Compagnie dans ce voyage, il a été délibéré et arresté d'acheter, pour son compte, les dits trente-deux coffres d'opium pour être embarqués sur le vaisseau le « Duc d'Orléans » et qu'en conséquence il sera payé aux propriétaires par Monsieur Dulaurens, garde magasin des matières d'or et d'argent, la somme de quatre mille quatre cent cinquante-six pagodes seize fanons, prix d'achat du dit opium.

Fait et arresté, en la Chambre du Conseil Supérieur, à Pondichéry, les dits jour et an que dessus.

Signé : DUMAS, DULAURENS, LEGOU, SIGNARD, INGRAND, MIRAN.

Du 27 aoust 1739.

Les nommez Ranmapavirachetty et Rangapapoullé nous ayant proposé de leur vendre pour soixante-dix mille pagodes de matières d'argent, à raison de sept pagodes trois fanons la serre, payables en pagodes courantes des terres à un mois de terme, il a esté délibéré et arresté que cette quantité de matières d'argent leur sera délivrée par le garde magasin des matières d'or et d'argent aux conditions cy-dessus.

Fait et arresté, en la Chambre du Conseil Supérieur, à Pondichéry, les dits jour et an que dessus.

Signé : DUMAS, DULAURENS, LEGOU, SIGNARD, INGRAND, MIRAN.

Du 4 septembre 1739.

Étant nécessaire de donner une destination au vaisseau « Le Maurepas », que nous ne prévoyons pas pouvoir charger cette saison, et ayant lieu de croire que Monsieur Aumont, Provicaire Apostolique à Merguy, aura ramassé les bois et autres effets pour le produit du fer que luy avoit laissé le « Saint-Joseph », à son départ du dit lieu en mars 1738, il a esté délibéré et arresté d'envoyer le vaisseau le « Maurepas » à Merguy, pour y passer la mauvaise saison et nous en rapporter les bois et différents effets que Monsieur Aumont aura à nous faire passer et pour tirer tout l'avantage qu'il est possible de ce voyage, il a été délibéré et arresté d'envoyer par ce vaisseau quinze mille piastres à Monsieur Aumont pour nous les employer en riz s'il est possible et en calin.

Fait et arresté, en la Chambre du Conseil Supérieur, à Pondichéry, les dits jour et an que dessus.

Signé : DUMAS, DULAURENS, LEGOU, INGRAND, SIGNARD, MIRAN.

Du 7 septembre 1739.

Ayant à Mazulipatam et Yanaon des parties considérables de marchandises qui doivent entrer dans les carguaisons des vaisseaux de cette expédition et n'ayant point dans ces comptoirs, ni même ici, actuellement, d'embarcations capables ny suffisantes pour nous les apporter, il a été délibéré et arresté d'envoyer le vaisseau le « Triton » dans ces deux comptoirs pour y prendre toutes les marchandises que les chefs auront à nous envoyer, ce qui n'empêchera pas ce vaisseau d'être ici à la fin de ce mois ou au commencement d'octobre pour prendre la carguaison que nous vous proposons de luy donner pour France et il a été, en même temps, convenu d'envoyer à Yanaon, par ce vaisseau, dix mille pagodes d'or pour mettre les employez de ce comptoir en état de rassembler d'ici au mois de janvier le plus de marchandises qu'il leur sera possible.

Fait et arresté, en la Chambre du Conseil Supérieur, à Pondichéry les dits jour et an que dessus.

Signé : DUMAS, DULAURENS, LEGOU, SIGNARD, INGRAND, MIRAN.

Du 7 septembre 1739.

Monsieur La Noë que par délibération du 19 may, nous avons nommé pour faire par intérim les fonctions de procureur général, nous ayant demandé la permission d'aller faire un voyage à la coste malabar où le bien de ses affaires exigeoit sa présence, ce qui luy a été accordé, et étant nécessaire de pourvoir au dit employ de procureur général, et les personnes du Conseil se trouvant actuellement chargées d'employs, qui ne leur permettroient pas de donner tous les soins et l'attention qu'exige la dite fonction de procureur général, le Conseil pour remplir cette place, a fait choix par intérim du sieur Lemaire, employé de la Compagnie en ce comptoir, qui nous a parû un homme sage, capable de s'acquitter de cet employ, sans cependant que la dite fonction puisse rien changer à son rang ny à son ancienneté, lequel dit sieur Lemaire se chargera, par inventaire, qui sera dressé par devant notaire, de tous les papiers et effets concernant la Procure générale, qui luy seront remis par mon dit sieur La Noë, lequel inventaire sera visé du Conseil, et mon dit sieur Lemaire étant, à l'instant, entré dans la Chambre du Conseil y a presté le serment en tel cas requis.

Fait et arresté, en la Chambre du Conseil Supérieur, les dits jour et an que dessus.

Signé : DUMAS, DULAURENS, LEGOU, SIGNARD, INGRAND, MIRAN.

Du 8 septembre 1739.

La situation dans laquelle nous nous trouvons aux Indes, tant par rapport à Pondichéry que Karikal et Mahé, nous faisant sentir la nécessité dans laquelle nous sommes de personnes capables de conduire les travaux et ouvrages que nous avons à faire, dont les projets et devis ne peuvent être bien dressés que par quelque personne bien entendue et parfaitement au fait ; M. de Cossigny ayant passé à Pondichéry sur le vaisseau le « Maurepas », nous avons crû ne pouvoir rien faire de mieux ni de plus convenable au bien du fermier que de l'engager à rester ici jusqu'à nouvel ordre de la Compagnie ou qu'il luy ait plû de nommer un sujet capable d'être chargé de la conduite des travaux et fortifications dans tous ses comptoirs aux Indes, ce qui ayant été proposé à Monsieur de Cossigny, il l'a accepté ; et, en conséquence, il a été délibéré et arresté que le dit sieur Cossigny sera reconnu et installé dans le poste d'ingénieur en chef dans tous les comptoirs des Indes, qu'il aura en cette qualité, sous les ordres du Gouverneur et Commandant général de la Nation et du Conseil Supérieur, la conduite de tous les travaux tant civils que militaires, et dont les devis auront été, avant d'être mis à exécution approuvez et arrestés au Conseil Supérieur.

Fait et arresté, en la Chambre du Conseil Supérieur, les dits jour et an que dessus.

Signé : DUMAS, DULAURENS, LEGOU, SIGNARD, INGRAND, MIRAN.

Du 10 septembre 1739.

La Compagnie, par sa lettre du 21 février 1739, à Monsieur le Gouverneur, luy donnant ordre de faire payer à Vanarcidas, ancien courtier à Suratte, la somme de huit mille roupies Arcatte, il a été délibéré et arresté qu'en conséquence des ordres de la Compagnie, insérez dans la susdite lettre et que mon dit sieur le Gouverneur nous a communiqués, la dite somme de huit mille roupies Arcatte sera payée au dit Vanarcidas par Monsieur Dulaurens, garde magasin des matières d'or et d'argent, dont il sera passé quittance par devant notaire et expédition envoyée à la Compagnie.

Fait et arresté, en la Chambre du Conseil Supérieur, à Pondichéry, les dits jour et an que dessus.

Signé : DUMAS, DULAURENS, LEGOU, SIGNARD, INGRAND, MIRAN.

Du 12 septembre 1739.

Iman Saheb en envoyant à Monsieur le Gouverneur les *paravanas* de Nizammoulouk pour le cours des roupies fabriquée à Pondichéry pour le Nabab de Bengale, celuy d'Yanaon et pour le *Faussedar* de Mazulipatam, luy ayant marqué qu'il en avoit coûté à son frère pour les obtenir cinq mille sept cent roupies Arcatte, et qu'il falloit les luy rembourser, et luy ayant même écrit déjà plusieurs fois à ce sujet, il a été délibéré et arresté de luy fournir, suivant sa demande, des matières d'argent pour la valeur des dites cinq mille sept cent roupies, lesquelles matières seront délibérées aux ordres du dit Iman Saheb par Monsieur Dulaurens, garde magasin des matières d'or et d'argent.

Fait et arresté, en la Chambre du Conseil supérieur, à Pondichéry, les dits jour et an que dessus.

Signé : DUMAS, DULAURENS, LEGOU, SIGNARD, INGRAND, MIRAN.

Du 18 septembre 1739.

Tous les vaisseaux de France nous étant parvenus trop tard pour pouvoir faire passer, à Bengale, par ceux qui y étoient destinez, les fonds que nous avions ordre d'y remettre convertis en roupies, et nous restant encore ce jour des fonds qui y sont destinés plus de trois cents mille roupies à y envoyer et que nous avons de frappées, il a été délibéré et arresté de luy faire passer par le vaisseau de la Compagnie le «Pondichéry» que nous expédions ce jour, la Compagnie nous donnant, de plus, ordre de remettre des fonds au comptoir de Chandernagor tant pour le montant des différents envoys qu'il nous fera et aux Isles, que pour toutes les dépenses que nous luy occasionnerons, et n'avant point de roupies de prestes à y envoyer pour cette opération, il a été convenu et arresté de remettre à ce comptoir par le même vaisseau, le «Pondichéry», encore cinq mille marcs de piastres faisant la valeur de cinq mille roupies.

Fait et arresté, en la Chambre du Conseil Supérieur, à Pondichéry, les dits jour et an que dessus.

Signé : DUMAS, DULAURENS, LEGOU, SIGNARD, INGRAND, MIRAN.

Du 21 septembre 1739.

Le brigantin « L'Aventurier », étant prest de retourner à Yanaon, et n'ayant pas encore remis jusqu'à ce jour à ce comptoir, malgré les fonds considérables que nous y avons déjà fait passer, tous ceux dont le sieur de Choisy a besoin pour remplir les contrats qu'il y a fait, en conséquence de nos ordres, il a été délibéré et arresté de luy envoyer encore par ce brigantin, quinze mille pagodes en or et cinquante mille roupies Arcatte.

Fait et arrêté, en la Chambre du Conseil Supérieur, à Pondichéry, les dits jour et an que dessus.

Signé : DUMAS, DULAURENS, LEGOU, SIGNARD, INGRAND, MIRAN.

Du 25 septembre 1739.

En conséquence des ordres de la Compagnie au sujet de l'intérest qu'elle veut avoir dans tous les armements particuliers, l'ayant fixé, par délibération du 15 septembre 1738, à un quart dans chaque armement, les particuliers de cette Colonie ayant armé les vaisseaux le « Maure » et le « Fidèle », pour aller à Bengale et revenir ici en janvier avec leur cargaison de riz et le vaisseau le « Cantorbery », pour faire le voyage de la coste malabar; Goa, il a été délibéré et arresté, en conséquence de ce que dessus, que la Compagnie sera intéressée du quart dans tous ces armements et que le dit intérest sera payé par M. Dulaurens, garde-magasin des matières d'or et d'argent, aux particuliers chargés des armements, suivant le compte remis dehors.

Fait et arresté, en la Chambre du Conseil Supérieur, à Pondichéry, les dits jour et an que dessus.

Signé : Dumas, Dulaurens, Legou, Signard, Ingrand, Miran.

Du 26 septembre 1739.

Messieurs du Conseil de Chandernagor, par leurs lettres des 8 et 23 juillet nous marquant que le petit vaisseau l' « Heureux », par lequel nous leur envoyons trois cents *candils* de poivre, avoit paru dans le Gange le 6 ou le 7 juin et que dans le coup de vent qu'il y a eu les 9, 10 et 11 du même mois, ce vaisseau avoit disparu avec le bot du pilotte qui l'entroit, et que depuis ils n'en avoient eu aucune nouvelle, ce qui nous donneroit lieu de croire que ce vaisseau aurait péry et de craindre (ce malheur étant arrivé) que Messieurs de Bengale ne se trouvent sans presque de poivre pour donner à leurs vaisseaux, ne leur en ayant remis outre les trois cents *candils* de l'« Heureux », que soixante-dix milliers par le « Saint-Joseph » ; le Conseil faisant attention au préjudice qui pouroit résulter à la Compagnie de ne point recevoir la quantité de poivre qu'il luy est nécessaire et le vaisseau le « Saint-Pierre », étant arrivé ce jour avec une cargaison de trois cents soixante-quinze *candils* de poivre, le Conseil de Mahé nous marquant qu'il espère nous en remettre encore par le vaisseau « Le Prince de Conty » et le « Jupiter », (qui y sont arrivés) jusqu'à la concurrence de six cents *candils* et plus, ce qui sera suffisant, avec ce qui nous reste en magasin, pour le chargement de nos vaisseaux, a délibéré et arresté, d'une voix unanime de faire passer à Bengale le « Saint-Pierre », avec sa cargaison entière.

Fait et arrêté, en la Chambre du Conseil Supérieur, à Pondichéry, les dits jour et an que dessus.

Signé : DUMAS, DULAURENS, LEGOU, SIGNARD, INGRAND, MIRAN.

Du 29 septembre 1739.

Monsieur Dumas ayant versé à la caisse de la Compagnie, depuis le mois d'avril dernier, diverses sommes montant ensemble à plus de quarante mille pagodes, sur les simples récépissez de Messieurs Legou et Dulaurens caissiers et sans intérest, lesquelles ont servi à faire des avances aux marchands et les ont mis en état de continuer la fabrique des marchandises et mon dit sieur Dumas n'ayant exigé aucune obligation du Conseil ny d'intérest pour toutes ses sommes, dans l'espérance d'être remboursé dans peu et aussitost l'arrivée des vaisseaux d'Europe, ce qui n'a pu être exécuté par l'impossibilité dans laquelle nous nous sommes trouvés de vendre comptant aucune matière d'argent, Monsieur Dumas ayant cependant représenté au Conseil que dans l'argent qu'il a presté à la Compagnie, il y a une somme de dix mille pagodes qu'il a payée à M. Legou le premier may dernier, qui appartient à un négociant de Madras, à qui il sera obligé de payer l'intérest jusqu'à la fin de ce mois que nous comptons pouvoir rembourser la dite somme ; il a été délibéré et arresté que les intérests de la dite somme de dix mille pagodes, à raison de huit pour cent par an, seroient payés par M. Dulaurens à mon dit sieur Dumas, depuis le 1er may jusqu'au 30 septembre, faisant trois cent trente-trois pagodes un tiers.

Fait et arrêté, en la Chambre du Conseil Supérieur, à Pondichéry, les dits jour et an que dessus.

Signé : Dumas, Dulaurens, Legou, Signard, Ingrand, Miran.

Du 29 septembre 1739.

Le nommé Rangapa, marchand de cette ville, qui s'étoit rendu adjudicataire le 1er octobre 1736 de la ferme de l'arraque de Paria, pour l'espace de trois ans à compter du susdit jour et pour la somme de dix sept cent pagodes par chaque année et dont le bail va expirer le 1er octobre prochain, nous ayant représenté que pendant tout le tems qu'il a tenu la dite ferme, nous avons presque toujours eu la moitié de notre garnison dehors, soit à Moka où à Karikal, ce qui luy avoit fait un tort considérable et l'empêchoit de se trouver au pair, et que pour l'indemniser il nous prioit de luy continuer le même bail pour trois autres années à compter du 1er octobre prochain, le Conseil, ayant égard aux représentations du dit Rangapa dont nous connoissons par nous mêmes la vérité, a délibéré et arresté de luy accorder sa demande, à condition toutefois qu'il payera cent pagodes de plus que par le premier bail, ce à quoy il a consenti, ce qui fera que cette ferme vaudra dix-huit cent pagodes au lieu de dix-sept cents, ce dont il sera passé avec le dit Rangapa une prolongation de bail pour l'espace de trois années, dont il sera fait mention à la suite du précédent bail.

Fait et arrêté, en la Chambre du Conseil Supérieur, à Pondichéry, les dits jour et an que dessus.

Signé : Dumas, Dulaurens, Legou, Signard, Ingrand, Miran.

Du 1er octobre 1739.

Ayant promis au Roy de Tanjaour pour l'engager à ratifier la vente de Karikal et des aldées qui en dépendent, de luy prester cent mille chacras faisant environ quarante-cinq mille pagodes, pendant trois ans, sans intérest, à condition qu'il remettroit entre les mains de la Compagnie des terres où aldées voisines de Karikal équivalentes à cette somme et dont les revenus seroient capables d'effectuer notre remboursement, cet accord n'ayant pu avoir son exécution jusqu'à présent à cause de la guerre que ce prince avoit avec les Maures, qui s'étant emparez de toutes ses terres le tenoient resserré dans sa forteresse, ce qui l'a mis hors d'état de pouvoir nous remettre en possession des aldées qui doivent faire notre sûreté, mais le Roy de Tanjaour ayant, depuis un mois, fait la paix avec les Maures qui ont évacuez la plus grande partie de son pays, nous a demandé l'exécution de nos promesses ; après plusieurs négociations, ce prince s'est contenté pour le présent de quarante mille chacras de dix fanons de Tanjaour dont vingt-un 5/8 font une pagode courante, ce qui fait en tout dix-huit mille quatre cent quatre-vingt-dix-sept pagodes deux fanons quarante caches, dont ce prince nous a envoyé son obligation dont la traduction est cy-apres transcritte.

Dans l'acte de vente de Karikal et des cinq aldées, qui en dépendant, le Roy de Tanjaour nous a, à l'instar des Hollandois et Danois, assujety envers luy à une redevance de trois mille pagodes par an, qui nous ayant paru trop forte nous a engagé à travailler à la diminuer, à quoy nous sommes parvenus moyennant un présent de deux mille neuf cent pagodes que nous nous sommes obligez de donner à quelques officiers de la cour qui ont engagez le Roy de Tanjaour à consentir que cette redevance fût réduitte à deux mille pagodes par an, dont ce prince nous a envoyé son *Paravana* ; la traduction en est pareillement cy-après.

Sur quoi, il a été délibéré et arresté qu'il sera payé par M. Dulaurens, garde magasin des matières d'argent, entre les mains de Pedro Modéliar la somme de dix-huit mille quatre cent quatre-vingt dix-sept pagodes deux fanons quarante caches, faisant quarante mille chacras pour estre envoyée au Roy de Tanjaour par le Brame Chinapaya, interprête en langue Maratte, et dix-huit pions de la Compagnie, et de plus la somme de deux mille neuf cent pagodes pour ses officiers, avec un présent d'environ quatre cents pagodes pour le Roy.

Et attendu que la Compagnie pourroit craindre que ces sommes tirées de la caisse en une seule année ne diminuassent ses retours en Europe et ne fissent tort à son commerce, il a été délibéré et arresté d'accepter les offres qui nous ont été faites de nous prester pour trois ans la somme de vingt mille pagodes à huit pour cent d'intérest par an. Scavoir :

Chitambala Chancreyen et consorts, marchands de cette ville........................	10.000 pag.
Ballechetty, marchand d'Arcatte........	5.000 —
Pedro Modeliar..........................	3.000 —
Rangapapoullé...........................	2.000 —
Pagodes	20.000 —

Lesquelles sommes seront remises à la caisse de la Compagnie et il en sera délivré aux dit marchands des obligations du Conseil aux conditions cy-dessus. Cet arrangement nous a paru d'autant plus convenable que la Compagnie ne sera obligée de tirer aucuns fonds de la caisse et que le revenu qu'elle retirera de Karikal et aldées dépendantes sera plus que suffisant pour payer les intérests des cent mille chacras que nous nous sommes obligés de prester pendant trois ans au Roy de Tanjaour.

TRADUCTION de l'accord envoyé par le Roy de Tanjaour, Pratapsingue, à Monsieur Dumas, Gouverneur de Pondichéry, pour la diminuation de mille pagodes sur les trois mille de présents annuels mentionnés dans le précédent accord de la vente de Karikal, reçu le 16 septembre 1739.

La chape du Roy.

Je, Pratapsingue, Roy de Tanjaour, donne par écrit à Monsieur le Gouverneur de Pondichéry. Chape d'Anandrao, l'an 1140.

Quand nous vous avons vendu la ville de Karikal et la forteresse, nous vous avons donné cinq aldées de leurs dépendances, à condition de nous payer tous les ans trois mille pagodes ; il a été convenu ainsi et mentionné de même dans l'accord de la vente. Présentement vous m'écrivez : « je continueray à bien

« agir avec votre Etat pour m'attirer votre faveur, je « vous promets aussi de vous envoyer sans déloy les « cent mille chacras promis en prest. » Vous ajoutez; « Je ne puis donner trois mille pagodes par an en pré- « sent, il faut en diminuer mille ; je puis seulement « donner deux mille pagodes. » C'est en ces termes, que vous m'avez écrit, et votre vaquil Quichenagy Pantoulou m'a souvent parlé de cela ; à l'heure qu'il est, je vous favorise, je diminue sur les présents mille pagodes, et je suis convenu de deux mille pagodes de Negapatam seulement, et il faut que vous me payez ainsi chaque année. Il a ainsi été ordonné par la Cour payable concernant cet accord.

Chape de Sournivis, Signé : Narsingrao fils.

Pechouvayanandrao, Ouzournivis, Sournivis, Palanganivisse, le 25e du mois de Jamadillaval.

TRADUCTION d'un connoissement du Roy de Tanjaour, Pratapsingue, de l'engagement de huit aldées pour la somme de quarante mille chacras, reçu le 16 septembre 1739.

Chape du Roy.

Ce qui est écrit dans les livres Royaux

Le Roy Pratapsingue à M. Dumas, Gouverneur de Pondichéry.

L'an 1140. Sur la somme de cent mille chacras que vous devez prester à mon Etat, j'ay reçu quarante mille chacras; pour cette somme j'ay engagé huit aldées dont voici les noms du costé du sud, dans les dites dépendances de Tiroumargue, l'adée de Condegué, celle de Vanjéour et celle de Arinoullimangalom; dans les dépendances de Tirnoular, les aldées de Nervy et Drmoporou ; dans les dépendances de Karikal, Outiapatou, Mattoucouddy, Polagannaynacatté, qui font toutes ensemble huit aldées, lesquelles huit aldées je donne en gages des revenus de ces aldées ; après qu'on en aura tiré les coutumes des pagodes et des autres personnes suivant l'usage, ce qui en restera vous sera payé par la voye de mon Maniagarm de sorte que dans l'espace de trois ans la dette sera achevée d'être payée, Si après cet espace de trois ans, il est resté dû encore quelque argent, cet argent devra intérest un pour cent par mois, et continuera à vous être payé sur les revenus de ces mêmes aldées, et le payement achevé nous reprendrons ces aldées. Cecy a été écrit à la Cour royalle, chape de Sournivis.

Ont signé Narsingrao fils, Pechouvayanandroa, Ouzournivis, Sournivis, Palanganivis, le 25e du mois de jamadillavale.

Fait et arresté en la Chambre du Conseil Supérieur, à Pondichéry, les dits jour et an que dessus.

Signé: DUMAS, DULAURENS, LEGOU, SIGNARD, INGRAND, MIRAN.

Du 1er octobre 1739.

Les nommés Ady Viraha Chetty et consorts nous ayant proposé de nous acheter quarante balles de draps trente-quatrains, et les cinquante balles my-fins venues par le « Duc d'Orléans », à raison d'une pagode douze fanons les trente-quatrains et une pagode deux fanons les my-fins, et aux termes accoutumés, savoir : de 4 mois pour le premier payement et de six pour le second, et la Compagnie par sa lettre du 29 décembre dernier, nous marquant de faire une fin de ces draps qui ne peuvent que souffrir un grand dépérissement à être gardés, trouvant d'ailleurs occasion de ce déffaire tout d'un coup d'une si forte partie; il a été délibéré d'accepter la proposition du dit Ady viraha chetty et qu'en conséquence les dites quatre-vingt-dix balles luy seront délivrées par M. Signard, garde-magasin général, aux termes et conditions cy-dessus.

Fait et arresté, en la Chambre du Conseil Supérieur, à Pondichéry, les dits jour et an que dessus.

Signé : DUMAS, DULAURENS, LEGOU, SIGNARD, INGRAND, MIRAN.

Du 1er octobre 1739.

Messieurs Duval de Lerit et de la Palissade, qu'en exécution des ordres de la Compagnie, dans sa lettre en chiffre du 27 juin 1738 pour relever le Conseil de Mahé, nous avions fait revenir ici en may dernier, ne se trouvant point chargés dans les informations prises sur les lieux par M. Dirois et autres employez que nous y avions envoyés, il a été délibéré et arresté de leur continuer leurs employs dans les grades et rangs que la Compagnie leur a donnés dans son tableau du 29 décembre 1738, et les faire repasser à Mahé par la première occasion pour y reprendre leurs fonctions.

Fait et arrêté, en la Chambre du Conseil Supérieur à Pondichéry, les dits jour et an que dessus.

Signé : DUMAS, DULAURENS, LEGOU, SIGNARD, INGRAND, MIRAN.

Du 8 octobre 1739.

Le vaisseau « Le Triton », que, par délibération du 7 septembre nous avions envoyé à Yanaon pour y prendre toutes les marchandises que M. de Choisy, chef de ce comptoir, auroit à nous remettre, n'ayant pu les embarquer toutes, étant arrivé à l'embouchure de la rivière dans le temps d'un débordement, ce qui empêchoit les bateaux de remonter, et étant nécessaire, pour que nous puissions charger les vaisseaux que nous expédierons en janvier, que nous ayons de bonne heure les marchandises qu'on rassemblera dans ce comptoir jusqu'au 25 décembre et ayant absolument besoin de blé qui ne scauroit être rendu ici assez tost pour faire du biscuit pour les vaisseaux « Le Maurepas » et le « Duc d'Orléans», il a été délibéré d'écrire au Conseil de Chandernagor de nous expédier un vaisseau du 10 au 15 décembre et de luy donner ordre de toucher à Yanaon; mais comme nous ne prévoyons point que ces Messieurs puissent avoir un vaisseau de la Compagnie prest d'assez bonne heure pour faire cette opération, les vaisseaux le «Saint-Pierre» et l'«Indien» étant destinez pour les Isles, étant incertain du sort qu'aura eû le «Saint-Joseph», et le «Pondichéry» étant parti trop tard pour pouvoir espérer qu'il soit arrivé assez tost à Bengale pour être en état d'en repartir le 10 décembre, ayant d'ailleurs une quantité d'effets et provisions à faire venir de Bengale tant pour nous que pour les Isles, beaucoup plus considérables que les vaisseaux le «Saint-Joseph» et le «Pondichéry» ne pourront rapporter, ne convenant point de nous exposer à ne point recevoir de bonne heure les marchandises d'Yanaon dont le déffaut causeroit un tort considérable aux cargaisons de nos vaisseaux de janvier, il a été délibéré et arresté de proposer aux propriétaires du vaisseau «Le Maure», expédié d'ici pour le Gange en juillet et que nous sçavons y être arrivé, de nous vendre leur vaisseau radoubé, bien gréé et en état de prendre la mer, pour la somme de sept mille pagodes aux conditions de le reprendre en l'état qu'il sera pour celle de cinq mille pagodes en aoust prochain que nous comptons qu'il pourra être de retour des voyages où nous l'envoyerons, soit aux Isles ou nous aurons quantité d'effets à envoyer, soit à Mahé d'où nous aurons beaucoup de poivre, bois, kaire, etc. à tirer, ce qui ayant été proposé aux dits propriétaires ils l'ont accepté aux conditions cy-dessus, et, en conséquence, il a été convenu que les sept mille pagodes, prix arresté pour l'achat du dit vaisseau « Le Maure », leur sera payé par M. Dulaurens, garde magasin des matières d'or et d'argent, et qu'il sera donné ordre à Messieurs de Chandernagor de le charger de riz et de blé pour le compte de la Compagnie et de l'expédier du 10 au 15 décembre pour Yanaon afin d'y prendre toutes les marchandises, qui s'y trouveront prestes et les apporter à Pondichéry.

Fait et arresté, en la Chambre du Conseil Supérieur, les dits jour et an que dessus.

Signé : Dumas, Dulaurens, Legou, Signard, Ingrand, Miran.

Du 8 octobre 1739.

Le vaisseau le «Prince de Conty» que nous nous proposions d'expédier d'ici le 20 de ce mois, avec tout ce que nous rassemblerions de balles jusqu'à ce temps, et d'envoyer ensuite se bonder de poivre à Mahé, n'estant point encore arrivé aujourd'hui 8 octobre, quoiqu'il soit parti de Mahé le 18 septembre en compagnie du «Jupiter» que M. de La Bourdonnaye envoyoit ici pour prendre tous les effets venus de France pour les Isles par divers vaisseaux et qui est arrivé ici le 3 du courant, le Conseil faisant reflexion que, la Compagnie venant d'essuyer une perte considérable dans le Gange, il luy est d'une conséquence infinie que nous luy remettions le plus de marchandises qu'il nous sera possible, que ce seroit mettre en compromis le retour d'une cargaison en France que de compter d'avantage sur le «Prince de Conty» pour y porter celles que nous nous proposions de luy donner, ayant tout lieu de craindre que ce vaisseau manque la coste, les vents du Nord ayant commencé depuis plusieurs jours avec les courants qui portent avec violence dans le Sud, que d'ailleurs quand bien même ce vaisseau arriveroit aujourd'huy étant chargé de plus de 250 tonneaux de divers effets pour les Isles, il ne nous seroit pas possible d'ici au 20 de ce mois (qui est le temps le plus reculé qu'on puisse garder les vaisseaux à la coste) de le décharger entièrement, de le mettre en état de prendre sa cargaison et de l'embarquer, nos chelingues étant toutes occupées aux chargements des autres vaisseaux que nous allons expédier incessamment ; en conséquence de tout ce que dessus, il a été délibéré et arresté d'une voix unanime, de substituer le vaisseau le «Jupiter» au «Prince de Conty» et que, dès aujourd'huy, on fera embarquer à bord du «Jupiter» le bois de Sapan venu de Mahé, le bois rouge etc. nécessaire pour prendre son fond et les balles à mesure qu'il en pourra prendre ; nous nous sommes portés d'autant plus volentiers à cette opération que nous comptons avoir en janvier suffisamment de marchandises pour les vaisseaux le «Duc d'Orléans» et le «Maurepas», que par là nous assurons à la Compagnie le retour de sept à huit cents balles que nous espérons donner à ce vaisseau, et dont elle seroit privée, si nous attendions « le Prince de Conty» et qu'il manqua la coste, ainsi que nous avons tout lieu de le craindre, qu'au surplus ce vaisseau arrivant dans peu, il pourra prendre tous les effets pour les Isles et y faire les mêmes opérations auxquelles le «Jupiter» étoit destiné.

Fait et arresté, en la Chambre du Conseit Supérieur, à Pondichéry, les dits jour et an que dessus.

Signé : Dumas, Dulaurens, Legou, Signard, Ingrand, Miran.

Du 8 octobre 1739.

M. de Saint-Sauveur nous ayant proposé de nous prester pour le compte de la Compagnie une somme de quatorze mille cinq cents pagodes, à raison de huit pour cent par an, payable en mars prochain, et ayant journellement besoin de pagodes pour donner des avances à nos marchands afin de continuer la fabrique des marchandises, la vente de nos matières d'argent ne nous procurant des pagodes que très lentement, il a été délibéré d'accepter les quatorze mille cinq cents pagodes du dit sieur de Saint-Sauveur dont il luy sera fourni un récépissé de M. Dulaurens, conseiller, garde magasin des matières d'or et d'argent, payable à la fin de mars prochain.

Fait et arresté, en la Chambre du Conseil Supérieur, à Pondichéry, les dits jour et an que dessus.

Signé : Dumas, Dulaurens, Legou, Signard, Ingrand, Miran.

Du 10 octobre 1739.

Etant nécessaire de donner une destination au vaisseau la «Marie Gertrude», de retour de Bengale le 5 de ce mois, pour luy faire passer la mauvaise saison, et quoique la saison soit avancée pour l'envoyer dans le Gange, étant cependant l'endroit où il convient le mieux aux intérests de la Compagnie de l'envoyer, et n'étant pas sans exemple que des vaisseaux partis de la coste le 15 et 18 de ce mois y sont arrivés en novembre, il a été délibéré d'expédier sans retardement le vaisseau la «Marie Gertrude» pour Bengale.

Fait et arresté, en la Chambre du Conseil Supérieur, les dits jour et an que dessus.

Signé : Dumas, Dulaurens, Legou, Signard, Ingrand, Miran.

Du 10 octobre 1739.

Les employez du comptoir de Moka nous ayant représenté que la commission de deux et demie pour cent, qui leur a été accordée sur le montant des caffez achetés à Moka pendant les années 1738 et 1739, a monté à si peu, à cause du bas prix auquel cette denrée a été achetée depuis ces deux dernières années, de sorte que cette commission n'a monté en 1738 qu'à deux mille quatre cent quatorze piastres et à douze cent vingt-quatre en 1739, à partager entre trois personnes, conformément à la délibération du 23 janvier 1738, ce qui n'a pas suffi à beaucoup près pour leurs dépenses de bouche dans un pays où tout, jusqu'à l'état, est extraordinairement cher, représentant d'ailleurs que les troubles qui ont régné, depuis deux ans, dans la dite ville de Moka les avoient mis dans la nécessité d'avoir toujours dans la loge des provisions de bouche pour deux ou trois mois, dans la crainte d'être obligez de s'y renfermer pour éviter les fureurs d'une milice séditieuse et dont le Gouvernement de Moka n'étoit pas même le maître, que ces approvisionnements après leur avoir causé beaucoup de frais de dépenses venant de se gaster leur tomboient ensuite en pure perte, qu'après avoir exposé leur vie et bien, personne à Moka, dans un temps critique pour le service de la Compagnie et de la nation, ne fait des achats considérables de caffez, sur lesquels la Compagnie doit faire un gros bénéfice, attendu le prix modique auquel ils l'ont acheté, il n'étoit pas juste qu'il leur en coutât du leur ; le Conseil informé de la vérité de cet exposé, a délibéré et arresté qu'il sera alloué, dans les comptes, par le teneur des livres, aux employez de Moka deux mille piastres chaque année pour 1738 et 1739, qui seront partagées comme suit scavoir :

1200 piastres au chef.

450. Au second.
350. Au troisième.

Fait et arresté, en la Chambre du Conseil Supérieur, à Pondichéry, les dits jour et an que dessus.

Signé : DUMAS, DULAURENS, LEGOU, SIGNARD, INGRAND, MIRAN.

Du 11 octobre 1739.

Iman Saheb ayant écrit à Monsieur le Gouverneur qu'il convenoit d'accompagner la lettre qu'il doit écrire à Nizam Moullouk, premier Ministre de l'Empereur Mahomet Cha, en réponse de celle qu'il en a reçue, d'un présent de quelques étoffes d'Europe qu'il se chargeoit de luy faire tenir par la voye de son frère, qui est à Dély, comme il convient aux intérests de la Compagnie de gagner l'amitié de ce Ministre dont la protection pourroit luy être très avantageuse dans ses Etablissements des Indes, il a esté délibéré et arresté qu'il sera envoyé à Iman Saheb un présent en étoffes d'Europe de la valeur d'environ six cents pagodes pour être présenté à Nizam au nom de la Compagnie.

Fait et arresté, en la Chambre du Conseil Supérieur, à Pondichéry, les dits jour et an que dessus.

Signé : DUMAS, DULAURENS, LEGOU, SIGNARD, INGRAND, MIRAN.

Du 11 octobre 1737.

Le marchand Ramnapachetty nous ayant proposé de prendre le restant de nos matières d'argent, montant en tout à environ cent-vingt mille pagodes, à raison de sept pagodes trois fanons courantes des terres la serre, payables dans trois mois, un tiers chaque mois, ce prix nous a paru d'autant plus avantageux que tout l'argent que nous avions envoyé à Madras n'a pu y estre vendu que sept pagodes la serre, à trois mois de terme; il a été délibéré d'accepter l'offre du dit Ramnapa et en conséquence, les dites matières d'argent luy seront délivrées par M. Dulaurens, garde-magasin des dites.

Fait et arresté, en la Chambre du Conseil Supérieur, à Pondichéry, les dits jour et an que dessus.

Signé : Dumas, Dulaurens, Legou, Ingrand, Miran.

Du 17 octobre 1739.

Les pluyes ayant commencé dès les premiers jours de ce mois, ce qui auroit empêché nos blanchisseurs de blanchir et d'apprester les toiles, qui doivent composer les huit cent balles que nous nous proposions de donner au « Jupiter », le Conseil faisant reflexion que ne donner à ce vaisseau que 600 balles et du poivre, ce n'est point une cargaison suffisante pour dédommager la Compagnie des frais de son armement, et la saison ne nous permettant plus d'espérer de recevoir d'avantage de marchandises en sortes ; il a été délibéré et arresté d'acheter de nos marchands une partie des rebuts en blanc qui se trouveront dans nos magasins aux prix suivants :

Scavoir.

	Pag.		Pag.		Pag.	
Guinées de 18 coujons contractées la courge à..	49	achetées à	42	diminution	7	par courge,
Ditto de 24 idem........................	67	idem	54	idem	13	
Salempouris de 18 coujons..................	21	12 fanons	18	idem	3	12 fanons.
Ditto de 24 idem.........................	28	idem	23	idem	5	〃
Guinées sorte hollandaise..................	44	18	40	idem	4	18
Percalles de 12 ans sur 1..................	55	〃	46	idem	9	〃
Socretons de 16 ans sur 5/6................	57	〃	45	idem	12	〃
Ditto de 16 ans sur 7/8..................	67	〃	55	idem	12	〃
Deriabadis ordinaires......................	14	〃	13 12	idem	〃	12
Ditto fins...............................	16	18	14	idem	2	18
Secretons de 16 sur 1......................	74	〃	62	idem	12	〃

Fait et arresté, en la Chambre du Conseil Supérieur, à Pondichéry, les dits jour et an que dessus.

Signé : DUMAS, DULAURENS, LEGOU, SIGNARD, INGRAND, MIRAN.

Du 22 octobre 1739.

Messieurs du Conseil de Mahé nous ayant marqué qu'outre les cent un mille piastres, qui leur ont été laissées par le vaisseau le « Prince de Conty », ils auront encore besoin de trente à trente-cinq mille pagodes et deux cent mille fanons de Mahé pour pouvoir, ainsi que la Compagnie le désire, pousser les achats de poivre le plus loin qu'il sera possible, et nous proposant d'envoyer à Mahé le vaisseau le «Jupiter» pour y prendre le reste de la cargaison en poivre, il a été délibéré et arresté d'embarquer, sur ce vaisseau pour le comptoir de Mahé, vingt mille pagodes en or et deux cent mille fanons.

Fait et arresté, en la Chambre du Conseil Supérieur, les dits jour et an que dessus.

Signé : DUMAS, DULAURENS, LEGOU, SIGNARD, INGRAND, MIRAN.

Du 10 novembre 1739.

Nous trouvant tous les jours fort embarassez pour loger les Seigneurs Maures, qui viennent dans la Ville pour visiter Monsieur le Gouverneur, et trouvant à acheter un grand jardin, situé à l'ouest du fort, dans lequel il y a une assez jolie maison dont les terrasses et principaux murs ont été rebatis à neuf l'année dernière; le dit jardin ayant cinquante toises de face du nord au sud, et soixante-treize toises de longueur de l'est à l'ouest, enclos de murs, avec des cuisines, basses cours, écuries et autres commodités nécessaires, le tout nous ayant été proposé pour le prix et la somme de douze cents pagodes, quoique le tout ait couté plus de cinq mille pagodes, considérant que cette maison et jardin est à très grand marché, qu'elle est dans un endroit écarté et fort convenable à l'usage auquel nous la destinons, il a été délibéré et arrêté de l'acheter pour le compte de la Compagnie et que Monsieur Dulaurens, garde magasin des matières d'or et d'argent, payera la dite somme de douze cents pagodes.

Fait et arresté, en la Chambre du Conseil Supérieur, à Pondichéry, les dits jour et an que dessus.

Signé: DUMAS, DULAURENS, LEGOU, SIGNARD, INGRAND, MIRAN.

Du 12 novembre 1739.

Le grand Nabab Alydostkan étant revenu à Arcatte de l'expédition de Tanjaour où il est depuis plus d'un an, Iman Saheb a écrit à M. le Gouverneur qu'il convenoit de l'envoyer féliciter et complimenter, aussi bien que Sabderalikan son fils ainé, qui est actuellement en marche pour s'y rendre, avec Taquissaeb qu'il vient d'établir Divan; comme nous ne pouvons nous dispenser de nous conformer à l'usage de ces pays, qu'il nous convient d'ailleurs de ménager l'amitié de ce Nabab, qui nous a jusqu'à présent, en toutes occasions, traité si favorablement, il a été délibéré et arresté de joindre à la lettre que Monsieur le Gouverneur luy écrira un présent d'environ quatre cent pagodes en étoffes et autres effets de magasin, pour le grand Nabab Alydostkan, un de trois cents pagodes pour Sabderalikan, et un autre présent de deux cents pagodes pour le Divan Taquissaeb; lesquelles lettres et présents leur seront présentés par un brame au service de la Compagnie nommé Gopal Ayen, qui sera envoyé à cet effet à Arcatte.

Fait et arresté, en la Chambre du Conseil Supérieur, à Pondichéry, les dits jour et an que dessus.

Signé : DUMAS, DULAURENS, LEGOU, SIGNARD, INGRAND, MIRAN.

Du 12 novembre 1739.

Les Révérends Pères Carmes établis à Mahé, le nommé Ezechiel, marchand juif de Cochin, et le nommé Souamy Patary, brame marchand de Calicut, nous ayant fait faire représentations au sujet de ce qui leur est dû par M. Bunel cy-devant chef à Mahé, scavoir : les Pères Carmes pour environ 800 roupies, provenant des aumônes qui leur avoient été faites pour la fondation et l'entretien de la maison de leurs catéchumènes et qu'ils avoient remises en dépost entre les mains du dit sieur Bunel, les croyant plus en sûreté à la caisse de la Compagnie que dans leur maison ; le sieur Ezechiel pour une somme de cinq mille sept cent vingt-sept roupies un quart Suratte que le dit sieur Bunel luy doit pour une partie d'épiceries qu'il a fournies par son ordre au capitaine du vaisseau l' « Heureux » appartenant à M. Dupleix, lorsqu'il étoit de relache à Cochin, en février dernier, des mains duquel le dit sieur Bunel nous a déclaré avoir receü la valeur des dites épices en espèces courantes qu'il a remises à la caisse de la Compagnie et confondues avec ses fonds dont il étoit chargé comme trésorier des matières d'or et d'argent, que même elles faisoient partie de celles qu'il a remis à M. Dirois, lors de son arrivée à Mahé ; et le nommé Souamy Patary, Brame, pour une somme d'environ trois mille roupies à luy düës par le dit sieur Bunel pour solde d'une somme de cinq mille roupies qu'il luy avoit presté, dont le sieur Bunel est aussy convenu, mais qu'il étoit hors d'état de rien payer à personne ne possédant plus rien ; le Conseil considérant et voulant éviter le deshonneur, qui pouroit résulter à la Nation, si ces créanciers étrangers n'étoient pas satisfaits, le préjudice qu'en souffriroient dans bien des occasions les affaires et le crédit de la Compagnie dans toute l'Inde, qu'on n'auroit plus de confiance dans les chefs de ses comptoirs, qui sont trop souvent, pour le bien de son service, obligés d'avoir recours à des emprunts, il a été délibéré et arresté, d'une voix unanine, de donner ordre au conseil de Mahé de payer, de la caisse de la Compagnie, aux révérends Pères Carmes, au sieur Ezechiel, les sommes qui leur sont dues par le sieur Bunel, et à Souamy Patary, en justifiant de leur créance, et remettant leurs titres, lesquels ont été préalablement reconnus par le sieur Bunel.

Fait et arresté, en la Chambre du Conseil Supérieur, à Pondichéry, les dits jour et an que dessus.

Signé : DUMAS, DULAURENS, LEGOU, SIGNARD, INGRAND, MIRAN.

Du 12 novembre 1739.

Ayant été obligés d'envoyer M. Paradis à Mahé pour y travailler à des ouvrages pressés et qui demandoient la présence d'un ingénieur, et le sieur Gerbault étant résident à Karikal, M. de Cossigny se trouve seul et comme il n'entend point la langue des gens du pays et qu'il se trouve par là hors d'état de pouvoir leur faire exécuter ses idées, ce qui nous empêcheroit de tirer l'utilité que nous pouvons espérer de son séjour dans l'Inde, il a été délibéré et arresté de luy donner pour travailler, sous ses ordres, le sieur Dupassage, sous-lieutenant de cette garnison, en qui nous avons reconnû des talens et des dispositions pour le génie, ayant en dernier lieu fait faire le retranchement à Karikal et dont M. de Cossigny a approuvé le projet et l'exécution, et pour encourager le dit sieur Dupassage à travailler et reconnoître, en quelque façon, les peines, fatigues, et soins qu'il s'est donné pour les travaux de Karikal, pour lesquels il ne luy a encore été accordé aucune augmentation de paye, il a été convenu de luy donner huit cents livres par an d'appointements en sus de ceux d'officier dont il conservera toujours le rang et la qualité, jusqu'à ce qu'il plaise à la Compagnie d'en ordonner et envoyer quelqu'un pour le remplacer.

Fait et arresté, en la Chambre du Conseil Supérieur, à Pondichéry, les dits jour et an que dessus.

Signé : DUMAS, DULAURENS, LEGOU, SIGNARD, INGRAND, MIRAN.

Du 25 novembre 1739.

Ayant continuellement besoin de fonds pour donner de l'argent à nos marchands pour les faire continuer la fabrique des marchandises, et trouvant entre les mains d'un particulier de cette colonie une somme de six mille pagodes qu'il nous offre de nous prester à huit pour cent d'intérest, il a été délibéré d'accepter les dites six mille pagodes dont il sera fourni au propriétaire un simple reçeu de M. Dulaurens, conseiller, garde magasin des matières d'or et d'argent.

Fait et arresté, en la Chambre du Conseil Supérieur, à Pondichéry, les dits jour et an que dessus.

Signé : DUMAS, DULAURENS, LEGOU, SIGNARD, INGRAND, MIRAN.

Du 30 décembre 1739.

Monsieur le Gouverneur ayant fait fournir à Sandarsaheb 6000 livres de poudre à canon dont nous avions depuis six mois fixé le prix à trois fanons la livre au lieu de deux que nous la vendions précédemment, ce seigneur n'ayant pas parû satisfait de ce prix, il a été délibéré de ne luy faire payer les six mille livres de poudre cy-dessus que sur l'ancien pied de deux fanons la livre.

Fait et arresté, en la Chambre du Conseil Supérieur, les dits jour et an que dessus.

Signé : DUMAS, DULAURENS, LEGOU, SIGNARD, INGRAND, MIRAN.

Du 30 décembre 1739.

Etant convenu, il y a déjà quelque temps, de faire cesser au premier de janvier la table qui s'est jusqu'à présent tenüe à Karikal aux frais de la Compagnie et en ayant prévenû les employez et officiers, afin qu'ils eussent à prendre de bonne heure leurs précautions pour se procurer tout ce qui leur est nécessaire, ils nous ont représenté qu'ils n'avoient aucun logement ny commodités pour pouvoir ramasser les petites provisions nécessaires et indispensables pour faire leur table, qu'en outre n'y ayant point encore de marché à l'européenne établi sur nos terres, ils seront obligés d'envoyer chercher dans l'intérieur du pays de quoi vivre, ce qui les jettera dans des dépenses considérables qu'ils ne sont point en état de supporter avec leurs appointements, que les environs de Karikal ayant été ruinés et ravagés depuis deux ans par l'armée des Maures, ce n'est qu'avec beaucoup de peine et d'argent qu'on y trouve les choses dont on a besoin pour vivre ; le Conseil, convaincu de la justice de leurs représentations et des difficultés qu'ils auront à essuyer dans le commencement de cet Etablissement et ne convenant cependant point de continuer encore la table aux dépenses de la Compagnie, ce qui luy coûteroit beaucoup, il a été délibéré et arresté d'accorder aux employez et officiers, qui seront à Karikal, la moitié de leurs appointements en sus pour subsistance jusqu'au 1er de janvier 1741 seulement.

Fait et arresté, en la Chambre du Conseil Supérieur, à Pondichéry, les dits jour et an que dessus.

Signé : DUMAS, DULAURENS, LEGOU, SIGNARD, INGRAND, MIRAN.

Du 31 décembre 1739.

Etant nécessaire de laisser sur le présent registre une certaine quantité de feuilles pour y pouvoir mettre une table ou répertoire commode et facile de toutes les délibérations y contenues, le registre a été clos et arresté par nous Pierre Benoist Dumas, écuyer, chevalier de l'ordre de Saint-Michel, Gouverneur des ville et fort de Pondichéry, Commandant général des établissements français dans les Indes Orientales, Directeur général des affaires de la Compagnie établie en France pour le commerce des Indes, Président des Conseils Supérieurs y établis, au feuillet 275 *verso*.

Fait au fort Louis à Pondichéry, le 31 décembre 1739.

Signé : DUMAS.

Appendice.

Les documents contenus dans ce volume sont extraits du registre 3 des Archives de Pondichéry et correspondent à la pagination ancienne 150 à 275 (pagination nouvelle 311 à 549), faisant suite à des documents de même nature commençant le 28 mai 1725, sous le gouvernement de M. Beauvollier de Courchant. Ces derniers ont été publiès, une petite partie à la fin du Tome I de cette série et la reste au Tome II qu'ils emplissent en entier.

Nous eussions vivement désiré poursuivre cette publication jusqu'à la fin du gouvernement de Dumas, qui quitta Pondichéry pour rentrer en France le 20 octobre 1741. Malheureusement, les Archives de Pondichéry ne contiennent pas cette suite et nous ne croyons pas qu'elle existe ailleurs.

On ne saurait trop le regretter. Le gouvernement de Dumas, trop peu connu, fut peut-être le plus sage et en même temps le plus hardi de notre histoire franco-indienne. Joignant un esprit très pondéré à un sens très net des initiatives réalisables, le Gouverneur Dumas accrut le territoire de Pondichéry des aldées d'Archivac, fit l'acquisition du territoire de Karikal, tenta un établissement à Colèche à la côte de Travancore, fit la guerre à Bayonor, prince de Bargaret, à la côte Malabar, étudia la possibilité de fonder un établissement à Ganjam, sur la côte d'Orissa et enfin envoya une expédition militaire à Moka pour tirer réparation des affronts dont l'Iman ne cessait de nous abreuver. A beaucoup de points de vue, le gouvernement de Dumas a préparé très utilement celui de Dupleix, qui lui succéda.

A. M.

www.ingramcontent.com/pod-product-compliance
Ingram Content Group UK Ltd.
Pitfield, Milton Keynes, MK11 3LW, UK
UKHW012019240726
13965UKWH00002B/467